北京市哲学社会科学
研究生教育改革与发展研究基地

中国博士研究生教育改革研究

Research on the Reform of Doctoral
EDUCATION IN CHINA

理与研究生教育司、北京市哲学社会科学研究生教育改革与发展研究基地支持

马永红 —— 主编

科学出版社
北京

内 容 简 介

博士研究生是高校科学研究的生力军，拥有高质量的博士研究生教育是我国创建世界一流大学的关键要素，是建设人才强国和创新强国的重要组成部分。遵循"教育、科技、人才"三位一体的指导思想，努力实现新时代研究生教育高质量发展，建设研究生教育强国，应该成为我国博士研究生教育改革的未来战略指南。本书梳理了博士研究生教育的相关理论，总结国外博士研究生培养典型案例，对国内参与调研高校的博士生研究生培养进行全景描述和全过程解读，提炼典型培养模式中的关键要素和质量特征，剖析博士研究生培养中影响博士研究生创新能力的关键要素以及各个要素之间的关系，为博士研究生培养质量提高和促进高层次创新人才发展提供理论指导和实践支持。

本书既有理论梳理，又有实践探索，提出切实可行的研究建议，具有学术性、前沿性和引领性，可供从事博士研究生教育的人员和相关学科专业的学者、教师、学生以及管理者参阅。

图书在版编目（CIP）数据

中国博士研究生教育改革研究 / 马永红主编. —北京：科学出版社，2023.7
　　ISBN 978-7-03-074424-1

　　Ⅰ.①中… Ⅱ.①马… Ⅲ.①博士生-研究生教育-教学改革-研究-中国 Ⅳ.①G643.7

中国版本图书馆 CIP 数据核字（2022）第 251782 号

责任编辑：崔文燕 / 责任校对：杨　然
责任印制：李　彤 / 封面设计：润一文化

科学出版社 出版
北京东黄城根北街 16 号
邮政编码：100717
http:// www.sciencep.com

北京建宏印刷有限公司 印刷
科学出版社发行　各地新华书店经销
*
2023 年 7 月第 一 版　开本：720×1000　1/16
2023 年 7 月第一次印刷　印张：14 3/4
字数：280 000
定价：99.00 元
（如有印装质量问题，我社负责调换）

编 委 会

主　编：马永红

副主编：孙　维　杨雨萌　朱鹏宇　郑晓齐

编　委（按姓氏拼音排序）

　　　　包艳华　陈　渝　冯秀娟　侯东云

　　　　季俊霖　刘贤伟　束金龙　张洪清

　　博士研究生教育代表着高等教育的最高水准，博士研究生教育质量是我国建设"双一流"大学的主要指标。经历40多年的发展，我国博士研究生的规模不断扩大。到2017年，博士研究生招生规模达到8.4万人；在校博士研究生总人数突破36.2万，累计授予博士学位77.6万人。[①]以上数据表明中国已成为博士研究生教育大国。尽管博士研究生教育规模不断扩大，但是我国博士研究生培养模式较偏重知识学习，对创新能力和实践能力重视不够，导致博士研究生的原始创新能力下降、博士研究生教育质量不高或下降。基于此，本书从博士研究生培养模式入手，反思影响博士研究生创新能力的因素，为提高博士研究生教育质量奠定理论基础。

　　本书研究前期准备充足：首先，2016年7—11月，教育部学位管理与研究生教育司领导及北京航空航天大学马永红教授的调研组（以下简称"调研组"），陆续对上海交通大学、复旦大学、北京大学、清华大学、南京大学、东南大学、中山大学和华南理工大学开展调研，集中征求博士生导师和博士研究生对博士研究生教育综合改革的意见和建议。来自8所高校不同学科的63位博士生导师和66位博士研究生参加了座谈，探讨博士研究生教育的现状。其次，面向"985工程"建设高校和北京、天津、上海、江苏、浙江、安徽、广东、四川、陕西、云南、黑龙江、山西共12个省份学位办推荐的68所高校征集案例，收到35所高校的有效反馈。最后，面向全国"985工程"建设高校和12个省份学位办推荐高校全面开展问卷和案例调研，参与高校包括北京大学、清华大学、北京师范大学、中国人民大学、北京航空航天大学、北京理工大学、中国科学技术大学、

---

　　① 2017全国教育事业发展统计公报. http://www.moe.gov.cn/jyb_sjzl/sjzl_fztjgb/201807/t20180719_343508.html.（2018-07-19）[2018-07-22].

复旦大学、上海交通大学、华东师范大学、上海师范大学、中山大学、广东工业大学、东南大学、宁波大学、四川大学、重庆大学等在内的 36 所高校，覆盖哲学、经济学、法学、教育学、文学、历史学、理学、工学、农学、医学、管理学和艺术学 12 个学科门类。调研组对我国博士生教育进行全面剖析，从立德树人、招生选拔、分流机制和学制、课程设置、科教结合、培养新路径、学术评价、导师队伍、支持体系 9 个描述性关键维度展开调查并得到有效数据。本书涉及的院校数据均由各院校提供，特做说明，不再逐一备注。

基于博士研究生教育的文献和对各高校的调研和问卷分析，本书分为 7 个部分：第一章绪论，着重说明博士研究生教育对我国建设一流大学和学科以及对国家经济社会发展的重要作用，并介绍了研究方法。第二章详细论述博士研究生培养模式的内涵和理论，从理论的高度对博士研究生教育进行解读。第三章立足于全球博士研究生培养的发展趋势，通过全面比较美国、德国、英国、法国、日本等代表性国家的博士生教育，总结各国博士研究生教育的一般流程和发展趋势，并与我国现行博士研究生教育模式进行全面比较。第四章运用混合研究方法，分析立德树人、招生选拔、分流机制和学制、课程设置、科教结合、培养新路径、学术评价、导师队伍、支持体系 9 个描述性关键维度，全景展示我国当前博士研究生培养模式。第五章基于以上分析，总结我国博士研究培养的基本过程、维度框架、发展演进的质量观测指标、典型模式和特征。第六章采用定量研究方法探索影响博士研究生创新能力的因素，深度分析并构建结构方程模型，对不同类型高校、不同学科门类和不同的培养模式进行细致分析。第七章分析博士研究生能力成长模型，力求找到博士研究生教育改革的突破口，并对我国博士研究生教育进行展望。

本书力求全景呈现中国博士研究生教育的现状，从多重视角总结中国博士研究生教育的培养模式。针对我国博士研究生教育发展的新特点进行全面调研，全景展现当前我国博士研究生培养模式特征，以科教融合、创造力理论和研究生教育基本规律为基础，对博士研究生培养模式进行 9 个维度的全新构建，探索学术志趣等影响博士研究生创新能力的关键要素，呈现鲜活的博士研究生教育质量。研究成果将为国内外学者、同仁提供重要文献和研究参考，提出的政策建议力求为我国博士研究生教育综合改革的全面深化、培养质量的全面提升、具有中国特色研究生教育强国的加快建成等战略目标的实现提供有益参考。

前言

第一章 绪论 /1

第二章 博士研究生培养模式研究基础 /11

第三章 全球博士研究生教育发展典型案例 /31

第四章 中国博士研究生教育全景分析 /63

第一章

绪　论

第一节　博士研究生教育改革的重要作用

1980 年《中华人民共和国学位条例》颁布以来，我国研究生教育有了跨越式发展。根据《2020 年全国教育事业发展统计公报》统计，我国有博士生 11.60 万人，硕士生 99.05 万人，在学研究生 313.96 万人，我国已经是名副其实的研究生教育大国。[①]但如何成为研究生教育强国成为我国研究生教育面临的重要问题。经过 40 多年的建设和努力，我国研究生教育基本实现了立足国内自主培养高层次人才的战略目标，基本建成了学科门类比较齐全、培养类型多样的研究生教育体系，从规模来看已成为世界研究生教育大国，为现代化建设提供了有力的人才保障，中国研究生教育的国际影响力也在不断提高。

我国博士生[②]的规模不断扩大。2015 年，全国博士生招生 74 416 人，在学博士生 326 687 人，毕业博士生 53 778 人。[③]到 2021 年，博士生招生 12.58 万人；在学博士生总人数达 50.95 万人，毕业博士生 7.20 万人。[④]以上数据表明中国已成为博士研究生教育大国。截至 2016 年底，我国博士学位授权单位有 401 个，硕士学位授权单位有 728 个；开展"服务国家特殊需求人才培养"博士项目单位有 35 个，硕士项目单位有 63 个；博士一级学科授权点有 2967 个，二级学科授权点有 509 个；硕士一级学科授权点有 5536 个，二级学科授权点有 2321 个；专业博士学位授权点有 134 个，专业硕士学位授权点有 7333 个。[⑤]经过 30 多年的探索，我国学位授予单位及学科、专业布局已基本成形，硕士、博士学位授予单位已覆盖 31 个省份（除港澳台），形成了学科门类结构齐全、学位层次结构合理、学位类别结构综合协调发展的学位与研究生教育新格局。学术型博士研究生教育在我国研究生教育中有举足轻重的地位，如何提

---

① 2020 年全国教育事业发展统计公报. http://www.moe.gov.cn/jyb_sjzl/sjzl_fztjgb/202108/t20210827_555004.html?pid=812&id=12209&depid=8.（2021-08-27）[2021-09-25].

② 本书中，博士研究生和博士生、博士同义，未做强行统一。

③ 王战军. 说中国研究生教育质量. 北京：科学普及出版社，2016：1-3，31.

④ 2021 全国教育事业发展统计公报. http://www.moe.gov.cn/jyb_sjzl/sjzl_fztjgb/202209/t20220914_660850.html.（2022-09-14）[2022-10-22].

⑤ 国务院学位委员会办公室负责人就《博士硕士学位授权审核办法》答记者问. http://www.moe.edu.cn/jyb_xwfb/s271/201703/t20170330_301513.html.（2017-03-30）[2018-07-22].

高学术型博士研究生教育的质量、改革与创新其培养模式和培养体制，对我国建设创新型国家、实施人才强国战略具有十分重要的意义。

一、博士研究生教育引领国家经济发展

党的十九大明确指出科教、人才和创新驱动发展的强国策略，同时还指出"优先发展教育事业。建设教育强国是中华民族伟大复兴的基础工程，必须把教育事业放在优先位置，深化教育改革，加快教育现代化，办好人民满意的教育"，"创新是引领发展的第一动力，是建设现代化经济体系的战略支撑"。[1]党的二十大报告指出，到 2035 年，"我国实现高水平科技自立自强，进入创新型国家前列……建成教育强国、科技强国、人才强国、文化强国"。[2]博士研究生教育是学历教育的最高层次，往往代表着一个国家的人才培养水平，博士研究生教育的目的是培养具有创新能力的高层次人才。在国际上，许多国家已经把发展研究生教育作为创新驱动发展和提高国际竞争力的战略选择，并对其加大投入和支持。在此背景下，从科教兴国和人才强国的战略高度出发，提高全社会对博士研究生教育战略地位的认识，将博士研究生教育纳入国家及区域经济、科技、教育和文化等中长期发展规划，对提高我国国际竞争力、建设创新型国家具有至关重要的意义，也对我国经济发展起到助推作用。

二、博士研究生教育质量的提高是建设"双一流"大学的关键

2015 年 8 月 18 日审议通过的《统筹推进世界一流大学和一流学科建设总体方案》指出，推动一批高水平大学和学科进入世界一流行列或前列，提升我国高等教育综合实力和国际竞争力，培养一流人才，产出一流成果。[3]党的二十大报告指出，"加强基础学科、新兴学科、交叉学科建设，加快建设中国特色、世界一流的大学和优势学科"[4]。博士研究生教育质量的提高是我国创建一流大学的

---

① 习近平：决胜全面建成小康社会，夺取新时代中国特色社会主义伟大胜利——在中国共产党第十九次全国代表大会上的报告. http://www.xinhuanet.com/politics/19cpcnc/2017-10/27/c_1121867529.htm. (2017-10-27) [2018-12-12].

② 习近平. 高举中国特色社会主义伟大旗帜 为全面建设社会主义现代化国家而团结奋斗——在中国共产党第二十次全国代表大会上的报告. 北京：人民出版社，2022：24.

③ 国务院印发《统筹推进世界一流大学和一流学科建设总体方案》. http://www.gov.cn/xinwen/2015-11/05/content_5005001.htm. (2015-11-15)[2018-11-14].

④ 习近平. 高举中国特色社会主义伟大旗帜 为全面建设社会主义现代化国家而团结奋斗——在中国共产党第二十次全国代表大会上的报告. 北京：人民出版社，2022：34.

关键要素，因为博士研究生是高校科学研究的生力军，博士研究生教育质量事关世界一流大学的建设。

三、我国博士研究生培养模式展示

党的二十大报告中指出，"全面建设社会主义现代化国家，必须坚持中国特色社会主义文化发展道路，增强文化自信，围绕举旗帜、聚民心、育新人、兴文化、展形象建设社会主义文化强国，发展面向现代化、面向世界、面向未来的，民族的科学的大众的社会主义文化，激发全民族文化创新创造活力，增强实现中华民族伟大复兴的精神力量"[①]。我国博士研究生教育在长期发展过程中，已建立立足国内的中国特色博士教育人才培养体系，所以，我们完全有必要和有信心展示我国博士研究生培养的模式。对博士培养模式的总结不仅有利于提高博士教育质量，而且人才的培养还未达到要求的博士培养单位可以借鉴各高校博士研究生培养经验，从而推广博士研究生教育的成熟模式，并借鉴国内外博士研究生教育经验，提升博士研究生教育的发展空间，从整体布局的视角提高博士研究生教育质量。

四、实行博士研究生培养模式综合改革势在必行

尽管我国已是研究生教育大国，但目前我国的社会经济发展处于转型时期，研究生教育系统在规模、结构方面与社会的需求还不匹配，教育培养机制相对落后于国家和社会发展总体要求。所以，教育培养机制处于从探索、碎片化到系统化转变的关键期。教育培养机制改革是全面提高研究生教育质量的前提。《教育部2012年工作要点》明确提出，"深入推进研究生培养机制改革，全面提高高等教育质量"[②]。《教育部关于提高高等教育质量的若干意见》再次强调"改革研究生培养机制"[③]，研究生培养机制的改革总体思路是需求导向、特色多样和高端引领，改革的重点内容是结构调整、模式改革、创新制度、支持保障。2013年启动的研究生教育综合改革，确立了"以服务需求、提高质量为主线""更加

---

① 习近平. 高举中国特色社会主义伟大旗帜 为全面建设社会主义现代化国家而团结奋斗——在中国共产党第二十次全国代表大会上的报告. 北京：人民出版社，2022：42-43.

② 教育部2012年工作要点. http://www.moe.gov.cn/jyb_sjzl/moe_164/201202/t20120202_129875.html. (2012-02-02) [2018-11-14].

③ 教育部关于全面提高高等教育质量的若干意见. http://www.moe.gov.cn/srcsite/A08/s7056/201203/t20120316_146673.html. (2012-03-16) [2018-11-14].

突出服务经济社会发展，更加突出创新精神和实践能力培养，更加突出科教结合和产学结合，更加突出对外开放"①的总体思路。

2017年1月22日，教育部印发《学位与研究生教育发展"十三五"规划》，明确指出"改革培养模式，提升创新和实践能力"，"坚持立德树人，突出人才培养的核心地位，分类推进培养模式改革，着力培养具有历史使命感和社会责任心、富有创新精神和实践能力的高素质人才"。具体来讲，全面加强研究生思想政治工作，坚持把立德树人作为研究生教育的中心环节，把思想政治工作贯穿研究生教育教学全过程；加强学术学位研究生创新能力培养；健全完善博士研究生培养与科学研究相结合的培养机制；加强研究生教材和课程建设。加强教材建设，精编细选所用教材，严格把握教材的思想性，强化教材的前沿性和针对性；深化研究生考试招生改革，完善多元化招生选拔机制；完善研究生培养分流退出制度，畅通博士研究生向硕士层次的分流渠道，加大分流退出力度；建立健全博士研究生分流退出激励机制。②

2017年7月，教育部学位管理与研究生教育司发布《关于开展博士研究生教育综合改革试点工作的通知》，决定选取部分单位开展博士研究生教育综合改革试点工作，就试点工作的内容、遴选办法做出规定。杜占元副部长在全国博士研究生教育综合改革试点座谈会上指出，"深化博士研究生教育综合改革，提高博士研究生培养质量，是研究生教育的大势所趋、形势所迫、问题所在；各试点高校要紧紧围绕'服务需求、提高质量'这一核心，按照'立德树人方向要正，服务需求站位要高，提高质量视野要宽'的总体要求，探索新形势下博士研究生教育内涵发展的新模式和新路子"③，根据自身特色和办学实际，在博士研究生的思政教育、招生选拔、投入资助、科教结合、课程教学、分流淘汰、导师队伍、评价制度、国际合作、管理模式和质量保障等方面进行有针对性的专题研究，创新性地提出有针对性的改革举措，力争通过相关工作取得显著成效，并探索可复制、可推广的成功经验，形成博士研究生教育发展的政策机制。

---

① 刘延东：深化改革提高质量 推进研究生教育内涵式发展. http://www.xinhuanet.com/politics/2013-07/10/c_116486052.htm.（2013-07-10）[2018-11-14].

② 学位与研究生教育发展"十三五"规划正式发布. http://www.moe.gov.cn/jyb_xwfb/s5147/201701/t20170122_295473.html.（2017-01-21）[2018-10-12].

③ 杜占元：博士研究生教育改革要把思政教育放在首位. http://edu.people.com.cn/n1/2017/0725/c367001-29426872.html.（2017-07-25）[2018-11-14].

2021 年印发的《中华人民共和国国民经济和社会发展第十四个五年规划和2035 年远景目标纲要》指出，要"加强研究生培养管理，提升研究生教育质量，稳步扩大专业学位研究生规模"[①]。

综上所述，就当前博士研究生教育现状和发展情况，实行博士研究生培养模式综合改革势在必行。[②]

第二节　本书的意义和研究方法

一、本书的意义

从理论上讲，博士研究生培养在不同国家和不同历史阶段有不同的特点及培养模式。同样，中国博士研究生教育也要根据发展的现状和国情，探索有自己特色的博士研究生培养模式。本书针对我国博士研究生教育发展的新特点，通过全面调研，全景展现了我国当前博士研究生培养模式特征，以科教融合、创造力理论和研究生教育基本规律为基础，对博士研究生教育培养模式进行 9 个维度的全新构建，探索学术志趣等影响博士研究生创新能力的关键要素，提炼博士研究生教育发展演进的质量观测指标，呈现鲜活的博士研究生教育现状；与国外博士研究生教育比较，把中国博士研究生教育置于全球博士研究生教育的视域下，借鉴国外博士研究生教育经验，研究中国博士研究生教育发展趋势和如何提高博士研究生教育质量。研究成果旨在为国内外学者、同仁提供重要文献和研究参考。

从实践意义上看，学术型博士研究生一直是我国博士研究生教育的主体，对我国高等教育的发展和国家科技水平的提升发挥着重要作用。经过 40 多年的努力，我国基本实现了立足国内自主培养高层次人才的战略目标，学术型博士研究生年度招生规模和学位授予规模已经超过美国，我国成为学术型博士研究生教育大国，而从学术型博士研究生教育大国转变为学术型博士研究生教育强国任重道远。及时总结我国学术型博士研究生教育经验、归纳和展示中国学术型博士研究生培养模式，对持续创新和提升博士研究生教育质量具有重要价值和现实意义。

---

① 中华人民共和国国民经济和社会发展第十四个五年规划和 2035 年远景目标纲要. http://www.moe.gov.cn/jyb_xwfb/s6052/moe_838/202103/t20210315_519738.html.（2021-03-13）[2022-02-12].

② 关于开展博士研究生教育综合改革试点工作的通知. http://www.moe.gov.cn/s78/A22/xwb_left/moe_826/201708/t20170804_310685.html.（2017-07-12）[2018-11-14].

开展高校及有关博士研究生培养单位的博士研究生培养模式研究，能够发挥典型案例示范带动作用，激励它们相互学习不断创新，促进博士研究生教育质量的提高，推动我国向博士研究生教育世界强国迈进。博士研究教育改革研究的价值在于为博士研究生综合改革提供可借鉴的建议。与国外博士研究生教育历史相比，中国博士研究生教育相差 100 多年，随着经济和文化的发展，在我国博士研究生教育发展过程中，不断会有新情况、新的培养理念和模式出现，所以对当前我国博士研究生教育的研究和总结能够为我国博士研究生今后的实践提供依据。

此外，本书旨在全景呈现中国博士研究生教育的现状，从多重视角提炼中国博士研究生教育的培养模式，向国际社会展示中国特色的博士研究生教育成果；为国内研究生教育战线上的管理者、导师和学生提供可参考借鉴的教育范式；汇集各类高校、各类学科及优秀博士研究生的典型案例，全方位展示不同区域、特点高校在博士研究生教育领域的探索与实践。

本书还在应然框架和理论构建的基础上进行实证研究，提炼实然模式的典型特征及发展制约因素，提出"加强立德树人教育""改革招生选拔机制""促进科教深度融合""全过程渗透跨学科培养""建立国际合作交流新机制""提高博士研究生非学术能力和就业胜任力"等政策改革的路径建议，以期为我国博士研究生教育综合改革的全面深化、教育质量的全面提升、加快建成具有中国特色研究生教育强国等战略目标的实现提供有益参考。

二、研究问题和研究方法

（一）研究问题

尽管中国博士研究生教育规模不断扩大、成绩斐然，但是社会对中国博士研究生教育质量及评价有不同的声音，越来越多的群体关注博士研究生教育质量和存在的问题。现有博士研究生培养模式往往偏重知识学习，对创新能力和实践能力培养不够，表现为学位研究生培养中科教结合不够紧密，所学的知识并没有应用到实践之中。由此导致博士研究生教育质量不高或下降，最终导致博士研究生的原始创新能力下降。所以，本书关注如何从博士的培养模式入手，反思影响博士研究生创新能力的因素，以提高博士研究生教育质量。本书的研究对象是学术型博士研究生，也是我国博士研究生的主体。本书从以下三方面探讨博士研究生培养模式与创新能力的关系：①我国学术型博士研究生的基本培养模式是什么？

②影响学术型博士研究生的基本培养模式的关键要素有哪些？③这些关键要素是如何影响我国博士研究生的创新能力的？

（二）研究方法

本书研究具有探索性特点。为保证研究的科学性和客观性，本书采取质的研究和量的研究相结合的方法，并结合对文献和相关理论的分析，对国内外博士研究生培养模式进行梳理，对不同培养模式下博士研究生创新能力的培养方式进行研究。具体采用方法如下。

1. 文献分析

本书研究主要检索了国内外学术期刊网站和重要的网络学术资源，如Elsevier、web of Knowledge 和 SpringerLink、Google 学术和中国知网，并查阅了博士研究生教育的相关研究成果，对国内外大量文献进行分析和整理。通过对已有研究的学习和理解，总结现有研究的重要经验和结论，发现当前国内外博士研究生培养研究的问题与不足，这些都为本书研究打下夯实的理论基础，同时为厘清研究逻辑、理顺研究思路提供宝贵的指导和借鉴。

2. 质的研究

质的研究是在自然情境下采用多种资料收集方法对社会现象进行整体性探究，使用归纳法分析资料和形成理论，通过与研究对象互动对其行为和意义建构获得解释性理解的一种活动。①本书通过对北京大学、清华大学、上海交通大学、复旦大学、南京大学、东南大学、中山大学和华南理工大学 8 所高校博士生导师及博士研究生的访谈，以及对全国 39 所高校提供的案例进行文本分析，有效构建我国博士研究生培养模式，提取影响博士研究生创新能力的关键变量，分析变量之间的相互作用机制；通过严格的质的研究分析，构建学术型博士研究生创新能力的影响因素模型，进一步凝练和应答本书具体化研究命题。

3. 量的研究

本书研究的基本路线是在文献研究、理论分析和质的研究的基础上，提出研究模型和研究假设，然后通过实证研究方法对研究模型和假设进行检验。实证研究方法的步骤大致如下。

第一，开放式问卷调查设计。开放式问卷调查是本书研究前期进行量表设计

---

① 陈向明. 质的研究方法与社会科学研究. 北京：教育科学出版社，2000：23.

的主要工作，开放式问卷和封闭式问卷主要内容是针对招生选拔、科教结合、导师队伍、学术评价、跨学科和出境交流等变量的测量，修订完善已有成熟测量工具，对我国8所著名高校进行访谈和问卷预调查。访谈针对所有变量，找到问卷中需要修改的和完善的部分。

第二，问卷调查。借鉴调研组前期成熟量表，并通过访谈和问卷调查对博士研究生调查问卷进行设计与完善，之后面向全国"985工程"建设高校和12个学位办推荐高校开展全面文件调研，本次调查共回收博士研究生导师问卷1278份，其中有效问卷787份，有效率为61.6%。调研共回收博士研究生问卷5124份。将回收的问卷用SPSS 23.0软件录入后进行筛选，剔除无效问卷，经过剔除，有效问卷为4332份，有效率为84.5%。回收问卷有效数量超过30份的高校有北京大学、清华大学、北京师范大学、中国人民大学、北京航空航天大学、北京理工大学、北京化工大学、北京邮电大学、首都师范大学、中国科学技术大学、复旦大学、上海交通大学、华东师范大学、上海师范大学、上海大学、华东政法大学、上海中医药大学、中山大学、广东工业大学、广州医学院、东南大学、宁波大学、苏州大学、浙江工业大学、四川大学、重庆大学、重庆医科大学、天津科技大学、天津师范大学、天津医科大学、天津中医药大学、哈尔滨工业大学、东北农业大学、云南大学、西南政法大学共计35所，覆盖哲学、经济学、法学、教育学、文学、历史学、理学、工学、农学、医学、管理学和艺术学12个学科门类。

第三，数据分析与处理。根据问卷调查的数据，主要采用相关分析、回归分析、结构方程等方法对调查数据进行数理统计分析。

4. 比较研究

本书通过对若干世界博士教育强国如美国、德国、英国、法国、日本的博士研究生培养模式的分析，探讨其博士研究生教育的不同之处和共同特点，总结各国博士研究生教育的发展规律及其总体趋势，有助于我国博士研究生教育取长补短，吸取他国的实践经验，分析构建适合我国博士研究生培养的模式。

第二章

博士研究生培养模式研究基础

第一节　博士研究生培养模式的概念界定

一、博士研究生培养模式定义

1981 年，我国颁布《中华人民共和国学位条例》以及实施办法，该文件提出了我国研究生教育的制度化模式。国内众多专家学者对"培养模式"的概念进行了大讨论，说法不下二十种。李盛兵的《研究生教育模式嬗变》、刘鸿的《我国研究生培养模式研究》、许红的《中美研究生培养模式比较研究》、胡玲琳的《我国高校研究生培养模式研究 从单一走向双元模式》均对研究生培养模式进行了系统的论述。

何为"模式"？陈学飞认为，所谓"模式"是指对所研究现象的概括和简明表述，力求突出这一现象主要的、基本的特征，以便获得对本质的认识。[①]何为"研究生培养模式"？孙大廷将我国的研究生教育制度化模式概括为"国家高度控制的，以硕士研究生培养为主体，具有高度内适性的专业化和'师徒式'的精英培养模式"[②]。董泽芳认为研究生培养模式是指在一定的研究生教育思想和培养理念指导下，根据研究生培养的规律和社会需求，由若干要素构成的，具有某些典型特征，且相对稳定的理论模型和操作式样。[③]

二、博士研究生培养模式的基本内涵

（一）培养模式的内涵

模式是指对研究现象的概括和简明的描述，力求突出这一现象的主要的、基本的特征，以便获得对其本质的认识。培养模式是指遵循成长模式和社会需要，为受教育者构建的知识、能力、素质结构以及实现这种结构的整体运行方式。它反映了博士研究生培养过程中招生选拔、分流淘汰、课程学习、科教结合、导师指导和学术评价等环节的最优化设计及诸因素的最佳组合，规定了人才的一般特

---

① 陈学飞. 传统与创新：法、英、德、美博士研究生培养模式演变趋势的探讨. 清华大学教育研究，2000（4）：9-20.

② 孙大廷. 我国研究生培养模式的变革及发展趋势. 中国高等医学教育，2010 (12)：107-108.

③ 董泽芳. 博士研究生创新能力的提高与培养模式改革. 高等教育研究，2009（5）：51-56.

征和时代特征，并体现了一定的教育思想和教育观念。

（二）培养模式的构成要素

培养模式由培养目标、培养过程和培养评价三部分构成。培养目标是培养模式的导向性要素，它规定着受教育者的培养方向，并对培养结果做出一定预测。制定培养目标主要依据有两个，分别是社会发展和受教育者的身心发展，前者影响着教育教学活动的内容，反映了社会对各级各类人才的要求。培养过程中的各个环节反映了培养目标，培养评价是对培养理念的检验。只有培养环节的各个要素最优化组合，才能达到培养目标。

结合科技发展和社会变革的各种因素，研究生培养目标在具体实施过程中可以具体化为对研究生知识、能力、素质方面的要求；在知识方面，包括本学科的理论基础和专业知识，以及工具性知识（即科学研究方法、方法论及相关学科的知识和理论）；在能力方面，包括获取知识的能力、科研能力、创新能力、组织和交往能力；在素质方面，包括思想道德素质、科学文化素质、心理素质和身体素质。知识、能力和素质形成后，可促进知识的进一步获取，素质的提高则能加快知识的吸收、内化，促进能力的提升。

培养过程是培养模式的组织性要素，它是培养模式的核心。培养过程是培养模式的实施过程，它包括课程体系、教学组织形式等方面。课程体系是培养过程得以实现的载体，属于内容的范畴。教学组织形式（理论教学、实践教学）属于形式的范畴，好的形式有助于内容的表达与实现。培养过程是否科学、是否合理，关键在于其构成要素之间是否能够优化组合，培养过程是培养模式所关注的领域。换言之，培养过程是根据一定的培养目标（对研究生知识、能力、素质的要求），在导师指导下，通过一定的课程学习和科学研究使研究生的知识、能力和素质得到提高，使其成为合格的高级专门人才的活动过程。其主要涉及入学形式、课程学习、导师指导、科学研究、学位论文五个层面。入学是培养过程的起点，它是研究生培养模式与社会大环境之间的中介，随社会需要的变化而变化，具有很高的灵敏度。课程学习、导师指导和科学研究是培养过程的重心，研究生的知识、能力和素质结构在这三个层面的作用下发生变化；课程学习和科学研究二者是并重的，它们是横向科学研究基础和纵向延伸的交叉关系；导师指导则贯穿于课程学习和科学研究的全过程。学位论文是研究生通过课程学习和科学研究，使其知识、能力和素质得以提高的集中体现，也是培养结果的一种预期表现。相对入学形式而言，学位论文可以被视为培养过程的终点，其质量直接反映了研究生知识、能力、素质的水平。

培养评价是研究生培养模式的调控性因素，它贯穿于高层次人才培养的全过程，其实质是运用一定的手段对研究生培养模式的目标、过程进行监督。培养目标应科学，反映社会需求并符合高层次人才成长规律；培养过程应合理，课程学习和科学研究时间分配适当，导师指导有力、有方、有度，学位论文能体现研究生创新能力的都需要通过培养评价的调控才能相互调整达到各环节的最佳组合，以保证培养质量。培养评价一般包括学校内部评价和社会评价两种方式。前者从各学校不同的学科、专业的特点出发，在评价过程中体现其专业化特征；后者通过社会中介机构的广泛介入，实现研究生教育与市场经济的接轨，在评价过程中体现其社会化特征。

培养评价的实质是对培养模式各环节的教育教学活动进行价值判断，依据一定的标准对人才培养的质量与效益做出宏观衡量和科学判断，对培养目标和培养过程进行监控，并及时做出反馈和调节。其目的是通过调节与反馈，促进培养模式各环节的优化，以提高培养质量。培养评价的标准应是动态的，而非静态的。它涉及与人才培养相关的各个环节，包括对培养目标的评价、对培养主体的评价、对培养过程（专业设置、课程体系、教学方式等）的评价。

三、国内外博士研究生培养模式研究

（一）国外博士研究生培养模式研究

调研组以"doctorate"为关键词在 1976—2016 年 Elsevier、web of Knowledge 和 SpringLink 数据库中检索到外文文献 1021 篇，其中与博士培养直接相关的文章涉及主题有：①博士研究生结构化培养；②博士研究生跨学科培养；③博士研究生培养的新模式；④博士研究生培养中的导学关系；⑤博士研究生创新能力的培养；⑥博士研究生发表论文和出版著作；⑦博士研究生就业；⑧博士研究生延期毕业。

1. 博士研究生结构化培养

在西方博士研究生教育 200 多年的发展历程中，学术型博士的培养形成了两种截然不同的传统或模式，一种为欧洲模式（又称德国模式），另一种为美国模式。在美国模式中，博士研究生在正式提出论文研究问题、写作研究计划书之前需要选修大量课程，接受较为系统的学术训练，以系统地了解相关学科和研究方向的理论和方法。在欧洲模式中，博士研究生被视为独立的研究者，通过与导师的交流掌握学科方法、学科文化与学科规范，并在此基础上完成一篇在知识上具有原创性贡献的博士学位论文。欧洲模式的博士研究生培养既没有系统的培养计划，也没有正式课程，但是学生可以根据研究需要和导师建议选修课程。

世界博士培养的模式正在由欧洲模式向美国模式转变。Melles 指出，结构性研究训练（structured research training）早已经成为北美博士生课程的一部分，而且随着全球范围内结构性研究课程的传播，欧洲和澳大利亚的博士生教育项目把它作为博士生培养模式的一部分。Melles 调查了澳大利大学教师和博士研究生对该课程的态度、如何更合理地设置课程和师生的建议，研究结论是结构性研究训练对博士研究生培养有重要意义，并且需要进一步完善相关的培养制度。[1]

2. 博士研究生跨学科培养

跨学科培养是博士研究生培养的热点问题，也是培养博士创新能力的途径之一。Muhar 等认为学科间合作是解决复杂的问题的有效方法，跨学科研究不仅是从"科学为社会服务"的角度，而且是从"科学与社会共同发展"的角度思考问题，把跨学科合作的研究方法和培养模式融入博士培养的过程中，有助于不同学科背景导师和学生的学术融合，催生重大的科研成果和创新。[2] Enengel 等强调跨学科培养博士的模式，因为跨学科可以结合学术和非学术的知识解决研究中的问题，他们比较了 4 个跨学科的项目得出结论：跨学科博士研究生培养的挑战在于要合作的研究者要分担责任，培养学生的创新能力，要有对科学研究的持续性和奉献精神，此外，应该进行进一步探索和完善跨学科博士研究生培养模式。[3]

3. 博士研究生培养的新模式

20 世纪 90 年代以来，英国博士学位面临国际竞争力下降、学生毕业时间延长、学位获得者专业技能匮乏等问题。对此，自 2001 年，英国开始设立新制博士学位（New Route PhD），在专业设置上，不但强调学生知识的拓宽和加深，而

---

① Melles G. Global perspectives on structured research training in doctorates of design e what do we value? Design Studies, 2009(30): 255-271.

② Muhar A, Visser J, van Breda J. Experiences from establishing structured inter- and transdisciplinary doctoral programs in sustainability: A comparison of two cases in South Africa and Austria. Journal of Cleaner Production, 2013, 61: 122-129.

③ Enengel B, Muhar A, Penker M, et al. Co-production of knowledge in transdisciplinary doctoral theses on landscape development—An analysis of actor roles and knowledge types in different research phaese. Landscape & Urban Planning, 2012, 105(1-2): 106-117.

且为学生提供多样性技能培养；在培养模式方面，重视学术研究和课程教学两条主线相互交织、共同促进；在监督评估方面，形成了相对规范的模式，逐步加强了监督力度，其学术要求也有了一定提升。新制博士学位为英国研究生教育注入了活力。

4. 博士研究生培养中的导学关系

博士培养中的导学关系是当今博士培养研究中学者关注最多的问题之一，在文献中，导学关系研究主要关注导师与学生的互动关系、导师对学生创新能力的培养和不同导师指导风格的优缺点。其中，Kandiko 等用概念定位和访谈的方法，追踪学术型博士研究生与导师双方对在学生学术训练和导师指导两个方面理解的差异性。[①]此前的研究关注导师指导风格和在不同的学科环境中的指导方法的差异，该研究是以英国实验室为研究基础的博士研究生（lab-based PhD）及其导师作为研究样本，用纵向追踪调查方法对研究对象进行 3—4 年的追踪调查。研究发现博士研究生关注研究的产出（完成博士论文和发表论文、著作），导师则关注学生学习的过程和科学研究中学生的发展。其研究意义在于如何处理以实验室为研究基础的培养模式中导师与博士研究生的关系，在培养中应该考虑导师和博士研究生双方的需求，把导师对学生的学术训练和博士研究生的学术的产出平衡和融合，使两者都处于相对平衡的状态。

5. 博士研究生创新能力的培养

博士研究生创新能力培养是博士培养的关键。Hancock 等指出，STEM（即科学 science、技术 technology、工程 enigineering 和数学 mathematics）教育博士毕业生有不同的职业选择，有的不再从事与 STEM 相关的研究工作，不再继续学术生涯。[②]因此，他们提出要改革 STEM 博士研究生教育，提高博士研究生对专业身份的认同度，使毕业生毕业后依然选择继续从事相关研究，并成长为 STEM 领域的研究者。Barthelemy 等则论述了博士研究生是新知识的创造者，对博士学位获得者应具有的素质的研究有重要意义。他们通过实证研究指出，博士研究生应当具备何种能力才有助于今后成长为独立的研究者。[③]

---

① Kandiko C B, Kinchin I M. What is a doctorate? A concept-mapped analysis of process versus product in the supervision of lab-based PhDs. Educational Research, 2012, 54(1): 3-16.

② Hancock S, Walsh E. Beyond knowledge and skills: Rethinking the development of professional identity during the STEM doctorate. Studies in Higher Education, 2016, 41: 37-50.

③ Barthelemy D, Marina F, Matthieu L. The core competencies of PhDs. Studies in Higher Education, 2016, 41(8): 1355-1370.

6. 博士研究生发表论文和出版著作

发表论文和出版著作是评估博士研究生研究成果的重要指标。在博士研究生教育阶段，发表论文对他们今后的学术生涯有何影响？Hugo 通过 web of Science 统计了博士研究生在学习阶段发表文章和著作对其将来的研究生涯的影响。研究发现，博士研究生在学习阶段发表文章有助于其在今后独立研究中发表更高水平的文章。[①]Trevan 和 Antonius 认为，从事科学研究活动、发表文章和出版著作是博士研究生能够在大学得到教师职位的关键。他们调查了 2010—2014 年 4 个社会科学领域在美国大学获得教师职位的博士毕业生，这些博士研究生在毕业前平均有 4.3 次机会投稿到同行评审的期刊（peer-reviewed journal）或者参加书籍部分章节的编写。[②]

7. 博士研究生就业

早期博士研究生教育的主要任务是培养大学教授和从事基础理论研究的科学家。至今，大部分人依然认为博士学位获得者的就业方向应是以研究为基础的学术职业，其职业道路被描述成"线性管道"（linear pipeline）。但是，在知识生产模式 II 的背景下，博士毕业生选择的职业类型是多样化的，更多的博士毕业生未能从事学术职业，而进入非学术部门。选择非学术职业的博士毕业生被视为"管道泄露"（leakage from the desired pipeline）。博士研究生培养到底是应该符合博士研究生教育的自身逻辑，还是应该满足博士研究生自身的职业需求？另外有研究者指出，博士研究生教育的目的应该是为学术研究做准备，但是在全球约有一半以上的博士毕业生因缺少入职机会或其他原因而选择离开高等教育机构。其调查加拿大博士毕业生出于何种原因做出转入其他职业领域的决定后发现，个人将来的就业意图和博士研究生职业机会是博士毕业生在做职业选择时主要考虑的问题。[③]Bloch 等的研究同样关注在经合组织国家和其他国家博士毕业生转入非学术机构的现象，研究何种因素会使博士毕业生做出此决定。其研究结论是，博士毕业生个人的特点和其研究领域是其选择非学术机构的主要因素。[④]Stenstrom 等认为，博士研究生毕业生的就业结果通常是由个人的成绩和毕

---

① Hugo H. The impact of publishing during PhD studies on career research publication, visibility, and collaborations. Research in Higher Education, 2016, 57(1): 28-50.

② Trevan H, Antonius S. How much are PhD students publishing before graduation? An examination of four social science disciplines. Journal of Scholarly Publishing, 2016, 47(2): 171-179.

③ McAlpine L, Emmioglu E. Navigating careers: Perceptions of sciences doctoral students, post-PhD researchers and pre-tenure academics.Studies in Higher Education, 2015, 4(10): 1770-1785.

④ Bloch C, Graversen E K, Pedersen H S. Researcher mobility and sector career choices among doctorate holders. Research Evaluation, 2015, 24(2): 171-180.

业生毕业院校大学和院系的声誉决定的。研究利用 2007 年美国国家调查心理学博士毕业生学习业绩的评价的数据表明，即使有同样的学术成就，毕业于排名不同的院系的博士毕业生，其得到的职位也不同。[①]

8. 博士研究生延期毕业

博士学位完成率是表明博士项目成功开设的重要指标，也是一个地区拥有高技能劳动力潜在的信号。Groenvynck 等的文献研究认为，博士学位的完成率受如下因素影响：博士研究生群体影响、学科、奖学金的类型，以及年龄、性别、国籍。他们用事件历史分析的方法解释为什么学生毕业时间和辍学时间因人而异，研究表明博士研究生的研究学科领域和资助情况是影响博士学位完成率的决定因素。[②]van de Schoot 等认为，博士研究生毕业延期会对大学和博士研究生本人产生负面影响，会导致博士研究生学业的终结。该研究旨在探索大学和研究生院在如何缩短和阻止博士研究生的延期毕业方面应担负的责任和作用。[③]

国外学术型博士研究生培养模式研究情况如下。

（1）规范化训练和结构化培养是博士研究生培养模式变革的基本方向

面对博士研究生教育面临的挑战和问题，国外学者普遍认为博士研究生教育及研究训练结构化培养的改革是必需的，其中，一个重要的方向是对博士研究生进行规范化训练。在博士研究生教育的结构化改革当中，跨学科研究所等的建立是其中最为重大的政策调整。并且，结构化改革还意味着博士研究生教育需要在学位标准、学习年限、学位论文、课程教学等方面做出规定，通过建立研究生院制度、设置结构化的课程和新型指导关系取代传统的师徒制博士研究生培养模式。

（2）博士研究生教育的目的是培养具有独立研究能力的学者

国外学者关于博士研究生教育培养目标的研究中，代表性的观点为博士研究生教育的目的在于知识创新、培养学者和研究者。还有许多文献的研究主题是关注博士研究生具有何种能力，使博士研究生成长为独立的研究者，以及博士培养模式能否最大限度地实现这个目的。博士研究生教育强调各学科对知识和创造性

---

① Stenstrom D M, Curtis M, Iyer R. School rankings, department rankings, and individual accomplishments: What factors predict obtaining employment after the PhD? Perspectives on Psychology Science, 2013, 8(2): 208-217.

② Groenvynck H, Vandevelde K, van Rossem R. The PhD track: Who succeeds, who drops out? Research Evaluation, 2013, 22(4): 199-209.

③ van de Schoot R, Yerkes M A, Mouw J M, et al. What took them so long? Explaining PhD delays among doctoral candidates. PLoS One, 2013, 8(7): 52 -59.

的积极贡献，旨在提供科研方法的训练，使每个博士研究生成为高水平的科研工作者和学者。卡马鲁·艾哈迈德认为，一个真正的博士学位拥有者是一个极其有经验的研究者。[①]在对博士研究生教育目的研究的基础上，相关的研究成果中对博士学位获得者应具备的具体素质也有详细阐述。

（3）博士研究生教育正面临全球化、知识生产模式转型带来的挑战

国外学者一致认为，博士研究生教育目前正面临来自经济全球化和知识经济转型等方面的严峻挑战，如芭芭拉·M.科姆等明确指出，经济全球化和知识经济转型等挑战使得博士研究生教育质量问题成为一个世界性问题，各国广泛存在对博士研究生教育质量的质疑之声。20世纪中期以来，传统的博士研究生教育研究领域过于狭窄和专门化，以学科为培养单位、跨学科和多学科培养已经成为博士培养的新趋势。这种模式可以打破学科间的封闭性和疏离。[②]

目前，博士研究生教育与博士研究生培养质量面临危机已成为世界范围内的一种普遍现象。文献研究发现，对博士成果产出（学位论文、发表论文和著作）的研究是近来的研究热点。博士成果的产出是博士培养质量的衡量标准。

（4）博士培养模式与就业关系密切

在全球范围的现实考察发现博士毕业生职业道路选择的多元化。文献研究发现，有相当一部分博士毕业生在非学术机构、高等教育以外的机构工作，这个现象表明博士培养模式的变化要适应新情况的变化。博士的就业受很多因素影响，对博士就业的研究旨在创新博士培养模式（比如课程设置和学术训练等），设置跨学科课程体系，突出跨学科课程地位，连接博士培养与博士研究生职业发展，满足博士毕业生多元化的职业需求。

（二）国内学术型博士培养模式研究

在CNKI以全文包含"博士培养"为检索条件，查询到1 351 383篇文献，其中2013年达到峰值109 329篇，之后回落，到2016年，论文总数回落至61 342篇。研究国内高校的以国内大学为对象研究博士培养方面的文章，只有96篇，这说明对国内高校博士研究生培养现状研究很少。

专门研究学术型博士研究生教育发展状况的专著以陈洪捷的《博士质量：概念、评价与趋势》、中国博士质量分析课题组的《中国博士质量分析报告》、周光

---

① 卡马鲁·艾哈迈德. 博士就读指南. 高民芳译. 北京：电子工业出版社，2008：17.

② 芭芭拉·M.科姆，戴甚彦，陈洪捷. 通向博士的路径：在精英选拔与规模扩张之间. 北京大学教育评论，2009（2）：2-11，188.

礼的《中国博士质量调查》等为代表。另外，薛天祥的《研究生教育学》、周洪宇的《学位与研究生教育史》、王孙禹和谢维和的《学位与研究生教育：战略与规划》等著作中，也涉及对博士研究生教育发展状况的具体研究。

在博士研究生培养模式的研究中，代表性的成果包括陈学飞等的《西方怎样培养博士》、李盛兵的《研究生教育模式嬗变》、刘鸿的《我国研究生培养模式研究》、许红的《中美研究生培养模式比较研究》等。另外，20 世纪末关于研究生教育的很多著作，实际上也为近年来博士研究生教育模式的研究提供了基础，比如符娟明和迟恩莲的《国外研究生教育研究》、王忠烈的《学位与研究生教育比较研究》等。

除了查阅专著外，在CNKI 全文期刊、维普中文科技期刊等数据库中，以"研究生教育""博士研究生教育"为主题或关键词，以精确匹配的方式对期刊与博士学位论文进行检索（1981 年 1 月—2018 年 1 月），结果发现，我国在 1981 年实施学位条例以来，针对研究生教育发展的研究，硕博学位论文和期刊文章多达 663 篇，最早的研究从 1983 年开始。

关于博士研究生教育发展状况的研究，不同时期的侧重点有所不同，但整体上呈现由宏观到微观的研究趋势：最初的研究内容集中于对博士研究生教育发展历史的探讨和国别比较研究；之后开始关注博士研究生教育规模、学科结构、管理制度等研究；近年来，研究主题则更多地聚焦于提高博士研究生培养质量和博士研究生教育质量。

文献主题分为三大类：第一类是对国外博士研究生培养模式情况的介绍，包括不同国家的博士研究生教育培养模式、具体学科的博士研究生培养方式；第二类是中国博士研究生培养模式在具体学科的不同培养方式的改革和创新；第三类是对比国内外博士研究生培养模式，以及国外培养模式所带来的启示。具体来讲，第一类是对国外博士研究生培养模式情况、具体学科的博士研究生培养方式的介绍。美国的博士研究生教育的研究领域有美国博士研究生培养的理念和模式、学科的博士研究生培养模式和跨学科博士研究生培养经验的总结[1][2]。英国教育的研究领域有英国博士研究生培养模式[3]、英国新制博士学位研究[4]；研究

① 王东芳. 美国博士研究生培养的理念与制度. 高等教育研究, 2013（9）：54-60.
② 陈玥, 蔡娟. 哈佛大学跨学院联合培养博士模式的特征探析. 外国教育研究, 2015（5）：15-24.
③ 孙玉琳. 英国博士研究生培养模式研究. 东北师范大学硕士学位论文, 2012.
④ 胡钦晓. 英国新制博士学位的特色与启示. 教育研究, 2013（8）：126-132.

也具体到英国博士研究生的招生和就业①以及跨学科博士研究生培养②。欧洲博士研究生的培养研究包括介绍欧洲博士学位③和博士研究生培养模式的分析④。关于我国博士研究生培养模式的研究，在内容上也经历了逐步向纵深层次推进的过程：从最初对发达国家博士研究生教育模式的描述性介绍到后期对不同培养模式的比较，再到结合我国博士研究生培养模式中存在的问题与国外的成功经验相结合进行经验借鉴；从最初针对整个研究生教育阶段的宏观研究，到后来区分硕博士研究生教育层次学术学位与专业学位教育类型来分别探讨各自的培养模式，再到重视学科差异、针对某个学科专业的博士研究生教育模式进行个案研究。可以说，关于博士研究生培养模式的研究经历了一个由浅到深、由宏观到具体、逐步向纵深层次推进的过程。

第二类文献是中国博士研究生培养模式表现在具体学科的不同培养方式改革和创新。这类文献的研究内容丰富，研究方法多样，包括质性研究、量化研究，深入分析影响博士生培养的要素以及各个要素间的关系。具体来讲，国内博士研究生培养模式研究的关注点是培养模式的变化⑤⑥、博士培养质量⑦。马永红⑧、刘贤伟等⑨⑩⑪对校所联合培养博士研究生项目目标定位及其影响因素模型结构、其网络结构特征以及合作方式做了分析和研究。

第三类是对比国外与中国博士培养模式所带来的启示，通过国外博士研究生

---

①　褚艾晶. 以雇主需求为导向的英国博士研究生教育改革研究. 学位与研究生教育，2013（5）：69-73.

②　饶舒琪. 科研与实践能力兼顾的跨学科综合培养——剑桥大学研究生教育的新路径选择. 外国教育研究，2015（5）：25-26.

③　Annamaria Silvana de Rosa. 博士研究生教育国际化的新形式：欧洲博士学位. 王福胜，庄丽君编译. 学位与研究生教育，2011(1)：69-74.

④　邵庆龙. 欧洲博士培养模式的分析. 经济资料译丛，2014（4）：92-95，5.

⑤　徐瑞华. 我国博士教育培养模式：借鉴欧美形似而神不似. 研究生教育研究，2013（4）：86-90.

⑥　顾剑秀，罗英姿. 是"管道的泄露"还是"培养的滞后"——从博士毕业生的职业选择反思我国博士培养变革. 高等教育研究，2013（9）：46-53.

⑦　尹晓东. 博士研究生培养质量主要影响因素研究——基于重庆五所高校的实证分析. 西南大学博士学位论文，2014.

⑧　马永红. 高校与科研院所联合培养研究生典型案例汇编（2012）. 北京：北京大学出版社，2014：3-10

⑨　刘贤伟，马永红，马星. 校所联合培养博士研究生项目目标定位及其影响因素模型构建——基于扎根方法. 高等工程教育研究，2016（2）：126-131.

⑩　刘贤伟，马永红. 我国校所联合培养博士研究生的模式及其网络结构特征研究. 研究生教育研究，2016（6）：31-38.

⑪　刘贤伟，马永红. 高校与科研院所联合培养研究生的合作方式研究——基于战略联盟的视角. 研究生教育研究，2015（2）：10-15.

培养比较为我国博士培养提供借鉴。文献的研究领域包括中外博士培养模式的比较，在博士招生规模、学位授予和就业方面的比较。

国内学术型博士研究生培养模式研究的述评如下。

（1）博士研究生教育质量提高是关注的焦点

研究普遍认为，目前我国博士研究生教育中的问题表现在培养的人才创新能力不强，无法满足经济社会发展的需求。博士研究生创新能力不强的原因包括：在规模迅速扩大的同时，我国博士研究生教育的学科结构、管理体制结构以及综合质量很难满足和适应知识经济时代社会发展的需求，亟待优化结构、提高质量。我国博士研究生教育在培养模式上存在突出问题，比如招生制度不利于选拔高层次人才、导师指导不力、博士研究生课程松散、考核制度不严格、分流淘汰制度没有真正实施、评价形式单一等。研究同时表明：与发达国家相比，我国博士研究生培养质量面临严峻挑战，尤其是博士研究生创新能力与世界高等教育强国相比差距较大。

（2）博士研究生招生的规模可适度扩大

我国博士研究生教育规模扩大在一定程度上导致博士学位授予机构的迅速增长和博士研究生导师的降格聘任。美国博士研究生教育在其发展中虽然也曾有过几次规模扩张，也都出现了质量问题，但每次规模扩张之后，又都有大规模的质量提升运动和增长速度的下降。而我国与之相应的改革就迟缓得多。虽然美国在师资力量、经费投入、教学设施上都优于我国许多，但我国却用30多年的时间走过美国150多年发展的历程，如果采取拔苗助长的方式来发展博士研究生教育，就违背了渐进式发展教育的基本规律，其后果是不言而喻的。如果这一态势长期持续下去，不但不能够满足更多硕士毕业研究生继续攻读高层次学历学位教育的现实需求，而且也与国家建设高等教育强国和文化强国的战略发展目标相背离。基于此，政府和高校应当有计划、适度地扩大博士研究生的招生规模，尤其应当扩大学术型博士之外的其他类型博士的招生规模。

（3）我国博士研究生培养模式可借鉴美国模式

结构化博士研究生教育是美国模式的主要特点，结构化博士研究生教育不再是导师与博士研究生之间个体化的互动协商，而是被置于透明化、规范化、多元化和约束力更强的培养结构中。西方已有研究表明，与传统学徒制的培养模式相比，博士研究生培养的结构化更能促进博士研究生学业的成功，有助于缩短博士研究生的修业年限。因此，可以预见，结构化博士研究生教育仍将是未来博士研究生培养的重要特征。此外，跨专业、跨学院和联合培养博士研究生模式也是博士研究生培养的新趋势。

（4）我国博士研究生教育要关注博士研究生就业问题

由于博士研究生就业劳动力市场变得越来越不确定，而且就业渠道越来越多样化，几乎所有西方主要国家都开展了对博士研究生就业状况的跟踪调查，目的是把握博士研究生的就业取向和发展状况，并根据调查结果调整博士培养模式。①近十多年，关注博士毕业生的就业去向成为世界主要国家的重要政策议题。

博士教育后期阶段，除培养博士研究生独立从事科学研究的能力外，高校还应培养博士研究生将专业技能转换为职业发展的能力。由于博士研究生就业存在学科差异，高校应统一指导，加强学院专职辅导的博士研究生就业指导模式，分专业、分层次为博士研究生提供就业指导与服务。例如，英国博士研究生教育正朝着多样化方向发展，不断涌现的新型学位资格、以多种灵活方式提供的课程类型等，致力于满足国家经济发展、雇主以及个人日益变化的需求，调整博士研究生教育模式，以适应这一变化。②

国内外学者对博士研究生培养教育模式研究的共同点是注重博士研究生的研究能力的培养和严格的学术训练，在导师指导方面，倾向于采取导师组的指导方式取代单一导师的指导方式，培养模式向美国模式转变。在博士研究生教育全球化的背景下，博士研究生就业也成为研究热点。国外学者的研究体现出如下特点：首先，普遍运用实证研究方法。在大规模调查的基础上，对博士研究生的培养质量、博士研究生专业质量评估和博士研究生就业进行研究。其次，研究主题上关注具体问题、现实问题。深入研究某个国家的博士研究生培养的特点或某一学科中的具体问题，注重了解某一博士专业的个性特征，不同历史阶段，始终关注博士研究生教育系统对外部环境的变化的适应和调整，以适应社会经济发展的需要。国内学者对博士学位获得者应具备的具体素质主题的研究很少，多是从博士培养的各个环节的优化以及博士研究生创新能力的培养进行研究。我国博士研究生培养模式相关研究中，研究者主要以叙述性说明为主，通过文字描述现象的定性研究占多数，定量研究很少，博士研究生培养模式现状和问题的具体数据资料较少。比如2007年，北京大学受国务院委托课题"中国博士质量调查"，对中

---

① 顾剑秀，罗英姿. 是"管道的泄露"还是"培养的滞后"——从博士毕业生的职业选择反思我国博士培养变革. 高等教育研究，2013（9）：46-53.

② 褚艾晶. 以雇主需求为导向的英国博士研究生教育改革研究. 学位与研究生教育，2013（5）：69-73.

国博士研究生教育的现状、问题做出调研，并提出对策和建议。像这样大规模的实证研究很少，更多的是学者以专题的形式进行博士研究生相关研究。在经济全球化的今天，中国博士研究生教育面临机遇和挑战，应实现从大国到强国的转变，所以对博士研究生培养模式的研究是博士研究生教育改革的重中之重。因此，本书基于全国博士研究生的调查数据和对各高校的调研，从深层次分析各高校的培养理念和培养目标，对博士研究生培养的各个环节进行深入分析，准确、科学、形象地描述我国博士研究生培养模式的现状和存在的问题，提出完善和改进博士研究生的培养模式的建议。

第二节　博士研究生教育内涵式发展的基本理念及路径

一、高等教育内涵式发展的含义

党的十九大报告指出，要"加快一流大学和一流学科建设，实现高等教育内涵式发展"[①]。内涵式发展的本质含义是以质量和效益为核心要素、以事物的内部因素为资源和动力的发展模式。高等教育的内涵式发展，其基本理念及路径在于遵循发展规律，更新培养理念，优化内部机制，激发内在活力，凝练出自身特色，实现培养质量不断提高，办学实力不断增强，学术影响不断扩大，推动研究生教育的全面、协调、可持续发展。

一是相对于规模发展的质量发展。与外延发展过多关注高校规模的不断扩大不同，内涵发展是一种追求质量的发展。它强调提升高校的办学质量，也就是提升高校的"软实力"，把注意力集中在学生培养质量不断提高上，使得规模与质量、效益达到有机的协调统一。

二是相对于粗放发展的精细发展。发展有粗放和精细之分，粗放型的发展主要把发展的关注点汇集在标志性成果上，汇集在外在物体形态的改变上，汇集在最终目标的达成上；精细型发展秉承"天下大事，必作于细"的原则，力求将高校发展的每项工作都精雕细琢。

三是相对于同质发展的特色发展。内涵式发展也是一种特色发展，是高校管

---

① 习近平在中国共产党第十九次全国代表大会上的报告. http://www.cntheory.com/tbzt/sjjlzqh/ljddhgb/202110/t20211029_37371.html.（2017-10-18）[2018-12-04].

理者和教师树立起"特色立校"的基本理念，将办学特色放在学校改革与发展的突出地位，在特色的形成和品牌的培育中使高校上升到更高水平。

四是相对于模仿发展的创新发展。内涵式发展不是靠外力推动的，而是源于内部变革力量推动的一种发展，因而有更大的创新动力，并正确地处理继承与创新的关系，创新与务实的关系，积极挖掘、利用、整合学校资源，将高校导入一种新的发展境地。

二、博士研究生教育内涵式发展的概念界定

我国博士研究生教育经历40多年的发展，与国外博士研究生教育相比，还处于初始阶段。所以，我国博士教育发展既要重视外延式发展，也要注重内涵式发展，在完善博士研究生教育基本模式的前提下，依据中国国情及时调整培养模式，找到博士教育改革的突破点。

中国"双一流"大学建设目标的达成也在一定程度上依靠博士研究生教育内涵式发展。如何高效地整合博士研究生培养的各要素，使之协调发展和运行，对一流大学的建设和发展意义重大。内涵式发展就是要抓住事物的本质属性，强调事物"质"的发展。对博士研究生教育而言，大力推进内涵式发展实质上是一种深层次的改革过程，就是要突出"以学生成长为中心"，增强博士研究生创新能力培养。

博士研究生教育内涵式发展有三层含义。

第一，以提高博士研究生质量为根本。如果单纯扩大博士研究生培养的规模和数量，而不提升教育质量，就是粗放型发展模式，会导致博士研究生教育缺乏竞争力。就博士研究生培养规模而言，要培养学术型博士，不仅要大力培养专业型博士，以满足社会和经济发展的需要，还要扩大前沿学科、跨学科和新兴学科人才培养的规模，为前沿学科发展储备人才，为未来规模化建设奠定基础。

第二，博士研究生教育内涵式发展要彰显各高校博士研究生培养模式的特色。博士研究生教育改革发展应强调特色发展、博士研究生的个性培养，充分发挥学科的优势特色，以实现教育质量提高的关键突破。具体来讲，不同学校博士研究培养理念、目标、学科发展目标都不尽相同。各学科的发展要遵循博士研究生发展的自身规律，应避免博士研究生教育的同质化，各学校选择的路径要差异化；在选择博士研究生培养的模式上，各学科和高校的博士研究生教育的模式也不尽相同。

第三，博士研究生教育内涵式发展要有创新发展。博士研究教育模式的美国模式或德国模式都是在各国历史环境下形成的模式，是适合该国国情的博士培养模式。中国博士研究生教育要基于中国国情要求，在发展过程中实现创新，这包括在完善基本模式的前提下，大力发展跨学科、整合资源、科教融合和产教研融合等模式培养博士研究生。从制度建设入手，营造有利于实现博士研究生教育可持续创新发展的环境。

博士研究生教育内涵式发展的要素包括外部环境要素和自身内在要素。外部环境要素主要包含政府引导和支持、社会参与和协同发展等，自身内在要素主要包含优质资源汇聚与共享、结构优化和分类培养、培养方案完善与课程教学改革、教师队伍建设与导师权责统一、激励制度及其运行机制、质量监控和保障体系等。

实现这种转变的突破口在于博士研究生教育改革。在当前国家经济高速发展的情况下，国家急需高层次人才，博士研究生是国家创新的生力军。从内涵式发展的观点讲，提高博士研究生教育的质量也是我国经济发展的要求。博士研究生培养模式改革是提高质量的关键，改革现行博士研究生的培养模式，建立现代博士研究生培养制度，要遵循研究生教育的特征和规律，围绕提高科研与创新实践能力和综合素质，科学地设定培养目标、教育内容、教学方法，形成贯穿培养全过程的质量保证制度，增强培养过程的开放性、国际性。

第三节　博士研究生教育理论

一、科教结合

洪堡的教学科研相结合的理念强调，大学应"唯科学是重"，教师和学生为科学而处，他们都是研究者，教学和学习通过科学相链接，教师的主要任务不是简单地"教"，而是引导、帮助学生进行科学研究，学生的主要任务也不是纯粹地"学"，而是在教师的帮助下，参与科学研究，在活动中相互学习与交流，教师将其经验与方法传授给学生，学生通过学习与教师共同完成科研任务，学生和教师是科研的共同体。因此，大学的本质是学者的团体，是进行科学研究的场所。①

---

① 周光礼，马海泉.科教融合:高等教育理念的变革与创新.中国高教研究，2012（8）：15-23.

丹尼尔·吉尔曼是19世纪中后期美国著名的高等教育思想家、实践家和改革家。他创建的约翰·霍普金斯大学是美国第一所真正意义上的研究型大学。他提出的"教学科研相结合"的大学理念主要表现在将科学研究引入美国大学，并与研究生阶段的教育相结合，大学本科和研究生教育的科教融合理念回归到教学-科研-学习的连接体。从洪堡的本科教育阶段上升到吉尔曼的研究生教育阶段，使教师的绝大多数精力投向研究生教育，从而使美国大学中出现忽视本科教育的严重现象，也就是从约翰·霍普金斯大学建立起，教学与科研的对立以及围绕这个对立的争论就开始了。随着这一现象不断突出，美国众多学者对美国高等教育进行了不断的研究与反思。[①]

二、创造力研究理论

（一）创新能力的成分理论模型

学界对创新能力的研究最初源于社会心理学领域，研究者也不断提出各种理论模型来解释个体内外部因素对创新能力的影响，由美国心理学家Amabile等提出的创新能力成分理论应当是最早的综合性理论之一，此后，Amabile对该理论进行了验证、完善。简单来说，成分理论认为个体创新能力受三个个体内部成分和一个个体外部成分的影响，这四个成分分别是：①与领域相关的技能，是指某一特定领域内的事实性知识和专门技术，这些技能和知识成为贯穿个体创新始终都可以使用的原材料。Amabile等认为，与领域相关的技能与正式或非正式教育、个体感知能力、认知能力以及运动能力密切相关。②与创造性相关的过程，起初被称为与创造性相关的技能（creativity-relevant skill），包括与创造性构想生成的恰当策略、认知类型和工作类型有关的显性或默会知识。[②]Amabile等推断创新技能和策略的训练、创造性活动体验以及具备某些特定的人格特征对于与创造性相关的过程存在正向影响作用。③任务动机，包括个体对于具体任务的态度以及个体对于其从事该任务时对自身动机的感知，任务动机分为内部动机和外部动机。Amabile等认为内部动机是指源自个体对于任务性质的积极反应，而外部动机是指源自任务以外的任何动机，内部动机比外部动机更为关键，尤其在发现和界定问题阶段和提出创造性构想或方案方面。④社会环境，包括环境中一系列

① 周光礼，马海泉. 科教融合:高等教育理念的变革与创新. 中国高教研究，2012（8）：15-23.

② Amabile T M, Conti R, Coon H, et al. Assessing the work environment for creativity. Academy of Management Journal, 1996, 39(5): 1154-1184.

能够阻碍或激发内在动机和创新能力的因素，对组织环境的研究揭示了一系列这样的因素，例如严厉批判创新构想的组织规范、时间压力等负面因素，以及开展工作的自由程度，上级对新构想的支持程度等正面因素。任务动机是成分理论模型中最为显著的成分：其一，具有创新潜质的个体（如具备足够的与领域相关的技能）不一定能够产生创造性构想，此外，具备创新潜质的个体还需要具备以一种强烈和执着的态度参与创新活动中的意愿；其二，该成分使研究者可以通过促进或抑制特定的内部动机来识别那些能够强化或削弱创新能力的情景因素。

（二）交互作用模型

Woodman等所提出的交互作用模型提供了一个探讨个体创新能力差异的综合视角，它吸收了人格心理学、认知心理学和社会心理学对创新能力研究的重要元素。该理论的前提假设是：创新能力是一个个体层面现象，它受个体禀赋和环境变量的影响。换句话说，个人天赋和外在环境变量之间的交互作用能更全面地预测个体的创新能力，而这种交互作用也受到过往事件以及当前状况中的突出方面的影响。在个体内部，心理的认知因素（知识、认知技能、认知类型偏好）与非认知因素（人格特质）都和创新能力密切有关。因此，个体创新能力是先行条件、认知类型和能力、人格因素、社会影响、环境影响不断互动的结果。[1]

先行条件（例如过去的强化历史）、社会人口学变量等都会影响个体的人格和认知特征，并且在一定程度上决定个体当前如何认识自己，它是创新能力产生的前提条件；人格特征（例如自尊、毅力、好奇心、活力、心智成熟性、内外控等）对创新能力有重要影响；认知风格和能力（例如发散思维、场依赖性、联想流畅性等）对创新能力都有正向影响作用，人格特征、认知风格和能力构成了影响个体创新能力的重要内在因素；社会影响（例如社会促进、社会奖励）和环境影响（例如物理环境、任务和时间限制）构成了影响个体创新能力的外在情景因素，对创新过程塑造上的不同会产生个体创新能力的差异，但最可能塑造个体适应能力的环境与最可能塑造个体创新能力的环境是不一样的，此外，任何创新能力的特点都可以通过环境和社会因素的促进或抑制作用来进行描述。[2]Amabile等提出的创新能力成分理论和Woodman等提出的交互作

---

① Woodman R W, Sawyer J E, Griffin R W. Toward a theory of organizational creativity. Academy of Management Review, 1993, 18(2): 293-321.

② Woodman R W, Schoenfeldt L F. An interactionist model of creative behavior. The Journal of Creative Behavior, 1990, 24(4): 279-290.

用理论都非常强调情景因素对个体创新能力的影响作用，后者基于互动心理学
（interactional psychology）的视角，更为明确地指出个体与其外在情境之间的互
动对创新能力影响的重要意义。

三、研究生教育规律

赵沁平在《让教育规律成为常识》中指出，教育要循序渐进，因材施教，因
地制宜。在博士培养过程中，创新人才在科学研究过程中得到锻炼。根据学生的
特点，在科学研究中激发博士研究生的创新能力，这是研究生教育的一条特有规
律。[①]因地制宜是指根据中国的实际情况发展博士研究生教育，正如中共中央、
国务院印发的《关于加强和改进新形势下高校思想政治工作的意见》所强调的，
扎根中国大地办大学，以立德树人为根本，以理想信念教育为核心，培养又红又
专、德才兼备、全面发展的中国特色社会主义合格建设者和可靠接班人。

---

① 赵沁平. 让教育规律成为常识. 北京：高等教育出版社，2015：1.

第三章

全球博士研究生教育发展典型案例

第一节　德国博士研究生培养

一、一般流程

德国传统的研究生教育以重学术和科研著称，研究生教育在培养目标、培养方式、学位结构等方面都体现出单一性特征。随着科技的进步和社会的发展、知识更新与分化速度的急剧加快，为满足社会对不同层次与规格的人才的需要，德国采取措施，积极促进高等教育机构的分化，颁发与国际流行的学制相适应并在全世界得到承认的文凭和学衔。

（一）招生

德国博士研究生在招生时不设置统一的入学考试，不同学校和不同专业对博士研究生的要求也不尽相同。一般申请攻读博士学位的程序是：本人提出申请，向有关院系提交学历证明（有的还有教授的推荐），提交博士学位论文的题目（或方向）及完成论文的计划说明，然后由指导教授接收，院系发给录取通知。在实际操作中往往是申请者与指导教授联系，教授在有名额及资金的情况下挑选优秀者作为自己的助手，先给予其一定的科研任务和教学辅助工作，考查其确有培养前途后，办理手续，接收其为博士研究生。

（二）培养过程

一般情况下，德国的博士研究生攻读学位所需时间没有明确的期限规定，获得博士学位通常需要4—5年时间，一般由导师根据博士研究生的实际工作情况和科研项目完成情况确定。德国的大学并不为博士研究生开设专门的课程。博士研究生在学期间的主要任务是作为导师的助手，在导师的指导下进行相关课题的研究，完成博士学位论文，并承担一定的助教工作，负责导师执教学科的答疑，帮助学生完成作业，带学生进行实验，协助导师指导学生进行毕业设计或撰写论文等，边干边提高、深化业务知识。当然，博士研究生在从事研究期间，可根据自己的兴趣和需要，选听本系或其他系的不同课程或参加不同的研讨班，但不需要通过考试。导师在认为有必要时也会要求学生修习某些课程和专为博士研究生组织研讨班，进行学术交流，由教授或者邀请的校外专家讲述某一方面的专题，使博士研究生了解和掌握学科发展的前沿问题。德国的大学常常以此方式来加深和扩充博士研究生的专业知识，并保证博士研究生研究工作的学术水平和提高博士研究生从事科研工作的能力。

（三）导师队伍

德国采取单一导师制的指导方式。在德国，师生之间的关系一般较为密切，博士研究生导师的德文词为"doktorvater"，意即"博士之父"。导师对学生的指导既体现在学术研究方面，也体现在人格修养和思想道德等方面。单一导师制的优点在于导师的角色和责任明确。导师要比较全面地考查学生的学术水平和科研能力，指导学生的学习和研究工作，并且通过较长时间的接触，以言传身教的方式将自己的学术思想精髓传递给学生。在这种师生关系中，学生获得的不仅有专业方面的收获，而且有诸如学术态度、学术信念、做学问的道德等方面的收获。

（四）考核评价

博士研究生经过几年培养并完成博士学位论文后，便可以提出论文答辩和接受博士学位考试的申请。院系正式批准申请人答辩后就进入博士论文评审阶段，由系主任委任两名评审人对论文做出评审。导师为第一评审人，另一位评审人由系里其他教授担任。评审人必须在一定期限内做出评审。博士研究生在通过论文评审后，通常须在论文答辩前参加一次口试，口试的范围包括一门主科和两门副科。近年来，许多学校将口试和答辩合并在一起，一次完成。博士研究生通过口试后便可进行论文答辩，答辩围绕着论文的内容进行。如果口试答辩没有通过，博士研究生在随后的 6 个月至 1 年有一次重新应试的机会，但不允许再次重复。如果口试答辩通过，便结束学位考试。

二、案例

（一）博士教育新趋势

1. 应用科学大学获得学位授予权

2015 年 11 月，德国黑森州颁布新修订的《高校法》，其中规定在满足一定条件的情况下，黑森州应用科学大学可以在有足够科研实力的专业领域获得有限期的博士学位授予权。这标志着在德国高等教育史上，应用科学大学第一次获得了独立颁发博士学位的资格。2016 年 10 月，富尔达应用科学大学社会学专业成为该州首个获得博士授予权的应用科学大学学科点，该专业将以"全球化、欧洲一体化和跨文化"为主题，招收博士研究生。

在德国，综合性大学和应用科学大学是最主要的两类院校。19 世纪前，博士学位授予权一直被综合性大学垄断。19 世纪初，普鲁士教育改革和柏林大学的建立标志着德国最先出现现代意义上的研究型大学，科学研究成为大学的首要任务，所有学生进入大学都被期待接受若干年的研究训练，博士学位正是学生科研能力的证明。直到 20 世纪 60 年代，博士学位都是德国大学颁发的唯一学位。

20 世纪 60—70 年代，德国高等教育进入大众化时代，单一目标和功能的大学无法满足不断扩大的入学规模和日益多元化的教育需求。从 1970 年开始，一批工程、经济、教育、设计和农业等领域的专科学校被升级改建为"高等专科学校"，也就是今天的应用科学大学。这些学校定位于职业导向的知识和技能培养，具有很强的实践性和应用性，并为毕业生颁发专门的高等专科学校毕业文凭，但没有博士学位授予权。

最初，科学研究并非高等专科学校的主要任务，但随着知识经济的快速发展和知识生产方式的转变，在高等专科学校所涉及的工程、经济管理、农业、社会工作等领域也发展出越来越多的科研需求和高层次人才培养需求，高等专科学校的教授越来越多地参与到科研工作中，与综合性大学教授一样申请科研资金和开展研究项目。1999 年，"博洛尼亚进程"启动，此后德国高校逐步引入统一的三级学位体系，高等专科学校开始颁发与综合性大学相同的学士学位和硕士学位，并逐渐以"应用科学大学"代替"高等专科学校"之名，两类院校之间的差异变得模糊，但是否拥有博士学位授予权依然是其根本差别。

事实上，近年来德国很多应用科学大学以各种形式与综合性大学合作培养博士研究生，有关应用科学大学是否应当获得博士学位授予权的争论在德国高等教育界非常热烈。很多应用科学大学力争获得博士学位授予权，以提升其科研力量和学校声誉，或补足综合性大学在一些新兴应用性科研领域研究人才培养的空缺。综合性大学则对此表现出普遍抵制，忧虑两种高等教育机构之间的差别将进一步模糊，导致千校一面，博士训练质量难以保障，博士学位含金量下降。

作为突破传统的先行者，吸引了各方目光的黑森州在应用科学大学博士学位授予资格的审批操作上非常谨慎。以"高层次而非大众化"为口号，黑森州规定应用科学大学博士学位授予权的申请以学科专业为单位，且必须证明具备"足够的"科研实力、充足的科研资金和良好的科研环境。具体而言，招收博士研究生的应用科学大学中，自然科学和工程技术专业教授，3 年之中必须获得至少 30 万欧元的第三方科研资助，并且发表至少 6 篇学术成果；社会科学教授则需要满足 3 年获得 15 万欧元以上科研资助和发表至少 3 篇学术成果的条件。同时，申请博士学位授予权的专业方向必须拥有至少 12 名从事科研工作的教授，以便为博士研究生训练提供良好的科研氛围和团队支持。此外，黑森州还参考了德国科学审议会 2011 年关于博士研究生教育质量保障的建议，规定了应用科学大学博士学位点招生、培养和评估各个环节的质量保障措施。例如，各高校申请博士学位授予权的专业需建立博士中心作为博士训练的组织单元，进行结构化的研究训练，博士研究生导师不担任学生博士论文的评阅人，博士学位论文评审委员会必须有 1 名来自大学的教授等。应用科学大学博士学位授予权有效期为 5 年，第四年需要接受外部评估。

富尔达应用科学大学首先获得博士学位授予权标志着德国应用科学大学正式开始了独立进行博士研究生教育的实践，这是德国高等教育改革发展的一个标志性事件，并将产生持续的辐射影响。一些在近年来一直积极推动应用科学大学争取博士授予权的州（如巴登-符腾堡州、石勒苏益格-荷尔斯泰因州）很可能参照黑森州模式，加速改革进程。在可见的未来，德国将有更多应用科学大学参与博士研究生培养。

黑森州此次改革还有更深远的政策意义。此前，德国综合性大学拥有法定的博士学位授予权，各高校独立颁发博士学位，且原则上所有教授都有资格招收博士研究生。黑森州的改革通过对应用科学大学博士学位点进行审批和评估，对招收教授资格做出规定，间接地将这些新设博士点的审批和监管权收归到州的层面。并且，新设博士点着力于培养质量，以科学审议会的建议为参考，针对德国传统博士教育模式中存在的问题进行制度设计，强调质量保障。这也可能给综合性大学的博士研究生培养带来冲击，推动德国博士研究生教育改革进一步深化。

2. 跨区域合作

2017 年 9 月 4 日，德国联邦教育和研究部（BMBF）部长 Johanna Wanka 博士、马克斯·普朗克学会主席 Martin Stratman 博士和德国大学校长会议主席 Horst Hippler 博士宣布马克斯·普朗克认知学院、马克斯·普朗克光电学院和马克斯·普朗克物理、化学与生命建构学院获批成立。

2018 年，3 所马克斯·普朗克学院开始为期 5 年的试点阶段，并获得德国联邦教育和研究部 5 年的财政支持，每年总计 900 万欧元。这 3 所学校由来自 21 所大学、31 个非大学研究机构的研究人员组成，其建立的目的是为来自世界各地杰出的大学毕业生提供博士研究生训练。在这里，大学和非大学研究机构的顶尖科学家跨区域合作，未来可能会提供硕士学位的学习。所有在马克斯·普朗克学院获得的学位将由参与的大学授予。通过这个新举措，德国获得了具有强大国际吸引力的研究生教育新品牌，并开始具有跨区域和跨机构性质的研究生教育新型合作模式。每所马克斯·普朗克学院都将遍布德国的卓越人才汇集到一个创新的研究领域，进一步提高德国科学在国际竞争中的知名度，以吸引来自世界各地的杰出的早期研究人员。

3. 建立具有高度自主权的研究生院

研究生院根据高校教师申请而建立，审批权在各州的高校主管部门。研究生院目前处于被扶植阶段，联邦与各州拨出专款给予资助。具体的审核、提供资助工作由德国研究基金会负责执行。研究生院目前建立的程序大致如下：来自同一高校或同一地方不同高校的若干专业相近的教授（也可包括同一地方其他科研机构的研究人员）一起拟定一项研究和博士研究生培养方案，并向州高校主管部门提出建立研究生院的申请，州高校主管部门批准后直接把申请报告至德国研究会。德国研究会对报来的申请分类，进行比较性专家评估，然后决定是否对其提供资助。批准与否的主要依据是，所报来的研究和培养方案的质量是否符合德国研究会制定关于建立研究生院的要求，以及申请人及单位本身在该方向是否具有一定的基础和优势，而不考虑专业、高校、地区平衡问题。研究生院不是永久性机构，申办者在申请中要说明预定的期限，比如 9 年。按照要求，一个研究生院的教师为 20—30 人，其中有 5—15 名教授，称为导师（tutor），以及 120 名博士研究生和博士后研究人员，这也是德国研究会提供研究生资助的最高限额。除了获得德国研究会奖学金的学生，其他博士研究生或博士后研究人员也可进入研究生院。在科研方面，一个研究生院的研究方向比一个研究小组或一个讲座宽广一些，通常是一个专业中的一个方向或多个专业相结合的边缘学科。每个研究生院都有表示其研究方向的名称，比如波恩大学的"代数、分析和几何、方法及其在现代数学中的相互影响"研究生院、不伦瑞克工业大学的"物理和技术的计量学"研究生院、特利尔大学的"历史上的西欧"研究生院、汉堡大学的"希腊和拜占庭文献的流传——科学史、人文主义与新拉丁语"研究生院等。这些方向通常需要来自不同学科的教师共同研究，比如埃森大学的"纯数学的理论和实验方法"研究生院，其教授分别来自代数、几何、数论等数学领域以及信息科学和电子学等学科。在培养方向上，研究生院有博士研究生培养计划，开设有关的必修课程，课程内容不限于论文的范围；同时为博士研究生提供论文课题，并使其通过论文工作参与集体的科研项目。为了督促博士研究生的工作和促进学术交流，研究生院每年举行一次为期一周的讨论会，由博士研究生及博士后各自报告工作进展情况。关于招生，每个研究生院必须通过报刊登出招生启事，面向全国公开招生。录取工作完全由研究生院的导师独立决定。录取标准通常包括三个方面：一是大学学习成绩，一般要求结业考试达到优秀，而且在规定的期限内毕业（此条要求的用意是鼓励学生缩短修业的时间）；二是计划中的博士学位论文应有一定的学术价值；三是申请者必须愿意参加集体研究项目。另外，申请读博士者不得超过28岁，申请做博士后者不得超过35岁。关于研究生院的内部组织，除了要求选出一位主任外，其他一切由各研究生院自行安排。主任负责日常事务，对外代表其研究生院。学生的选拔及录取、经费的使用、人事的安排完全由研究生院负责，在科研、教学方面研究生院也同样享有较大的自主权。

（二）亚琛工业大学国际计算机工程系统博士项目

德国在发展精英大学的框架之下，于2006年成立亚琛工业大学博士研究生研究院，培养新一代的能够掌握现代工业发展所需的仿真技术专家是亚琛工业大学国际计算机工程系统（Achen International Computer Engineering System，AICES）的培养目标。该研究院同时面向本科毕业生和硕士毕业生招生，致力于提供新的可以缩短学习周期及更具吸引力的博士培养方式。

AICES博士项目同时面向本科毕业生和硕士毕业生，或具有同等水平相关学历者，如德国的diplom（即文凭招生），但是数量有限，只限于那些在相关研究领域表现突出的学生。对于本科毕业生申请者而言，首先他们需要申请基础课程阶段的学习，所以有申请时间的限制。硕士毕业生可以直接申请其博士项目的3年研究阶段的学习，申请时间不受限制，可以随时提出申请。其申请时并没有入学考试的要求，只需要按要求递交相关的申请材料，主要包括申请表、个人简历、成绩单、动机信、英语能力证明、3封推荐信。对于来自欧盟以外国家的申请者而言，申请第一年以课程学习为主的学生还要求提供相关GRE成绩。

AICES博士研究生的学习整体上可以分为两个阶段：基础课程阶段和研究阶段。合格的本科生首先要参加2—3个学期基础课程阶段的学习，合格之后进入3年的研究阶段的学习；合格的硕士研究生可直接进入一般年限为3年的研究阶段的学习。进入研究学习阶段的博士研究生均需要通过一个密集的为期3年的研究计划，完成其博士学位论文，最终获得博士学位。比起亚琛工业大学其他通向博士学位的工程课程，AICES旨在为培养博士研究生提供一个综合性的、高度跨学科的"快速通道",打造一个可以从本科毕业生开始的、把其硕士论文工作与博士阶段的研究紧密结合在一起的、以研究为导向的博士培养项目。关于博士研究生培养年限,通过传统的博士培养体制,对本科毕业生而言,其攻读博士学位的时间为6—7年;通过AICES博士项目的"快速通道",其读博时间会大幅度缩短,整个过程只需要4—5年。目前,这种"快速通道"的博士培养体制在亚琛工业大学与其传统的科学工程领域的博士培养体制并行,以求为创立新的培养概念积累更多的实践经验。

AICES并没有直接提供基础阶段的课程学习,进入直博通道的本科毕业生将会进入亚琛工业大学相关硕士课程进行2—3个学期基础专业课的学习,入读AICES博士项目的默认切入点是其国际硕士项目——仿真科学。同时作为选择,申请者也可以申请亚琛工业大学的其他相关领域的硕士课程,如数学、计算机科学、机械工程、生物工程、材料科学、计算机工程科学等。凡申请这类可选择性切入点硕士课程的申请者,必须首先向负责该项目的院系直接提出申请,同时需要向AICES提交直接攻读博士学位的申请书。进入研究学习阶段的博士研究生,其课程形式以学生自愿参加的讲座(lecture)和研讨会(seminar)等学术活动为主。AICES组织的研讨会非常频繁,根据2013年和2014年的数据统计,其共组织研讨会56次,平均每个学期14次,此外还有大量讲座和强调小组合作的工作坊(workshop)等为博士研究生提供专业及软技能知识的训练。

对进入直博通道的博士研究生而言,在其基础课程阶段学习结束之后,AICES会对学生的表现进行全面评估。评估主要基于他们的平时成绩和研究活动,其硕士学位论文将会是其早期研究活动的积累,论文要包含一份其攻读博士阶段的研究计划,这个研究计划应与其硕士学位论文的课题紧密相关。所以,从根本上来讲,申请者的硕士学位论文是连接其硕士课程与博士研究阶段的奠基石。通过评估,合格的学生将进入博士项目3年研究阶段的学习,完成博士学位论文,从而获得博士学位。没有通过评估的学生将结束2年的硕士学习,获得相应的硕士学位。对进入研究学习阶段的博士研究生而言,除完成博士学位论文,其考核主要基于其日常参与的相关科研活动,由导师督导。博士研究生每个月都要参加博士研究生院组织的研讨会,并且轮流做学术报告。年底研究生院召开年度会议,届时所有成员(包括教授、博士研究生、博士后等以及来自德国研究会的人员)都会参加。会上各课题负责人会做项目进展报告,每位参与该课题的博士研究生需逐一报告该年度的研究成果,同时接受同行和德国研究会的提问。

德国传统的"师徒制"培养模式中,申请者首先要选定自己的博士研究生导师。区别于这种模式，AICES 博士项目的申请者不需要自己挑选导师，对通过初审的申请者，根据他们的申请材料，AICES 会指派 1 位或多位相关领域的教授或青年研究学者与其联系，进行进一步沟通，以确定导师人选。最终成功进入 AICES 的每个博士研究生通常会有 2 位导师（1 位首席导师、1 位合作导师）。AICES 下设青年研究小组领导团队。博士研究生的首席导师由青年研究小组领导团队的成员担任，合作导师由高级教授，通常是终身教授来担任，博士研究生将会在首席导师和合作导师的共同指导下，完成博士阶段的学习。

（三）汉堡大学精英集群项目：CliSAP 项目

以德国汉堡大学的精英集群项目——气候系统综合分析与预测（Integrated Climate System Analysis and Prediction，CliSAP）项目为例，对其在精英大学计划框架之下的建设发展情况，尤其是其跨学科、跨机构合作科研与人才培养理念及实践经验，进行深入的探讨与分析，以期为我国高校发展跨学科、跨机构的科研合作及研究生培养提供借鉴。

成立于 1919 年的汉堡大学是德国北部最大的学术研究和教育中心，也是德国顶尖大学联盟"U15"中的一员，这里曾经诞生至少 6 位诺贝尔奖得主。汉堡大学濒临大海，所以一直以来汉堡大学的海洋和气候研究有着得天独厚的条件和很强的实力，正是凭借着这一有利优势，汉堡大学的 CliSAP 项目成为首批入选精英集群的项目之一，于 2007 年开始接受德国研究基金会的资助。在"精英计划"实施的第一阶段（2007—2012 年），CliSAP 项目共获得资助 2850 万欧元；第二阶段的实施（2012—2017 年）正在进行，德国研究基金会组织给予该团队 2450 万欧元的资金支持。

气候变化及其影响引发了无数问题，这些问题已经远远超出自然科学的范畴。当人们在一个学科内找不到解决办法时，解决办法往往来自学科之外。因此，CliSAP 项目致力于打破自然科学、经济学和人文社科之间的界限，实现跨学科科研与合作的整合与融合。通过 10 余年的不懈努力，CliSAP 项目已经成为欧洲跨学科教育与研究的典范，在气候变化研究领域成绩斐然。其跨学科的研究团队通过调查自然以及人为引起的气候变化因素，致力于对未来气候的发展情况进行准确的预测和真实的模拟。该研究项目从宏观上来讲主要包含以下三个领域：气候动力学与变异、气候的表现和影响、气候变化和社会动态。

综合性气候系统科学学院是依托 CliSAP 项目而成立的研究生院，内设气候系统专业的硕士、博士学位点，硕士学制两年，博士学制三年，采用全英文授课方式，学位受到国际认可。不管是硕士项目还是博士项目，皆免收学费且面向全世界招生，不拘泥于种族与国家。

综合性气候系统科学学院的理学硕士培养年限为两年，每年包含两个学期（夏季和冬季），共 4 个学期。学生若想获得硕士学位，必须取得 120 个学分，其中包括必修课 30 学分、专业选修课 51 学分、技能和写作训练 9 学分、硕士学位论文 30 学分。修习这些课程既是学生毕业求职的基础，也是学生继续攻读相应博士学位的阶梯。

综合性气候系统科学学院的博士培养项目始于 2008 年。博士培养年限为 3 年，博士培养阶段的学习主要是研究阶段的学习，其课程形式以学生自愿参加的讲座和研讨会等学术活动为主，此外还有大量的讲座和强调小组合作的工作坊等为博士研究生提供专业及软技能知识的训练。每年 5 月份召开的年度研讨会（annual retreat）是为博士生之间、博士生与导师和校内外专家之间搭建的重要交流平台，每位博士生都需在会上报告自己的阶段性研究项目成果，导师及各位专家会对其报告成果进行测评。

为保障综合性气候系统科学学院能培养出高水平气候专家，每位博士研究生在读期间都有专属的导师组对其进行全程跟踪指导，导师组一般由 3 名专家组成，博士研究生每年需要与导师组会面两次。组会的开展是为了督促学生的研究进展、指导解决学生研究过程中所遇到的问题等，以确保学生最终如期完成论文研究，拿到毕业证书（若 3 年内学生未完成毕业论文，可提前 3 个月申请延期半年毕业）。组会上每名博士研究生需要进行会议报告，且要遵循要求进行汇报。

此外，综合性气候系统科学学院采取科研小组合作的形式培养博士研究生，共有二三十个科研小组，每个科研小组负责一项与大气有关的课题，研究内容涵盖其三大研究领域，涉猎自然科学、经济学和人文等方面，致力于跟踪和分析气候的变化原因以及因其变化所引发的问题。其博士研究生来自不同地域，拥有不同专业背景，进行团队合作时，彼此不会拘泥于各自专业和技能，跨专业的合作方式使得团队合作更加顺利高效，并且所有成员都有机会与不同机构、不同领域的专家展开密切交流。

（四）海德堡大学精英集群项目

海德堡大学精英集群项目：在全球环境中亚洲和欧洲的跨文化的动力（Asia and Europe in a Global Context：The Dynamics of Transculturality）既有硕士学位授予权也有博士学位授予权，本小节研究仅选取针对硕士研究生的培养计划，跨文化研究硕士项目（M.A. Transcultural Studies，MATS）作为研究对象，挖掘该项目是如何从招生招聘、课程设置和就业指导这三个方面体现出跨文化特性的。

作为一项跨文化的研究项目，其英文"transcultural"的前缀"trans-"有"横过、交互"之意，所以"transcultural"可被译为"交融的文化"，存在动态性与互动性。其中强调了"文化间""国家间"等诸如此类的字眼，这充分表明了跨文化研究需要一支文化背景多元的科研队伍。

不同的国籍背景意味着拥有不同的文化背景，跨文化研究硕士项目的跨文化特性首先体现在其科研团队中的教师与学生拥有不同的文化背景。该项目包含多个不同方向的研究小组，例如佛教研究、全球艺术史等。该项目面向国际招生招聘，拥有不同文化的师生汇聚在此，有利于彼此直观地比较文化差异，实现文化交融和思想碰撞。

世界本是一个整体，为了更好地认识世界，人们划分了多种学科进行专业、纵深的学习，但对某一问题的研究仅用单一学科知识是无法彻底明晰的，所以需要来自不同专业的学生通力合作。该项目在第二轮的资助中建立了科研组群，每一组群包含 1—3 位负责人和 10 多名科研人员，他们来自不同专业领域，且科研资历长短不一，但共同研究同一核心问题。不同专业知识的适用范围、理论框架和应用方法有其独特性，每一专业可看作一种文化，该项目的跨文化则体现在同一科研组群成员的专业知识多样化上。

"跨文化魔力"（Magic of Transculturality）科研组群中的 16 名成员中，分别有 31% 来自人类学、13% 来自艺术史学、7% 来自佛教研究学、6% 来自文化经济史学、6% 来自思想史学、6% 来自古典印度学、6% 来自民族志学。此科研培养模式有助于学生冲出脑海中原有的学科知识框架，与其他学科理论正面交锋，形成跨学科的思维方式，进而提升学生的文化专业素养和方法论基础。

跨文化研究项目是一个为期两年的全日制硕士培养计划，学生每学期会修习 4—5 门课程，共计 120 学分。该项目在第三学期为学生提供校外交流学习或科研实习的机会。开展与文化相关的研究项目，如能设身处地地体验该文化氛围，那么不仅为研究者收集一手资料提供了便利，还能充分调动研究者的全身感官的真切感受，研究者本身也成为研究工具，在注重调研客观性的情况下，可以增加研究者研究结果的可信性。跨文化研究硕士项目抓住了这一要点，在培养方案中增加了合作交流这一环节，同时与其他跨专业课程的选择一样，不具有强制选择性，给予学生充分的自主决定权利。

在学生选择第三学期进行合作交流的情况下，研讨会占 48 学分、考核占 34

学分、合作交流占 20 学分、课程占 14 学分、讲座占 4 学分。其中，研讨会在各教学模块之中的比例最大（40.0%），传统的授课形式和讲座占据的学分比例较少（分别为 11.7%和 3.0%）。前后两类教学形式在知识接收的主动性上有着明显的区分界线：研讨会上主要靠学生发现问题、提出问题，主动获取知识；授课或讲座形式则以"填鸭式"教学为主，学生以听和记为主，被动地接受知识。前者需要学生独立思考，从而获得直接性经验；后者需要学生高度集中的注意力，从而获得间接性经验。所以从跨文化研究硕士项目的教学形式设置情况来看，可以发现该项目重在培养学生的主动性、创造性、思考与实践能力，这些能力也是学生形成跨文化思维必备要素。

硕士毕业后，学生既可以选择赴德国、美国，以及欧洲或亚洲等地区进行深造，获得博士学位，也可以选择步入社会，开启相关领域或其他领域的职业生涯。面对社会上众多的职业领域以及烦琐的申请程序，找工作变得越来越难。海德堡大学研究生院通过专题工作坊和一对一辅导的形式，为学生的学术发展和职业规划提供咨询。就业指导处同样会帮助学生进行求职训练，了解就业市场需求，提供个人咨询和公开咨询。此外，巴登-符腾堡州的就业门户网站也会发布相关就业信息。

基于完备的就业指导体系，毕业于该项目的学生大都拥有很好的职业发展前景，他们分别在国际非政府组织、政治基金会、艺术或文化管理单位、德国和亚洲的跨国企业中的营销和人力资源部门工作。校友会资源得以充分利用，为了防止人才流失，已从业者会提供大量实习机会，从而有助于跨文化研究硕士项目所培养人才在跨文化领域中实现自身价值，在实践中不断提升跨文化能力。

第二节　英国博士研究生培养

一、一般流程

英国传统的博士研究生培养旨在使博士研究生产出原创性知识，对知识生产有所贡献。博士毕业生也基本上从事学术事业，但随着博士研究生教育内外部环境的变化，近些年英国博士研究生教育开始转向，从没有系统的正规培养转向系统化的培养方式，更加关注博士研究生的就业能力和社会对博士毕业生的需求，并在传统的研究型博士研究生的基础上产生了新类型的博士研究生培养模式。

（一）招生

2015 年，英国高等教育统计局（Higher Education Statistics Agency，HESA）提供的数据表明研究生的生源变化很大表现在本科生与研究生、国内学生和国际学生、全职学生和在职学生、女生和男生的比例的平衡变化很大。另外一个变化的表现在小部分高等教育机构的博士研究生集中在每个领域或学科，而且绝大多数项目投资人决定资助博士培养项目（项目主要在研究型大学）也加速了这个趋势。

国际学生中博士研究生人数有全面增长，占博士学生总体的30%。从2007/2008 学年到 2013/2014 学年，来自欧盟以外国家的学生获得英国博士学位的人数有略微增长，从 4775 人增加到 5285 人。国际学生数目的增长归功于英国博士学位的竞争力，同时招收更多国际学生有助于提高英国研究实力和博士教育竞争力。在国际学生中，来自马来西亚、新加坡的学生的人数增长最多。次之为来自尼日利亚、中国、美国和苏丹的学生。在欧盟国家中，更多学生来自德国、法国、希腊和塞浦路斯，国际学生选择最多的专业是计算机、工程学、商科管理学和法律。未来招收国际学生最大困难是：欧洲的博士项目提供英语授课的博士项目，与英国形成竞争关系；英国移民政策变化的影响。尽管如此，可预见到2024 年英国的国际学生的人数会增加 3.5%。[①]

（二）投入机制

英国高等教育拨款委员会（Higher Education Funding Council for England，HEFCE）对博士研究生资助是依据2011/2012 学年报告提供的数据，从数据中可以看出有相当多的博士研究生没有获得资金，而且无资金资助的博士研究生缺少生活费。非平均化的资助使某些学科的博士研究生丧失得到资助的机会（就读物理和生物专业的学生有更多的机会）。由于科学研究会（Research Council，RC）的预算减少，受其资助的学生人数减少，由 17.0%下降到 16.2%。由科学研究会资助的博士生总人数在 2011/2012 学年到 2012/2013 学年下降很多，积累性下降超过 18.0%。博士生人数集中在以下机构：工程和物理科学研究会（Engineering and Physical Sciences Research Council，EPSRC）、生物技术和生物科学研究会（Biotechnology and Biological Sciences Research Council，BBSRC）、艺术和人文研

---

① Mcgloin R S, Wynn C. Structural Changes in Doctoral Education in the UK A Review of Graduate Schools and the Development of Doctoral Colleges. https://www.ukcge.ac.uk/article/report-released-structural-changes-in-doctoral-education- in-the-278.aspx. (2015-12-01)[2016-02-11].

究会（Arts and Humanities Research Council，AHRC）。同时，有机构资助的博士研究生的比例在 2011—2014 年有略微增长，从 19.3%上升到 20.0%。[①]

（三）培养过程

在英国，全日制的博士项目一般为 4 年，在职的博士项目一般为 6—8 年。对博士候选人的评价与检验通过论文、作品集（portfolio）、工艺品（artefact）、临床教学或实践（clinical practice），以及其他能够证明解决研究问题、具有批判性精神并对原创性知识有所贡献的产出来完成。

其中，专业型和实践型博士学位通常以讲座和讨论课为主，但是其最终博士学位的授予以有指导的研究项目或项目/作品组合来完成；专业博士的研究项目通常是基于候选人的专业或其所从事的实践，实践型博士候选人最后的产出包括与实践相关的材料；专业博士学位根植于学术学科，也根植于专业（教育、工程和法律等），那些不在学术相关的专业领域工作以及大部分时间花在工作中而不是高等教育机构学习中的候选人，更倾向于攻读实践型博士学位，实践型博士和专业型博士候选人的研究可能带来机构和相关政策的变化；对于专业型博士来说，成功获得学位通常会带来专业或者机构的变化，这种变化是直接的，而不是通过持续的研究发现带来的。

对于通过发表论文获得博士学位，不同学位授予机构的要求会有所差别，有些学校可能对发表时间做出规定，如需要在就读期间的发表。授予发表型博士学位通常具有以下特点：通常这一类型博士学位的授予以论文为基础，包括一系列同行评议的学术文章、著作、被引著作或者其他已经在领域中发表的作品（如已经发表的期刊、已经被录用的作品，伴随着大幅评论的关联性发表物），在此基础上博士候选人通过面试答辩即可获得博士学位。这一类型的博士学位候选人不需要正式注册资格或者遵循正式的项目学习来获得学位，在下列情况下，博士候选人被允许比正常博士研究生在更短时间内获得博士学位，如已经毕业的博士研究生、教职人员或者合作伙伴。

"新路径博士"（在一些大学中也称"综合型博士"，Integrated PhD）从 2000 年开始首次被引入英国，起初是一项在 10 所大学的试验项目。这项试验项目被证明是成功的，其品牌和模式从此在其他大学开始实施。这种新型博士研究生培

---

① Mcgloin R S, Wynn C. Structural Changes in Doctoral Education in the UK—A Review of Graduate Schools and the Development of Doctoral Colleges. https://www.ukcge.ac.uk/article/report-released-structural-changes-in-doctoral-education-in-the-278.aspx. (2015-12-14)[2016-02-15].

养方式旨在创造一个更能吸引国际学生的英国博士学位，特别是与北美的博士学位相比，更具有吸引力。新路径博士建立在北美博士模式的基础之上，包括教学因素（包括科研训练和更高层次的学科知识学习）和更少的论文，项目的时间也更短一些（4 年），因此其成本也更低。

（四）考核评价

英国对博士资格的描述体现在"英格兰、威尔士和北爱尔兰高等教育框架"（Framework for Higher Education Qualifications in England，Wales and Northern Ireland），以及"苏格兰学分和资格框架"（Scottish Credit and Qualification Framework）中，这两个框架总结性地描述了高等教育部门一致达成的对获得博士学位的研究和个人品质的最低要求：博士学位获得者应通过原创性研究创造和解释新知识，满足同行评议的标准，对学科的前沿发展和有价值的发表起到推动作用；系统地掌握和理解所在学科的前沿知识和专业实践领域的知识；具备构思、设计和实施以产生新知识、应用或理解为目的的研究项目的一般能力，并且能够根据出现的不可预知的问题对项目进行调整；对运用于研究的技术和高深的学术探究有详细了解。

二、案例

以英国赫尔大学政治学专业博士研究生培养为例，在招生过程中，被培养者需要向学校及意向导师提供申请材料。经过审核，一部分人会直接收到录取通知，还有一部分人会进入电话面试环节，通过之后即可收到录取通知。整个过程充分发挥院系、导师、学生等三个方面的积极性，不组织统一的入学考试，以论文计划为考查核心，参照本科成绩等级、以往获得的科研成果、相关基本能力与素养等。这种做法避免了"一考定胜负"而遗漏优秀人才的情况，不把成绩作为衡量学生能力的唯一标准，而是综合地考查申请者的研究能力、研究志趣、整体素质等，这可以在一定程度上保证英国博士研究生的质量，而灵活的、富有人性化的面试环节也将为学生入学后的研究、导师的指导、师生的融洽相处打下一个良好基础。

在培养过程中，博士研究生需要用2—3年完成基础课程，拿到相应的学分。除上课外，参加国际会议、提交会议报告也可以获得学分。在学分修满之后，博士研究生就可以开始进行毕业论文的相关工作。同时，博士研究生每年需要向学院提交一到两次的规划报告，内容包括前期总结以及对下一阶段的计划和安排。

专家组会针对报告开展评审工作，对博士研究生的学习规划和总结提出建议。

英国的博士研究生培养多采用双导师制度，即每位博士研究生都配有两位导师。这两位导师可以都是本专业导师，或者一位是本专业导师，另外一位是其他领域的导师，以实现对博士研究生的跨学科培养。博士研究生本人可以根据自身情况向学院提出申请，以选择导师配备。

就赫尔大学而言，博士研究生学位论文的审核是相当严格的。评审结果可以分为7等：第1等为直接通过，第2等为修改3个月之后通过，第3等为修改半年通过，第4等为修改一年后重新答辩，第5等为授予硕士学位（研究型和授课型），第6等为修改后授予硕士学位，第7等为直接终止培养。学位论文评审的专家组有两位，一位是本学院内导师（非学生本人导师），另一位是外审导师（可以在世界范围内的相关领域寻找）。其中外审导师对博士研究生论文具有一票否决权，即由外审导师决定论文等级。

第三节　美国博士研究生培养

一、一般流程

当今时代，科学技术发展综合化、经济全球化、社会问题复杂化等外部环境的各种变化，正在给博士研究生教育带来巨大的挑战：科学技术的创新与发展、社会经济发展中各种复杂问题的解决，需要多学科专家协同攻关，因此需要一大批具有跨学科视野和思维、具备多学科理论与方法并善于学习、借鉴其他学科成果的高层次人才。基于此，美国不仅大力支持跨学科研究，而且高度重视跨学科高层次人才培养。美国国家科学基金会（National Science Foundation，NSF）于1997年启动"研究生教育与科研训练一体化"（Integrative Graduate Education and Research Traineeship，IGERT）项目，致力于创新研究生培养模式，在跨学科合作研究过程中进行科研训练，培养具备跨学科素质的高层次人才，以解决复杂的科技和社会问题。

（一）培养过程

美国博士研究生的培养过程包括课程学习、资格考试和论文研究等环节，体现出结构化与规范化的特点。美国大学非常重视博士研究生的课程学习，一般情况下博士研究生至少要花两年时间完成规定课程的学习，具体课程不仅包括学科基础课程，还包括方法论和理论课程，这为博士研究生后期研究工作打下了学科知识基础。在跨学科设置专业与课程方面，基本路径如下。①跨学科专业一般包括两种形式：一是专业设置本身是跨学科的，是针对某一学科交叉领域设置；二是将分属两个不同学科的专业予以组合。一般来说，后者对于博士研究生教育阶段而言较为少见，因为同时修读两个博士学位，对国内外的学生而言难度都非常大。因此，博士研究生教育中跨学科专业主要通过第一种形式设置，即专业本身就属于交叉学科领域。②跨学科课程同样包括两种形式：单一的跨学科课程和跨学科课程体系。单一的跨学科课程是最普遍的跨学科资源，此类课程涉猎内容广泛，涵盖多个学科或领域的知识，其跨学科特点主要表现在课程内容、方法的跨学科设计上；跨学科课程体系则是把多个院系开设的与该学位专业方向相关的多门课程（及训练）资源组合起来，构成一个跨院系的课程体系，该体系是以专业核心课程为主导、由其他学科课程交叉环绕所形成的。完成课程学习后，博士研究生参加并通过资格考试后方可成为博士候选人。之后，博士研究生开始专注于博士论文的研究工作。论文完成后，博士研究生要提交给委员会一份未定型全稿，作为计划答辩时间的第一步。委员会教师应在参加答辩前阅读博士论文，学生的责任是给教师预留足够的时间看论文。等教师阅过论文，委员会主席和成员间应有直接（口头或者书面）的交流，以决定博士研究生是否具备答辩资格。

（二）导师队伍

美国博士研究生培养一般实行以导师为主的委员会制度，博士研究生除获得主要导师的指导外，还会得到委员会其他教师的指导，这与欧洲的传统形成鲜明对比。以博士生资格考试为界限，在此之前负责博士研究生课程计划的是课程指导委员会；博士生资格考试之后，是对博士研究生学位论文进行指导的论文指导委员会。论文指导委员会通常由一位导师（即论文指导委员会主席）、两位或以上主修专业的教师以及至少一位辅修专业的教师组成。毋庸置疑，导师在博士研究生指导中起主导和决定性作用，论文指导委员会其他成员更多起到辅助性作用，旨在满足博士研究生专业成长和学术研究中对多样化知识的需求。

（三）投入机制

在全球竞争日益白热化的今天，美国社会普遍意识到研究生教育（尤其是以科研训练为主要活动的博士研究生教育）对国家发展的重要性，因此加大了对科研与研究生教育的投入。早在1960年，美国总统科学顾问委员会发布的《西博格报告》就强调，联邦政府和大学都有责任重点发展科研和研究生教育。2007年美国国会通过的《美国竞争法》以法律的形式保障了教育拨款，该年的拨款教育总经费为51.77亿美元，其中高等教育经费为42.77亿美元，占教育总经费的82.62%。高等教育经费中，本科生教育经费为14.25亿美元，研究生教育经费为28.52亿美元，研究生教育经费占高等教育研发经费的66.68%。[①]美国高校为了促进跨学科教育（interdisciplinary education，IDE）的发展，纷纷建立了专项资助项目。例如美国华盛顿大学为了给师生提供更大的发展空间，特为跨学科教育项目提供专项经费资助。除了高校，美国国家科学基金会、美国国立卫生研究院（National Institutes of Health，NIH）和其他一些部门对跨学科教育项目的支持作用也不能忽视。美国国家科学基金会为了培养交叉学科的科学家，专门设立了研究生教育、科研和培训等基金项目，通过学生奖学金方式为交叉学科博士研究生提供资助。

（四）科教结合

美国的博士研究生培养是以科学研究为基础的活动，因此形成了博士研究生教育与科研紧密结合的理念。从某种程度上说，对科研价值的尊崇奠定了美国博士研究生教育的基础，促进了博士研究生教育的不断发展。博士研究生培养与科研相交融的理念是美国博士研究生培养体制保持活力的重要基础。追溯源头，美国借鉴德国大学教学与科研紧密结合的理念发展了研究生教育。例如克拉克大学建立伊始，便将科研与研究生教育作为学校发展目标，明确提出教师的教学（尤其是研究生培养）应建立在科研的基础之上。

二、案例

（一）哈佛大学生物学与生物医学项目

首先，生物学与生物医学（biological and biomedical sciences，BBS）作为与生命有关的两大类科学，不仅自身在发生融合，而且日益与物理学、化学和数学，乃至计算机科学、信息科学、认知心理学等更加边缘的学科联系起来。跨界、协同成为生命科学研究的主要形式。其次，生物学与生物医学是个"烧钱"的学科，实验失败的概率高于其他学科。最后，生物学与生物医学研究还

---

① 易高峰，赵文华. 《美国竞争法》对我国研究型大学研发的启示——兼论中美研究性大学研发现状[J]. 比较教育研究，2008（8）：1-6.

是个耗时费力的领域，因此，该领域往往将研究与研究生培养紧密相连。为了培养适应生命学科发展的新特点和缩短人才培养时间，美国许多高校医学院推出了各种博士研究生培养的新模式，其中哈佛大学医学院建立了自己的生物学与生物医学项目。

哈佛大学生物学与生物医学项目主要培养目标是博士研究生将来从事细胞和分子生物学研究。教师来自哈佛医学院所有系部，包括生物化学与分子药理学、细胞生物学、干细胞与再生生物学、遗传学、微生物学与免疫学、神经生物学与系统生物学，还有来自附属教学医院及文理学院的教师。哈佛大学生物学与生物医学项目强调培养中的跨学科特征。培养中所涉及的相关学科包括生物化学与蛋白质组学、细胞与分子生物学、计算生物学、发育生物学、遗传学与基因组学、人类生物学与疾病、免疫生物学、微生物物理学与病理学、分子神经科学、生理学、药理学、再生生物学和结构生物学等。此外，为了整合来自不同院系的学生与研究者，哈佛大学还成立了各种主题的研究机构，比如丹娜法伯癌症研究院和哈佛干细胞研究所等。丹娜法伯癌症研究院把哈佛所有研究癌症的机构整合在一起，加入该中心的成员单位包括柏斯以色列狄肯尼斯医学中心、布列根和妇女医院、儿童医院、丹娜法伯癌症所、哈佛医学院、哈佛公共健康学院与麻省医院。另外，哈佛大学还成立了一些相关主题的俱乐部，例如病毒学晚餐俱乐部、薄膜生物学俱乐部等。

哈佛大学生物学与生物医学项目要求学生完成 8 个学期课程学分。其核心课程主要包括 1 门"生物学文献分析课程"（为必修课程）和 4 门基础核心课程，分别为遗传学原理、分子生物学、生物化学和细胞生物学。课程方式以文献阅读和引论为主。这些课程基本持续 1 学期，又称为半个科目课程（half course），学生全选，可以获得 5 个学期课程。哈佛生物学与生物医学项目专业课程与学生将要从事的专业研究方向有关，主要由 4 个基本学院以及 2 个跨院系项目所代表的 8 个学术方向进行专业课程的组织实施。这 4 个基本学院是生物化学与分子药理学学院、分子与细胞生物学学院、遗传学与基因组学学院和微生物与免疫生物学学院。2 个新成立的跨院系项目为人类生物学与转化药物项目、发育与再生生物学项目。在专业课程设置方面，特别建议学生选修"高级专业阅读"和"项目申请书写作"课程。还有大量短课课程：1/4 学期课程（quarter courses）和纳米级课程（nano courses）。2 个 1/4 课程算作 1 个学期课程，6 个纳米级课程算作 1 个学期课程。所谓纳米级课程，一般为 5—6 课时，每周 2.5—3 课时，持续 2 周。依据网站资料，2012/2013 学年秋季学期的学期课程共 27 门，其中必修课程 3

门。秋季学期的 1/4 课程共有 8 门，1 月春季课程为 7 门，春季 1/4 课程 21 门。秋季学期的纳米级课程共有 8 门。进行简单统计，哈佛大学 2012/2013 学年秋季学期生物学与生物医学共开设 43 门课程。即使是完整的学期课程，也是多名教授基本上按照专题进行讲授，1 位教授负责 1 个专题讲授，每个小专题包括授课、研讨课和小组讨论课等。

生物学与生物医学的实践强调实验室操作，因此实验室轮转是生物学与生物医学项目必不可少的教学实践环节。从组织的角度，学生被要求在第一学年完成一般 3 个实验室轮转，然后在第一学年末决定将要从事博士论文研究的实验室。通常哈佛大学生物学与生物医学实验室轮转安排的时间为秋季学期 1 次、1 月份左右 1 次、春季学期 1 次。实验室轮转时间在 10 周左右，每周在实验室工作 15—20 小时。1 月份因为没有课程，所以要求在实验室工作时间更长，因此周数相应减少。针对实验室轮转学生的管理，生物学与生物医学要求学生进入实验室前要有实验室工作计划，并且要得到实验室主任的签字确认。生物学与生物医学项目通常称实验室主任为项目责任人（principal investigator，PI）。

指定导师的签字确认，在学生结束一轮实验室轮转后，书写报告，项目责任人要对学生表现进行"满意/不满意"评价。为了让学生在选择实验室前对实验室有基本了解和判断，哈佛大学生物学与生物医学项目主要提供 4 种了解途径：①哈佛大学生物学与生物医学项目办公室设立"实验室轮转俱乐部"（Lab Rotation Club），每周 1 次，由那些正在从事实验室轮转的学生汇报交流各实验室轮转的研究情况；②学生入学时指定的导师会对实验室轮转提供重要建议；③每个学年开学，项目责任人的海报展示活动；④生物学与生物医学项目教授研讨会，每周 1 次。

在哈佛大学生物学与生物医学项目中，每个学生必须完成 1 个学期（60 学时，包括备课时间）的无薪酬教学助理工作。此外，哈佛大学生物学与生物医学项目建立了"社区教育计划"（Community Education Initiative，CEI），为生物学与生物医学项目学生提供中学或者课外兴趣班教学机会，学生仍作为志愿者，完成社区教学工作，没有报酬，时间也是 1 个学期（60 学时，包括备课时间）。

哈佛大学生物学与生物医学项目一般把博士研究生资格考试安排在学生确定从事博士学位论文研究的实验室之后当年的 9 月、11 月和次年 1 月，学生任选 1 次进行。具体考核内容，除了关于遗传学、分子生物学、细胞生物学和生物化学等方向的基础知识，还考查学生自身的研究能力，学生是否能够就研究问题提出一组可检验的假设、设计研究计划对假设进行检验、口头解释和答辩自己的研究计划、客观分析和解释数据等。学生递交的资格考试研究计划必须包括已有文献的综述、要解决的关键问题、研究假设、研究目的、验证假设的实验步骤、可能涉及的实验工具与技术、可能的研究困难与替代方案、预计的实验结果等。此外，就研究计划书的格式和长度（15—20 页）以及递交时间（正式考试前 2 周）都做出明确规定。资格考试结果分 3 种情况：通过、有条件通过和未通过。

结束博士研究生资格考试后，哈佛大学学生应咨询论文导师，尽快选择 3 位以上相关教授组成论文指导委员会（Dissertation Advisory Committee，DAC）。论文指导委员会主要有 4 个功能：①为学生的博士论文提供专业指导和建议，包括实验设计、计划可行性、论文完成时间框架和工作的科学价值等；②掌控学生的研究节点，包括保证学生的研究达到博士水平、学生什么时间能够开始撰写博士学位论文、评估学生已完成的实验和论文初稿；③解决学生与其导师或其他实验室成员间的冲突；④联络生物学与生物医学项目负责人和管理者。论文指导委员会的人员不包括学生的导师，委员会主席必须来自生物学与生物医学项目。论文指导委员会第一次会议不晚于资格考试通过后的 4 个月，一般安排在 12 月、2 月和 4 月进行。学生需要事先提供 15 页左右的开题报告，开题报告可以与资格考试内容不一致。开题报告内容包括研究目标、背景与意义、初步结果、研究方法等。以后每隔最多 9 个月进行 1 次论文指导委员会会议，会前学生递交 2—3 页研究进展报告，包括研究目标（如果进行了修订）、研究与结果、研究意义、下一步研究计划。三年级后的论文指导委员会会议一般就可以讨论学生博士学位论文的一些章节和学生可能公开发表的论文情况。进入第 5 年，论文指导委员会会议每隔 6 个月进行 1 次，最终确定学生是否可以开始撰写学位论文。

哈佛大学生物学与生物医学项目是由论文指导委员会和学生论文导师协商确定学生什么时间结束实验室工作，开始撰写学位论文。医学院就准备成立论文评审委员会（Dissertation Examination Committee，DEC），该委员会由 3 位成员和 1 位主席构成。成员由学生和论文导师协商（其中 1 位必须来自哈佛大学之外的学术机构）并提交生物学与生物医学办公室，以获得批准。论文评审委员会主席一般由论文指导委员会主席担任，但没有投票权，主要协调问题和组织评阅。如果论文评审委员会委员担心学生答辩不通过，论文评审委员会主席就可以召开商讨会，推迟答辩时间。答辩前博士研究生有一个公开报告，向论文评审委员会的答辩是不公开的，导师可以在场，决议由论文评审委员会做出。目前哈佛生物学与生物医学项目毕业年限平均是 5.5 年。

（二）伊利诺伊大学芝加哥分校教育心理学博士

以伊利诺伊大学芝加哥分校教育心理学博士学位为例，该专业要求若已有硕士学位，需修满至少65个学分，包括教育必修课24学时（6门课）、教育心理学必修课至少9学时（3门课）、专业课16学时（4门课）、小型研究项目4学时、论文研究12学时，一般完成课程需要2—3年。在第二年或第三年需要做1个小型研究项目4学时，导师会决定该项目是否合格。

博士研究生完成课程后要进行预答辩，预答辩包括文献综述写作和开题报告口头答辩。文献综述写作的通过与否将由导师以及另外两名专家评审决定。文献综述通过后，博士研究生可以开始准备开题报告，答辩通过与否由所有专家评审（包括导师共5名）决定。学生通过预答辩就可以开始修论文研究学时，此时不需要上课，直到最后论文答辩通过。

在博士学习期间，学生需要每年提交年度审核给研究院，由研究院评价博士研究生在过去一年中是否有进步，并且是否可以继续学习。

（三）美国内布拉斯加林肯大学

美国内布拉斯加林肯大学（即内布拉斯加大学林肯分校，University of Nebraska Lincoln，UNL），于1869年根据《土地拨赠法案》创建，位于内布拉斯加州首府林肯市区，是内布拉斯加大学的旗舰学校，是一所历史悠久的美国著名公立综合性、研究型大学。它由中心校区和东校区两部分组成，教学建筑占地面积为1600万平方英尺①，其中心校区的南端与林肯市中心相接。它是内布拉斯加州最顶尖的大学，也是该州的学术文化中心。

它是美国研究型大学协会成员（60所大学）之一，美国西部第一所开始授予博士学位的大学，美国每年授予博士学位人数最多的50所大学之一。几十万校友遍布全球，著名校友有沃伦·巴菲特、芭芭拉·亨德里克丝、约翰尼·卡森等。150多年的建校史使它具有诸多广泛领域且领先的学术成就，如生物大脑与行为研究、人类数据研究等，许多领域处于世界领导者地位。优势专业包括农业与自然科学、电机工程、化学工程、软件工程、师范教育、新闻学、保险学、气候学、音乐学等。

其学院设置包括农业科学与自然资源学院、建筑学院、艺术与科学学院、商业管理学院、教育与人文学院、工程与技术学院、研究生院、新闻与传播学院、

---

① 1平方英尺≈0.0929平方米。

法学学院等。专业设置包括法律、纺织与服装、工程技术、管理、环境、会计、计算机科学、建筑、教育、金融、经济学、理科学、农林类、人文艺术、商科类、设计、社科类、市场营销、体育等。

向美国大学申请攻读博士学位时，个人申请条件大致分为硬条件和软条件两类，其中硬条件包括个人平均成绩（grade-point average，GPA）、美国研究生考试成绩（graduate record examination，GRE）、语言成绩（不同的学校成绩标准会有区别）。软条件是指一些相关的文书，用以展示学生个人能力，包括个人陈述、导师推荐信或者实习期间相关负责人的推荐信、个人简历、发表的论文。这些文书内容要涵盖个人教育背景，比如本科专业、研究生专业、毕业院校、申请该校的原因及目的、能为学校做出什么贡献等。

除以上材料，学生要提前与自己心仪院校专业方向的教授联系，也就是提前主动联系博士研究生导师进行交流沟通，互相选择；然后到学校博士研究生招生官网填写申请表，递交自己准备的材料；最后参加学校组织的入学考试、体检、办理签证等。

内布拉斯加林肯大学每年招生约2.6万名，其中本科生约2.1万名，硕士博士研究生约5000名。研究生人数由录取院系根据各学院在职的教授人数来具体确定，每位教授可以指导10—12位研究生，不同学院的具体招收人数也会有所不同，届时也会有关于此项的例会。之前所列举的招生具体流程和标准由州政府决定。

入学后，博士获选人在博士课程开始选定导师组，这个导师组要求至少由3名本专业老师加1名外系老师组成，随后学生本人与导师组商议读博期间所学课程，制定初步的研究计划。所选课程有基本的学分要求，所有课程成绩必须获得B以上，初步研究计划包括研究材料和工具的准备。课程全部学习完以后可以参加博士资质考试。考试形式会有所不同，最常见的形式是学生回答3个问题，其中2个关于学习领域，1个关于研究方法。考试通过以后，学生可以开始拟毕业论文题目及答辩，答辩通过以后开始在导师组的指导下撰写毕业论文。毕业论文的评审标准由每个学生的博士导师组来定。不同学院的培养流程大体如此，少数情况下稍有调整。资质考试有两次机会，第一次通过不了还可以补考。如果第二次还通过不了就转为硕士，但这样的情况不太多。

一般情况下，助学金是美国政府发给美国居民（公民和持绿卡）的，留学生不享受此待遇。其中奖学金种类比较繁多，不同院校、不同教授的情况也有所不同，一般情况下是学生本人直接向自己的博导申请，导师会根据自己所做项目资金来进行具体划分。通常，每个学生最多可获得4个学年奖学金，满4年后，学生可以申请其他系的奖学金，或者有些导师有课题也会为学生提供获取奖学金的机会。

（四）美国威斯康星州立大学密尔沃基分校

每年学院本科、硕士和博士招生由学院确定，相关部门协助。招生名额主要依据师资情况、设施情况和往年招生来确定，本硕博的招生比例大概为1：1：0.1。硕士不配备导师，而博士招生是公招，入学2年后学生根据研究兴趣和方向才选导师。本科和硕士招生依据主要看学生的成绩、英语水平以及有无任何特长。按照学院规定成立教授委员会负责招生事宜。

博士培养过程中，一般1年后进行资格考试，通过资格考试的学生可以根据研究兴趣接触有关导师。助理教授也能带博士，所以导师可以是1—2位，但必须有1位主导师。学位论文的构成为至少是让导师满意的3篇工作论文（working paper）以上的文章构成，可以不发表。由于导师的要求都很高，要完成达到基本能投稿要求的工作论文对学生来说并不容易。所以，很多学生经过5年博士教育才能毕业。如果达到3篇以上的要求，博士研究生可以和导师协商毕业答辩事宜，主要看导师的意见。导师会邀请相关领域的教授（包含助理教授），另外所在系会邀请1—2位校外专家，然后组成5—6人的答辩小组进行毕业论文答辩。博士研究生在答辩时进行半小时以上的陈述，陈述后由各位答辩专家提意见，随后博士生进行1—2小时的答辩。

第四节　日本博士研究生培养

日本先后出台《学校教育法》《大学设置基准》《研究生院设置基准》《专门职业研究生设置基准》等一系列法律法规，对研究生教育进行管理与约束。日本各种法律法规不仅是其研究生教育政策的具体表现，还保障了其研究生教育发展和改革的连贯性。研究生教育从招生到培养、建立学校、开设专业以及学校的运营等方方面面都纳入法治化管理体系，有对应的法律依据。

一、一般流程

（一）招生

日本的研究生培养机构在法律允许的前提和范围内享有充分的自主权，主要体现在没有全国统一招生考试，每所学校的招生人数、考试内容、方式乃至考试时间都有所区别。日本将招生工作全权下放给学校，由各学校根据实际情况组织实施，这无疑增强了配置资源的有效性，每所学校所处的层次不同，对考生的要求也不同，通过组织自主考试可以最大限度地招收学校所期望的生源。考生则可以根据自己的实际情况选择适合自己实力和研究计划的院校，而且日本的研究生考生在考试时间不冲突的情况下可以报考多所院校，这也利于提高考生最终被录取的可能性。

（二）培养过程

在博士研究生培养方面，国家、研究生院及负责具体培养的研究生科和专业教研室等都有详细的培养目标和具体要求。研究生院没有统一的课程，各研究科根据规定自行设置课程。课程可分为以下三种类型：讲义、练习、实验或实习。它打破了课程间的界限，学生可根据指导教师的意见，灵活而有针对性地选择不同层次的课程。根据研究需要，学生可以选择其他大学研究生院的课程或海外研究生院的课程，依照学校或研究生科的规定获得学分。在课程的选择方面，研究生科都有指定的必需选择的课程。学生只有修得指定学分才允许参加最终考试，练习和实习等课程相当受重视。除课程学习外，学生还被要求参加国际或国内相关学术会议，并被记作学分。每学期各研究科会邀请相关学者前来开设讲座如假期讲座（夏季学校）等，学生参加讲座，接触相关学科或相关领域的前沿。学校提倡教育资源共享，所有讲义都公开，通过因特网实现资源效用的最大化。

（三）导师队伍

导师对学生要进行全面的指导，从课程选择到研究方向确定都要给出具体意见，学生的决定必须得到指导教师的同意才被认可（有时要得到研究科科长的同意）。对论文的指导，研究室采用论文轮讲的方式进行，老师集体授课指导学生，即学生由研究室集体指导。采用邮件预约的方式，学生可以找老师交流、答疑。

（四）考核评价

在规定年限内修完规定学分、提交论文并获得通过者，最后参加学力测试就可以获得学位，学有余力者可以申请提前毕业。另外根据规定，修完学分退学者在规定年限内可以再申请授予学位，非本校学生也可以申请博士学位。具体要求如下：博士毕业必须通过课程修完认定、学位论文审查、最终考试。自授予博士学位之日起 3 个月内，博士研究生须发布其学位论文内容要点和审查结果要点。被授予博士学位论文者自授予学位之日起 1 年内，须将学位论文公开印刷发表。博士学位论文以提出问题、解决问题为重点，以论文的独创性、完善程度和延伸性等为标准。

二、案例

以日本东京大学农业经济学专业为例，该专业在进行统一入学考试之前有为期 3 个月的研究生培养，学生在此阶段可以提前学习一些博士研究生相关课程，了解相关领域及导师。经过专业的统一笔试和面试后，合格的学生即可顺利入学，开始博士研究生学习生涯。

有受访者表示自己是国家公派留学，因此其生活费和学费由国家出资。由于该专业为文科专业，沿用了东京大学的传统，即学生只配备 1 位导师，另有 1 位教授或讲师协助导师工作并参与学生培养过程，但不直接指导博士研究生。值得一提的是，导师不会每月都给予博士研究生一定金额的补助，只有当博士研究生参与并协助导师完成其课题时，导师才会给予其相应的报酬。

在培养过程中，该专业有明确的培养方案，规定了培养过程和毕业合格标准。在 3 年的培养中，学生每学期都要选择 1 门学位课程和 1 门论文课程。其中，学位课程可以是博士研究生感兴趣的研究领域或与专业相关的课程，论文课程是指仅涉及毕业论文的课程，以达到学分要求。

博士学位论文答辩前夕，导师会就学生的毕业论文给出意见，即是否可以参加答辩或建议延期。通常，导师允许参加答辩的学生都可以顺利通过答辩。该专业的博士学位论文答辩分为两次：第一次答辩更为重要，专家组包括导师、本专业的教授学者以及校外和本专业相关的专家。在答辩过程中，专家会根据论文内容进行提问并提出建议。第二次答辩在第一次答辩后 3 个月，在此期间，博士研究生需要对上次答辩遗留的问题进行解答并修改论文。第二次答辩较第一次而言相对轻松，专家组仅包括导师及本专业的教授。答辩通过之后，博士研究生需要将自己的学位论文提交东京大学图书馆和日本国家图书馆保存。

第五节　法国博士研究生培养

博士研究生教育是高等教育的最高层次，博士研究生教育的质量和数量是衡量一个国家高等教育发达程度和文化科学发展水平及其潜力与前景的主要标志。

一般认为，法国索邦神学院的神学博士学位是正规意义上的学位制度的起源。法国博士研究生的培养及博士学位制度，在近一个世纪的历史进程中不断改革和完善，日益成为当今国际社会公认和仿效的成功范例之一。本节对法国博士研究生培养模式的现状和特点进行分析研究，以期为我国的博士研究生教育提供一些有益的参考。

一、一般流程

（一）招生

法国博士研究生教育阶段不设入学考试，被视为研究生阶段的自然延续。然而，"零考试"并不意味着"零考查"。法国博士研究生招生相当严格，不求"多"但求"精"，只有真正高水准的学生才能获得攻读博士学位的机会。在法国，如果一名学生想读博，必须要过三关：论文关、导师关和学校关。所谓"论文关"，是指为了考查申请者的专业水平和研究能力，法国大学会要求申请者写一篇20页左右的专业论文。论文写好后，申请者还要通过"导师关"。导师除了根据申请者所提交的论文对其做出初步评价之外，还要对申请者进行面试。通过面试，导师可以了解申请人的基本素质、研究能力、教育背景、爱好以及表达能力。过了"导师关"之后，申请者还要面对学校的最终考核，即通过"学校关"。学校的考核由一个评审团负责，其成员既有校方代表，也有相关专业的其他教授。学校考核实际上是一种监督机制，既是为了防止博士研究生导师在招生时出现无意偏差，也是为了警告导师不要在招生时有意"放水"。纵观法国博士研究生招生的整个过程，导师和学校突出的都是一个"专"字，即注重专业能力和研究能力的考核。申请者即使有偏科现象，只要其专业知识过硬，也同样会被录取。

（二）培养过程

法国博士研究生的培养分为两个阶段：深入研究学习文凭阶段和撰写博士学位论文阶段。①深入研究学习文凭阶段。它是博士研究生培养的组成部分。学生只有获得该阶段文凭，才有资格申请撰写博士学位论文。这一阶段学习期限一般为1年，少数专业或在职研究生经校长批准后可延长至2年。深入研究学习文凭阶段的教学内容大体由以下3部分组成：第一部分为共同基础课程，即不分专业，根据大的学科领域划分，隶属于某一大的学科领域的若干专业开设内容相同的共同基础课，为学生今后进行专业研究打下较为坚实和广博的理论基础；第二部分为研究课程，即分专业开设专业课及专门技术课程；第三部分为实验课程。②撰写博士学位论文阶段。学生获得深入研究学习文凭之后，即可进入博士研究生的第二步深造。撰写学位论文是博士研究生培养阶段的核心部分。学生主要是在实验室进行研究工作并撰写博士学位论文，期限一般为2—3年，也可延长至4—5年。在法国，撰写博士学位论文被视为培养未来研究人员、高校教师和其他高级专业人才必不可少的阶段，其质量直接关系到人才培养的水平。为了达到培养目标和保证博士研究生培养质量，法国十分重视对撰写学位论文的指导，强调指导计划的详细性和周密性，要求研究生在导师指导下选定研究课题，制订实验工作及论文撰写计划，导师与学生定期见面，并对研究生进行指导、检查和答疑。博士研究生在指导教师和博士研究生培养组的指导与帮助下，通过开展科学研究完成博士学位论文。

（三）导师制度

法国博士研究生培养由1个博士研究生培养组负责实施，培养组由1名负责人和若干名组员组成。该负责人由校长根据校学术委员会建议，在教授和相当于此身份的人选中挑选；其他组员将依据条件，可由大学教师、研究人员和科研机构研究人员担任，必要时也可聘请合作培养单位的校外专业人士。博士研究生培养组包括1个教学小组和1个或几个研究小组。教学小组和研究小组是一种综合性学科组合。采取组合方式的目的是通过培养组内部的相互交流、合作与协作，保证博士研究生培养在某个学科领域能够具有比较宽广的研究范围，避免将博士研究生培养变成狭隘的专业培训，以做到"博士要博"。这种多学科的综合培养方式适应了当今科学技术相互交叉、自然科学和社会科学互相渗透的发展趋势，使未来高级人才面对飞速发展的高新技术时更具主动性、广泛性、适应性。

（四）考核评价

1）严格审查博士学位论文。博士学位论文是博士研究生培养的终结性结果，它是博士研究生的研究能力、创新能力、书面表达能力、掌握和运用知识能力等科学与文化素养的综合体现。法国对博士学位论文的要求与审查严格且具体。关于博士学位论文长短方面的规定，因学校、指导教师和学科不同而有所不同。社会科学类博士学位论文一般要求为400页左右。在撰写自然科学领域博士学位论文中，许多重要工作在实验室完成，对论文的长短没有明确规定。审查论文的主要标准是评估其质量和价值，论文必须是一个"有特色的科研成果"。其论文至少包括 3 个方面的内容：一是对所研究课题的简要回顾，对研究现状以及对该课题的基本理论的理解进行综述；二是围绕该课题研究所进行的实验工作基本情况的介绍，包括主要实验方法的基本理论依据；三是客观阐述实验结果，并将实验中的发现从理论上进行概括和分析，从而提出自己的观点和结论。

2）公开进行博士学位论文答辩。博士研究生应在预计答辩前 3 个月或更长一些时间里，将论文提交给指导教师聘请的至少 2 位教授或具有"指导研究资格"的审查人审阅，其中 1 位为校外教授，也可聘请外国同行专家。校长根据审查人的书面审查报告，批准是否进行答辩；同时，向教育部呈递申请答辩报告，教育部一般在 1 个月左右批复。批复同意后，被批准答辩的博士学位论文可被打印成册，分别呈送论文答辩委员会各成员提前审阅。

二、案例

随着英德等国家的研究生院作为一种制度性战略进入政策议程，其他国家的研究生院也相继建成并逐渐扩张。欧洲的研究生院具有清晰的管理领导体制和具体的资助政策，这种模式通常涉及 1 所大学，但也可能基于几所大学之间的亲密合作，或者大学与非大学的研究机构合作。

法国博士研究生院强调，博士研究生要在资深科学家的指导下完成一项原创性的科学项目，而且该项目是在临界质量得到确保的研究环境中熏陶完成的。这样，博士研究生教育不仅是可以提高博士研究生科学技能的训练阶段，也是真正的专业经历，它为博士研究生提供了在竞争环境中从事研究的机会。

以计算机专业为例，博士研究生入学时不设置统一的入学考试。学生可以在读研的最后阶段向意向导师递交申请材料，导师会根据其硕士阶段成绩及综合科研水平情况决定是否录取。受访者表示在招生阶段，学校不会限制导师所带的博士研究生名额，导师可根据自身项目情况自由决定每年录取博士研究生的名额。

入学时，学生要支付学院一定的学费，之后可以通过协助导师完成项目获得相应的酬劳。同时，博士研究生可以申请留学基金委的资助来缓解在国外读博的经济压力。

在培养过程中，受访者表示该专业对博士研究生没有硬性的学分要求，即学生可以根据自身情况或结合导师建议选择自己感兴趣的课程进行学习，且大部分课程在结课时不设置考试。受访者表示在培养过程中，有相当一部分同学会因为找到合适的工作或其他原因申请终止培养。该学院计算机专业博士研究生培养年限一般为 3—4 年。在培养终期，导师会根据博士研究生个人的学位论文及任务完成情况，决定是否允许其参加毕业答辩或延长培养年限。在答辩前6—7个月，博士研究生需要将自己的学位论文相关材料提交给将参加答辩的两位校外教授，得到反馈后对其进行修改。答辩专家组一般由6人组成，其中包括学生的导师、校内及校外专家。答辩结果仅分为通过与不通过两种，不通过即终止培养。

第六节　博士研究生培养的国际比较

通过以上对德国、英国、美国、日本、法国博士研究生的培养和案例介绍，从中可以看到在各国培养过程中的相同点和不同点。

一、招生

各国在招生环节不设置统一入学考试，以申请制为主。这说明申请制是国际博士研究生招生的主要方式。

二、培养年限

从培养年限看，4年的学习年限居多，因为时间是培养高质量博士研究生的保证。比如德国是4—5年，美国和英国是4年，法国是3—4年，日本是3年。

三、课程学习

博士生的课程学习是结构化培养的重要环节之一。除了德国和法国无硬性学分要求外，美国、日本均把博士研究生的课程学习作为"规定动作"，有学分的要求。英国除新制博士有课程学分要求外，其余的也没有硬性学分要求。

四、资格考试

对博士研究生资格的确定，只有美国采取资格考试的方式（英国有的专业有资格考试），这体现了美国博士研究生教育的特色。

五、分流淘汰

美国分流淘汰的方式也是通过博士研究生的资格考试进行的，其他4个国家则是通过最后的学位论文答辩进行的，答辩不合格的博士生会被淘汰。

六、导师

就导师的指导方式而言，除了德国采用单一导师指导（师徒制）外，其他国家采用双导师（英国、美国、法国）或者导师团队（日本）的指导方式。

七、审核

各国博士研究生的审核均采用论文答辩的形式。

八、评阅答辩专家

评阅答辩专家的组成各国不同，可分为三类：第一类，德国和英国的评阅答辩专家是两名，包括博士生的导师和外系或外校的专家，而英国的评阅答辩专家对论文具有一票否决权，由外审导师决定论文等级；第二类，美国、法国和日本的评阅答辩专家是由评审委员会组成的；第三类，国际上有的高校博士研究生论文匿名评审寄往国外，实行国外专家评审制度。

通过对各国博士研究生培养环节的比较可以看出，以德国为代表的欧洲模式正在向以美国为代表的结构化培养模式转变。

第四章

中国博士研究生教育全景分析

本章首先利用质性分析软件对调研高校的博士研究生培养理念和目标、创新点进行聚类，并对博士研究生培养理念、目标和创新点聚类图进行深入解读；之后，从招生选拔、淘汰分流、科教结合、导师队伍、课程体系、学术评价和培养新模式、支持体系和管理模式等方面，提炼各高校的博士研究生培养实践特点，并基于全国博士研究生问卷调查数据，展现各培养要素在博士生培养中的作用和存在的问题，提出改进意见。本章内容力图全景展示中国博士研究生教育现状，分析各博士研究生培养单位的博士研究生培养过程的共性和差异性，展示我国博士研究生教育的特点和培养模式。本章内容既是基于各调研高校提供的博士研究生培养的总结报告，也是基于高校的网站、网络资源文献和博士研究生教育改革的报告，以期对中国博士研究生培养进行全方位的梳理和总结。

第一节　各高校博士研究生培养理念和培养目标分析

就我国博士研究生总体规模而言，2015/2016 年度学术博士学位授予人数为54 397（除军事学），各专业的人数和比例如表 4-1 所示。其博士学位论文类型有基础研究（31 914）、应用研究（12 983）、综合研究（7117）和其他（2383）。博士论文的选题来源有国家级项目（29 280）、省级项目（2059）、国际合作项目（727）、横向项目（1328）、国防项目（875）、自选项目（3266）、非立项项目（4518）和其他（12 344）。[①]

表4-1　2015/2016年度博士学位授予人数（按学科）

学科	博士学位授予人数/人	占所有博士学位授予人数的百分比/%
哲学	636	1.2
经济学	2 159	4.0
法学	2 705	5.0
教育学	793	1.5
文学	1 995	3.7
历史学	700	1.3
理学	12 884	23.7
工学	19 545	35.9

---

① 关于这部分的详细内容，可参阅：马永红. 中国博士研究生教育典型案例. 北京：科学出版社，2022.

续表

学科	博士学位授予人数/人	占所有博士学位授予人数的百分比/%
农学	2 400	4.4
医学	6 845	12.6
管理学	3 258	6.0
艺术学	477	0.9

资料来源：2015/2016 年度教育部学位与研究生教育发展中心提供数据，由于四舍五入，加总百分比可能不为 100%，余同。

一、各高校博士研究生培养理念、培养目标及创新点

博士研究生教育质量是博士研究生培养的核心。诸多因素会影响博士研究生教育的质量，其中博士研究生培养单位的培养理念和培养目标是重要的参考依据，因为它们对博士研究生的培养具有导向和引领作用。博士研究生的培养理念和培养目标因校而异，使得各高校博士研究生的培养质量也参差不齐。基于此，我们通过质性分析软件进行聚类分析，对参与调研的研究型高校、"211 工程"建设高校和部分地方高校的博士研究生培养理念和目标进行归类，详细内容可参阅马永红教授主编的《中国博士研究生教育典型案例》（科学出版社，2022）。

二、各高校博士研究生培养理念和培养目标的初分析

根据调研各校的提供的原始文本材料，对各高校博士研究生培养理念和目标进行初步的分析，从聚类图中可以直观地反映出各高校的博士研究生培养理念和目标关注的内容。

（一）各高校博士研究生培养理念的初分析

根据各个高校博士生培养理念，利用 Nvivo 8 软件的统计系统，对所调研高校的博士研究生培养理念进行处理后所得的词云图（图 4-1）和词频的结果发现，各高校在培养理念的关注点是"发展、创新、质量、人才、建设、能力、特色"等。

从聚类关键词得知，各高校博士

图 4-1 博士研究生培养理念词云图

研究生教育的培养理念强调以学生发展为导向的人才培养为定位，培养博士研究生的创新能力，以提高博士研究生培养质量。博士研究生培养的理念分为三层：第一层是以发展、创新和人才为基本的培养理念。在各高校博士研究生培养的基本模式完善和发展中，培养理念也在不同时期和不同阶段不断发展和完善，因为博士研究生的培养既要符合社会和国家的需求，又要体现各高校培养的特色。例如，中国人民大学博士研究生教育的理念是主动服务于经济社会发展对高层次学术型拔尖创新型人才的需要，服务于国家人才强国战略，配合学校"双一流"建设总体目标和建设规划，以"立德树人"为人才培养理念，以培养"国民表率、社会栋梁"为目标，以培养"笃学精博、底蕴丰厚、中西融合、知行合一"的未来学术领军人才为根本任务，其发展定位是深化落实关注学生成长的理念，以注重学生自身的可持续发展为基础。中国人民大学强调博士研究生教育不仅要关注学生学术的发展和成长，还要服务于社会和国家。第二层反映了博士研究生教育要注重内涵式发展，关注博士研究生教育的特色、质量和管理机制等方面的提升和完善，同时要注重博士研究生的能力培养。例如，华东师范大学探索以培养创新能力、实践能力和职业胜任能力为目标，以科教融合、产教结合为路径的研究生培养模式，强调博士研究生的综合能力培养和多途径培养方式。第三层反映了各高校博士研究生培养理念与世界一流大学建设目标相结合，努力建设世界一流博士研究生教育。例如，北京大学、清华大学提出"建成世界一流的研究生培养基地""国际一流的博士生教育"；中国农业大学提出"建设世界一流的农业大学，成为国际知名、有特色高水平的研究型大学的发展目标"。

（二）博士研究生培养目标分析

各校博士研究生培养的目标的聚类词为人才、创新、学科、教育、社会、特色、竞争力等。聚类的第一层关注人才培养和创新。博士研究生教育的最终目的是为社会和国家培养高素质的创新型人才。与世界各国博士生培养的目标一样，我国博士研究生培养最突出的特点就是培养学生的原始创新能力，所以，在这一点上各高校博士培养的目标是一致的。例如，清华大学的博士研究生教育以培养具有国际竞争力的高层次创新人才为目标。博士研究生培养质量反映一流大学人才培养高度和学术创新水平。聚类的第二层是学科、教育和社会，通过学科建设带动博士研究生培养的高水平发展，以满足社会对高层次人才的需求。聚类的第三层是把博士研究生培养目标与建设世界一流大学目标结合在一起，培养具有国际竞争力的高层次人才，并在博士生培养过程中体现各校（如中国人民大学、北京师范大学和复旦大学等）不同的培养特色。博士培养目标分析词云图如图 4-2 所示。

（三）各高校博士研究生培养创新点分析

各高校的创新点的聚类集中在几个层次。

第一个层次以学科建设为创新龙头。在当前建设一流大学和一流学科的背景下，加强学科建设尤为

图 4-2 博士培养目标分析词云图

重要。例如，东南大学博士研究生培养结合国家关于统筹推进世界一流大学和一流学科建设总体方案和实施细则要求，深入推进博士研究生教育综合改革。

第二个层次体现在学术和导师上。①导师是博士研究生培养的第一责任人，肩负着博士生培养的重任。导师对博士生的培养不仅表现在学术指导，还表现在立德树人和对博士生学术道德的培养等方面。所以，对导师的培训和责任的认定都是提高博士生教育质量的重要因素。因此，在调研高校中导师管理和培训的模式博士研究生教育改革的关注点，与高校的办学特色和建设一流大学的目标紧密地结合起来。②各高校突出博士研究生人才培养的质量核心，表现在博士研究生培养中要关注博士的学术能力和学术训练；强调"培学术精神，养学术襟怀，立学术理想，强创新能力"的学术精英培养理念，稳步推进相关配套制度的改革，逐步完善博士研究生质量保障体系，努力造就具有坚定理想信念、高度社会责任感、强烈创新精神、精深专业素养和开阔国际视野的高水平优秀人才；通过国内和国际合作进行博士研究生的学术能力培养。例如，四川大学的"七导"（即导思想、导人生、导学习、导科研、导心理、导生活、导就业）导师机制和遴选制度、各种培养和支持体系及机制的建立，清华大学的导师培训制度极大地提高了新导师的指导能力和管理学生和团队的能力。

第三个层次是创新、人才、学位和能力，这些体现了各校在博士研究生培养创新点的实施路径。各高校博士生培养的创新点定位在培养博士生的创新能力上，通过加强博士学位点的建设进一步提高博士生的创新能力和可迁移能力。例如，北京航空航天大学博士研究生培养着力打造"重创新、强能力、高规格"的

博士研究生教育品牌，旨在把博士研究生培养成具有高度的国家使命感和社会责任感、突出的创新创业能力和国际竞争力的高层次社会主义事业优秀建设者和可靠接班人，使其成为理想高远、学识一流、胸怀寰宇、致真唯实的领军领导人才。各高校博士研究生培养创新点词云图如图4-3所示。

图4-3　各高校博士研究生培养创新点词云图

三、各高校博士研究生培养理念、目标精练及分析

根据调研各高校博士教育的理念和目标，为了更好地理解各高校博士研究生教育的指导思想和指导原则，调研组对上述内容进行整理和分类，把各校博士生研究生培养理念进行拆分，试图找到博士生研究生培养路径。各高校的校训、博士研究生培养理念、博士研究生培养路径、培养目标四项内容，能够展示各高校的博士研究生教育的异同。具体内容可参见马永红教授主编的《中国博士研究生教育典型案例》（科学出版社，2022年）。

博士研究生培养途径的聚类集中在"发展""机制、体系和学位"等词上。培养目标聚类的第一层是"发展"，这体现博士研究生教育与高校自身的发展是一致的；以"学生为中心"，关注学生的发展，培养学生的学术能力、创新能力和国际竞争力。例如，清华大学提出"价值塑造、能力培养和知识传授"的"三位一体"的教育理念，不断推进国际一流的博士研究生教育。培养目标聚类的第二层是"机制、体系和学位"，这表明高校在博士培养目标上对机制和制度建设及改革的关注，因为博士研究生教育离不开机制和制度的保障。例如，天津大学提出通过深化改革，实现研究生教育的发展方式、类型结构、培养模式和评价机制的根本转变，逐步形成规模结构合理、培养特色鲜明、培养质量得到根本保障的研究生教育体系，推动博士研究生教育质量稳步提升。培养目标聚类的第三层是博士研究生教育学科建设、博士培养模式的优化。在不同的历史时期和阶段，博士研究生培养模式是与社会经济发展相适应的，社会环境的变化对人才需求也会有所影响，人才培养的模式也要改变，与社会经济发展相适应。例如，华南理工大学培养不同类型高层次卓越人才模式，是与科学研究的需要相适应的，实行团队合作、学术精英式培养，协同创新、工程实践式培养，笃学践行、创业先行式培养，开放合作、国际协同式培养。

第二节　开展立德树人教育

一、各高校博士研究生立德树人教育实践

（一）思想品德教育

从被调研的高校中得知，这些高校博士研究生教育重在：加强科学道德和学风教育，拓展博士研究生思想政治教育途径。具体表现为：以爱国主义为核心，紧密结合国际国内形势变化和研究生关注的热点、难点问题，通过专题讲座、党团组织活动等形式，强化博士研究生的责任意识与诚信意识，培养有担当的爱国英才；以社会公德、职业道德教育、科学道德和学风教育为重点，通过入学教育、离校教育、职业培训等方式，强化学术道德教育，培养德才兼备的高素质专门人才。

例如，北京航空航天大学（简称"北航"）引导博士研究生准确把握社会主义核心价值观的深刻内涵，深入开展"爱祖国、爱航空、爱航天、爱北航"的"四爱"主题教育活动，引导博士研究生将追求一流学问与服务国家需求相结合，做科研报国的积极践行者。该校通过科研诚信课程、"院士茶座"系列活动等措施，引导广大博士研究生端正科研态度，实现学术诚信意识入脑入心，矢志成为正直诚信、学识一流的领军领导人才；传承创新北航精神和北航文化，开展"四爱""陀螺梦""中国心"等系列主题宣传教育活动，培育博士研究生的空天情怀和家国情怀；坚持朋辈榜样引领，通过组织研究生成才表率事迹宣讲、北航故事汇、"国奖之星"评选等活动，引导广大博士研究生勤学、修德、明辨、笃实，传承北航精神，树立空天报国的远大抱负。

又如，重庆大学率先在全国高校中探索并全面实施博士研究生按专业或学科

方向设置党支部，该做法得到教育部、重庆市委领导批示，并要求在高校推广。该校实施"红岩先锋"博士研究生党支部创建工作，通过网络进组织、建设党建媒体平台，加强博士研究生工作站、博士研究生社会实践服务团、博士研究生服务队等实践平台建设，每年选派200余人次参加社会实践活动，培养和增强博士研究生了解社会、感恩社会、回报社会的意识和能力。

再如，首都师范大学注重理想信念教育。该校注重理论学习，加强价值引领，引导研究生坚定理想信念；以学业辅导的方式，提高研究生的学术水平和人才培养的质量，为全校研究生提供跨学科学习的平台和文理贯通的第二课堂，提高了研究生的创新能力、实践能力和社会适应能力。

（二）学术道德

博士研究生是科研队伍的生力军，是科学家及高端学术人才的后备军，其学术道德观念直接影响科研界的发展。为此，高校采取各种方式对所培养的博士研究生进行严格学术道德标准的宣讲。每年博士新生入学后，高校集中进行博士研究生入学教育暨学术道德宣讲活动。宣讲活动通过网络视频现场直播，借此可将严谨的科研精神传递至每位博士新生，对其未来健康的求学及学术价值观的形成具有重要作用。

此外，高校还制定了学术道德规范，加强学术道德与职业道德教育。以清华大学为例，在加强学术道德与规范教育的规章制度建设的同时，重视相关课程建设；自2009年，该校开设了"学术规范""工程伦理""职业伦理"等课程，培养研究生遵守学术规范和形成伦理意识，正确地进行价值判断。2014年，该校修订研究生培养方案，将学术规范和职业伦理教育课程纳入研究生培养方案中的必修课要求，实现了学术规范和职业伦理教育在研究生中的全覆盖。又如，西南政法大学制定《研究生学位论文学术不端行为认定与处理暂行办法》，严惩学术不端行为，对已发表的学术成果和已经通过答辩的学位论文，一旦发现有抄袭、剽窃等学术不端行为，取消该研究生的学位申请资格或撤销其学位。

例如，北京航空航天大学充分发挥导师对研究生思想政治教育首要责任人的作用，促进全员全过程、全方位育人。该校建立并完善落实研究生导师思政责任的宣传教育、培训激励和监督考核机制，在博导遴选和博导招生年度审核工作中，加强对导师思想政治的考核；强化并夯实落实研究生导师思政责任的制度保障，印发《关于进一步落实研究生导师思想政治教育责任的实施办法》；加强并促进和谐导学关系的平台建设，举办导学关系建设月活动，围绕和谐导学关系建设，组织导学关系征文大赛、分研会导学建设活动以及导学关系调查等活动。该校有效地增强了导师思政教育意识，落实了导师思政责任，提高了导师思政教育水平。

又如，东北农业大学研究生思政工作坚持以党建为龙头，以学术为载体，以"责任、诚信、实践、创新"为主题，强调实践育人和环境育人双重环节，着力提高博士研究生的思想政治素质。该校通过开学典礼、入学教育、后稷讲坛、研究生学术讲坛、研究生沙龙等系列活动，以及研究生专题报告会、主题宣讲会、社会实践等途径，重点开展学术创新意识培养、学术道德及学术规范教育等，用社会主义核心价值观武装研究生的头脑。

二、调研数据分析

（一）思政课

1. 思政课形式以及受欢迎程度

从"高校开设的思政课形式""受欢迎的思政课形式"这两题的问卷结果看，目前高校思政课整体设计和学生需求是比较统一的。从回收数据（表4-2）可以看出，目前高校思政课最普遍的形式是报告或讲座（其比例为73.6%），并且这一形式的思政课也得到学生的认可，受欢迎比例达到55.5%，仅次于社会实践。而最受欢迎的社会实践（受欢迎程度达57.3%）在实际的教学安排中的比例仅为36.5%。同样不合理的课程形式还有理论宣讲，这种形式的思政课在实际教学中的比例高达64.0%，而这种形式受欢迎比例仅为24.1%，是受欢迎程度较低的教学形式。这说明思政课的形式还需要进一步调整，尚需在教学安排和学生需求之间找到更好的平衡点。

表4-2　博士研究生思政课的形式以及受欢迎程度

课程形式	思政课形式（多选）百分比/%	受欢迎的思政课形式（多选）百分比/%
理论宣讲	64.0	24.1
报告或讲座	73.6	55.5
学生主题展示	30.5	31.8
社会实践	36.5	57.3
党团活动	49.6	31.8
其他	1.4	1.5

　　不同类型高校在理论宣讲、学生主题展示、党团活动 3 种思政课形式有明显差异（表 4-3）。其中，非"985 工程"建设高校更倾向于开展理论宣讲和学生主题展示活动，而"985 工程"建设高校则更多地通过党团活动来开展教学活动。这一结果表明，"985 工程"建设高校在教学形式上更注重理论和实际相结合，通过党团活动教育将立德树人的理念贯彻到教学中。

表 4-3　高校类型与思政课形式相关性的组统计值

思政课形式	高校类型	N	M	SE	SEM
理论宣讲	非"985 工程"建设	1908	0.67	0.471	0.011
	"985 工程"建设	1880	0.60	0.490	0.011
报告或讲座	非"985 工程"建设	1908	0.72	0.448	0.010
	"985 工程"建设	1880	0.75	0.436	0.010
学生主题展示	非"985 工程"建设	1908	0.33	0.471	0.011
	"985 工程"建设	1880	0.27	0.443	0.010
社会实践	非"985 工程"建设	1908	0.34	0.475	0.011
	"985 工程"建设	1880	0.35	0.477	0.011
党团活动	非"985 工程"建设	1908	0.46	0.498	0.011
	"985 工程"建设	1880	0.51	0.500	0.012
其他	非"985 工程"建设	1908	0.01	0.104	0.002
	"985 工程"建设	1880	0.01	0.121	0.003

2. 思政课内容

　　从博士研究生思政课的内容（表 4-4）、高校类型与思政课内容的组统计值（表 4-5）可以看出，目前所调查高校的思政课教学内容还是以指定内容的讲解为主，辅以实际案例分析，较少有实践考察机会。总体上，思政课教学内容较单一，过于偏重理论灌输，在理论联系实际方面做得不够充分。

表 4-4　博士研究生思政课的内容

思政课内容（多选）	指定内容	实际案例	国际比较	实践考察	交流实践案例	其他
百分比/%	55.8	21.3	8.8	9.5	11.9	1.1

表 4-5　高校类型与思政课内容的组统计值

比较项	高校类型	个案数	平均值	标准差	标准误差平均值
指定内容	非"985 工程"建设	1908	0.56	0.497	0.011
	"985 工程"建设	1880	0.52	0.500	0.012

续表

比较项	高校类型	个案数	平均值	标准差	标准误差平均值
实际案例	非"985 工程"建设	1908	0.17	0.380	0.009
	"985 工程"建设	1880	0.20	0.396	0.009
国际比较	非"985 工程"建设	1908	0.09	0.283	0.006
	"985 工程"建设	1880	0.09	0.287	0.007
实践考察	非"985 工程"建设	1908	0.10	0.299	0.007
	"985 工程"建设	1880	0.09	0.283	0.007
交流实践案例	非"985 工程"建设	1908	0.08	0.278	0.006
	"985 工程"建设	1880	0.11	0.308	0.007
其他	非"985 工程"建设	1908	0.01	0.088	0.002
	"985 工程"建设	1880	0.01	0.119	0.003

在教学内容方面，非"985 工程"建设高校相对更多地选择指定内容，"985 工程"建设高校相对更多地采用实际案例、交流实践案例开放式的教学内容。这体现了"985 工程"建设高校在教学内容方面的要求相对更高，更注重师生互动以及理论联系实践。

3. 思政课收获

博士研究生思政课的收获情况如表 4-6 所示。

表4-6　博士研究生思政课的收获

思政课收获	非常大	比较大	一般	比较小	非常小
百分比/%	14.9	32.1	37.9	7.4	7.7

总体上，博士研究生思政课的收获是比较令人满意的，84.9%的学生表示在思政课中有不同程度的收获。

关于高校类型与思政课收获相关性的组统计值如表 4-7 所示。

表4-7　高校类型与思政课收获相关性的组统计值

高校类型	个案数	平均值	标准差	标准误差平均值
非"985 工程"建设	1908	2.51	1.025	0.023
"985 工程"建设	1880	2.70	1.105	0.025

从结果可以看出，非"985 工程"建设高校和"985 工程"建设高校的博士研究生在思政课收获方面有明显差异，"985 工程"建设高校的博士研究生在思政课

中的收获更大。

从以上数据可以看出，相对而言，"985工程"建设高校的思政课形式更加多样，内容更加贴近实际，更加注重理论与实践的结合，对教师和学生的要求更高。这说明我国博士研究生思政课的总体认可度较高，但在课程形式、课程内容方面还需要进一步优化调整，要多征求学生的意见、考虑学生的需求，在发展中持续地进行改革和完善。

（二）学术道德

博士研究生对"学术水平高低是否等同于学术道德好坏"的看法如表4-8所示。

表4-8　博士研究生对"学术水平高低是否等同于学术道德好坏"的看法

有效	非常同意	比较同意	一般	不确定	不同意
百分比/%	17.1	32.5	21.4	14.8	14.2

71.0%的博士研究生对这一观点持肯定态度，说明目前被调查高校的整体道德水平建设成果比较乐观，高校学术道德修养氛围受到学生的认可。但是依旧有14.8%的博士研究生表示不确定，另有14.2%的博士研究生持否定态度，此结果说明在学术道德方面，导师的现实表现虽总体向好，但仍有很大提升空间。学术道德的本质是个人品行在学术研究中的具体体现，学术不端行为的发生不仅是学术工作的不良示范，更是一种错误的价值观。要改善和杜绝此种学术行为，必须牢牢抓住"立德树人"这一社会主义核心价值观，营造良好的学术研究氛围，从而进一步促进学术创新与发展。

博士研究生了解学术道德规范的途径及效果如表4-9所示。其中，博士研究生通过"导师以身作则"了解有关学术道德规范的途径及效果的比例均大于70%。这说明在博士研究生培养的师徒制教学模式中，言传身教一直是传递道德意识的最重要途径，导师的言行举止对学生有着潜移默化的影响。因此，导师的学术道德水平在很大程度上会影响学生的学术道德意识和行为，提高导师的学术道德训练强度和水平对学生乃至整个学术界学术道德水平的提高都有着至关重要的作用。

表4-9　博士研究生了解学术道德规范的途径及效果

学术道德规范	途径（多选）百分比/%	效果（多选）百分比/%
导师以身作则	73.4	75.9

续表

学术道德规范来源途径（多选）	途径（多选）百分比/%	效果（多选）百分比/%
自己看论文和相关文献	56.0	45.4
学长示范作用	36.8	41.9
网上相关报道	38.5	26.5
学校课程	29.0	28.0
专门讲座或学术报告	38.2	40.3
其他	1.4	2.2

教师作为知识的传递者，给予学生的不仅是专业知识，更是一种学术价值观的传递。教师"言传"固然重要，"身教"的力量同样不容忽视。因此，加强教师（导师）队伍学术道德建设具有重大且深远的意义。教师是立教之本、兴教之源，因此在学术研究中，导师/教师必须以身作则，率先垂范，因为树人是教育的目的，立德才是更为根本的任务。导师作为学术工作的引路人，其责任更为重大，基于此，加强教师学术道德建设是不容忽视的重要一环。

（三）心理健康

1. 博士学习阶段压力的主要因素

博士研究生学习期间的心理压力来源如表4-10所示。在10个可能导致压力的原因中，居首位的是"学术论文发表"，其比例高达73.0%。学术论文是衡量博士研究生科研水平的一个重要手段，虽然无法全面反映博士研究生的综合能力，但是在一定程度上保障了博士研究生培养质量和科研成果数量。因此，虽然国家并未明文规定对博士研究生毕业相关学术论文发表的要求，但是各高校都将学术论文发表作为考核的一项重要指标，并将其作为区分人才水平的一个重要手段。第二大压力来源是"学位论文写作"和"家人的催促和期盼"，接下来压力较大的来源分别是"经济能力""导师的要求""工作或求职"。

表4-10 博士研究生学习期间的心理压力来源

心理压力来源（多选）	学术论文发表	学位论文写作	家人的催促和期盼	经济能力	导师的要求	工作或求职	个人感情	健康状况	人际交往	其他
百分比/%	73.0	52.2	52.2	42.6	42.4	40.9	22.7	17.0	11.8	1.6

2. 排解压力的主要方式

从调查结果（表4-11）来看，博士研究生排解压力的主要方式中，比例最大的是"向朋友或同学寻求建议"，达63.5%。学校作为学生生活学习的第一场所，在关心博士研究生心理健康方面却做得不够，只有22.8%的学生选择"向导师倾诉"，11.6%的学生选择"向辅导员倾诉"，"依靠学校的心理咨询机构"排解压力的比例更低至9.2%。由此可见，学校需要加强关心博士研究生心理健康方面的工作，促进导师、辅导员和博士研究生的交流机会，在以追求学术研究成果为主的高压环境下，给予博士研究生更多的人文关怀和心理健康疏导，以确保博士研究生身心健康发展。

表4-11 博士研究生排解压力的主要方式（多选）

排解压力方式	向朋友或同学寻求建议	参加文体活动	向家人倾诉	向导师倾诉	其他	向辅导员倾诉	依靠学校的心理咨询机构	通过吸烟、喝酒等排解	依靠校外的心理咨询机构	药物调节
百分比/%	63.5	44.7	41.8	22.8	13.8	11.6	9.2	8.9	7.0	3.7

3. 抗压能力

博士研究生抗压能力情况如表4-12所示。

表4-12 博士研究生抗压能力

有效	非常强	比较强	一般	比较弱	非常弱
百分比/%	19.4	49.1	27.2	3.3	0.9

博士研究生抗压能力非常强、比较强的比例分别为19.4%、49.1%，抗压能力弱的比例仅为4.2%。总体来看，博士研究生抗压能力令人满意。

4. 毕业后找到满意工作的可能性

对博士研究生毕业后找到满意工作的可能性的统计结果（表4-13）显示，33.3%的博士研究生认为毕业后比较容易找到满意的工作，6.2%的博士研究生认为毕业后非常容易找到满意的工作，二者的总和不超过40.0%。这与压力来源的调查结果比较一致，"工作或求职"是博士研究生的一个主要压力来源，也是博士研究生学术不自信的一个表现。

表4-13 博士研究生毕业后找到满意工作的可能性

有效	非常容易	比较容易	一般	比较难	非常难
百分比/%	6.2	33.3	42.8	14.1	3.5

　　在对博士生进行高校类型与能否找到满意工作相关性进行统计后发现，高校类型与能否找到满意的工作是明显相关的，"985 工程"建设高校的博士研究生找到满意工作的可能性更大（表 4-14）。这与学校声誉以及博士研究生自身的能力都是有关系的。

表 4-14　高校类型与能否找到满意工作相关性

高校类型	N	M	SE	SEM
非"985 工程"建设	2233	2.71	0.868	0.020
"985 工程"建设	2099	2.79	0.911	0.021

（四）不同学科门类博士研究生顺利毕业和找到满意工作的可能性

　　通过单因素检验分析，对不同学科门类博士研究生顺利取得博士学位的可能性的得分平均值（图 4-4）可见，最难取得博士学位的 3 个学科门类分别是理科、医科、工科，这与培养方案和毕业要求是相关的，大多数情况下，这 3 个学科对于毕业生的要求相对较高，对在学期间的学术成果发表和学术论文写作的要求相对较严格。农科博士研究生则最容易取得博士学位，其次分别是社科和人文博士研究生。

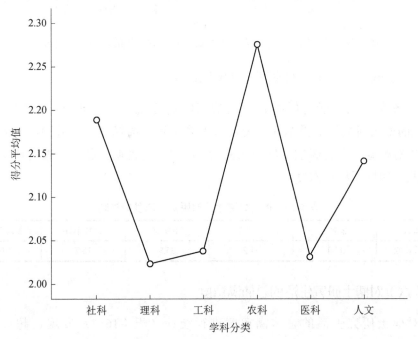

图 4-4　不同学科门类博士研究生顺利取到博士学位的可能性的得分平均值

通过单因素检验分析，对不同学科门类博士研究生毕业后找到满意工作的可能性的得分平均值（图4-5）可见，人文博士研究生找到满意工作的可能性最小，其次是农科博士研究生，然后是社科、医科、工科博士研究生，最容易找到满意工作的是理科博士研究生。这与实际情况也是相符的。

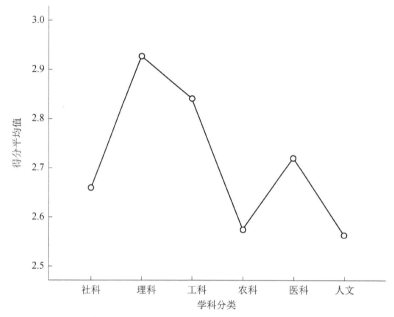

图 4-5　不同学科门类博士研究生毕业后找到满意工作的可能性的得分均值

（五）博士研究生活对婚姻、恋爱的影响

对博士研究生活对婚姻、恋爱的影响进行统计（表4-15）后发现，有35.9%的博士研究生对婚姻和恋爱没有太多认知（选择"不知道"），认为博士研究生对婚姻、恋爱影响不好的比例为21.7%。这说明，超过半数的博士研究生对此问题持不积极态度。

表 4-15　博士研究生活对婚姻、恋爱的影响

有效	非常好	比较好	不知道	比较不好	非常不好
百分比/%	11.1	31.2	35.9	16.7	5.0

（六）对博士研究生活的总体满意度

对博士研究生活的总体满意度进行统计（表4-16）后发现，超过一半（55.1）的博士研究生表示对博士研究生活是满意的，另有44.9%的博士研究生

表示一般或不满意。这一结果与目前我国博士研究生就读期间压力来源多、压力大、实际就业情况不乐观都是有关系的，也与博士研究生培养质量不高、学校对博士研究生关怀不够有关。

表4-16 博士研究生活的总体满意度

有效	非常满意	比较满意	一般	比较不满意	非常不满意
百分比/%	11.7	43.4	34.0	8.1	2.8

三、结论和改革建议

学术共同体对博士研究生学术道德作用重大，导师与博士共同构成学术共同体。在培养的各个环节（如课程学习、选题和开题、论文发表和学位论文写作）中，组会、学术交流过程学术共同体对博士学术道德的养成和监督起到重要作用。通过对学术共同体成员定期进行学术道德宣传教育，可以对学术不端行为具有一定的预防作用。在问卷中博士研究生表示了解学术道德规范的途径和效果来自"导师以身作则"和"学长示范作用"排在前列，这说明学术共同体成员的示范作用对博士研究生学术道德的形成和预防学术不端影响很大。

因此，我们建议博士研究生教育应加强立德树人教育，树立科学的育人观以及建设者、接班人导向，强调学生的科研道德；深化科研育人，要把教学与科研统一起来；通过科研育人，将学术道德与学风建设贯穿研究生培养全过程；从入学教育开始举办学术道德与学风建设讲座，学位论文要通过学术诚信校验，每个学科都有适应自己学科实际情况的校验标准；强化导师责任，引导广大导师以德立身、以德立学、以德施教，为博士研究生做好示范；提升和净化博士研究生的学术道德和学术生态环境，学校通过硬性制度对学术失范行为以及学术投机行为进行严厉惩罚，维护应有的学术尊严，并建立相应的学术诚信体系，使学术生态系统有序发展，从而培养具有高尚品德的社会主义建设者、接班人。

第三节　提高招生选拔的科学性和多样性

一、各高校招生模式特点概述

（一）"申请-审/考核"制是招生改革的新趋势

调研的绝大部分高校实施招生制度改革，主要的改革措施是积极稳步推进

"申请-审/考核"制，逐步降低普通招考的博士研究生比例，有的高校的某些学科已经取消普通招考的招生形式。例如，2011年，清华大学的"申请-审/考核"制开始在9个院系进行试点。2016年6月，清华大学研究生招生工作领导小组讨论通过了"申请-审/考核"制实施办法，决定全面推进"申请-审/考核"制。在2017年博士研究生招生工作中，该校招收博士研究生的37个院系全面推进"申请-审/考核"制的改革。

例如，华东师范大学自2011年起试行"申请考核"的招生方式，随后稳步推进，至2017年以此方式招生的院系、专业、人数均超过1/3，以此带动了招生工作重心向招生院系的转移，充分调动了院系、导师的积极性，强化了院系、导师在研究生培养中的主体与责任意识。又如，上海交通大学机械与动力工程学院的博士研究生招生选拔方式分为本科直博生、申请-考核制、硕博连读转博（公开招考招生方式自2018年取消）3种。2012年，中国农业大学开始推进"申请-审/考核"制的改革。再如，云南大学试行"申请-考核"制，制定了《云南大学"申请-考核"制博士研究生招生试行办法》。

（二）博士研究生选拔理念的改变：博士研究生选拔的前置

以硕博连读方式选拔优秀在读硕士生攻读博士学位是提高博士研究生生源质量的一个重要途径，也是提高博士研究生培养质量和培养效益的有效载体。近年来，各高校不断完善博士研究生选拔机制，将硕博连读学生选拔范围由在读三年级扩大至在读二、三年级学术型硕士研究生。这一举措的实施有利于选拔优秀学生，使其更早地开展博士阶段的学习，从而有精力产出高水平的科研成果；它也成为激励广大在校硕士生勤奋学习、全面发展的有效途径，对深化研究生招生制度改革、加大拔尖创新人才选拔力度具有重要意义。典型学校有四川大学、首都师范大学等。

中国科学技术大学实行以"长周期培养"为目标的本-硕-博、硕-博招生模式。近年博士研究生招生以培养高端学术人才为导向，以本-硕-博、硕-博长周期培养模式为主体，具体做法包括：一是对所有招收的科学学位硕士均按照硕-博长周期培养模式进行培养，科学学位硕士生源以接收校内外优秀推免生为主，以优秀统招硕士为辅；二是鼓励本校优秀硕士生硕-博连读，提升连读生在博士研究生源中的比例，并且逐步在部分学科取消硕士起点的三年制博士研究生招生；三是对招收的本-硕-博、硕-博连读生实行"不优秀即分流"的机制，连读生在读期间如果达不到要求，学校视情况对这部分学生进行分流，或转为相关学科的硕士毕业，或博士肄业。

（三）各高校建立动态的招生体系

高校博士研究生招生根据社会需求、培养质量、学校规划，建立招生学科、招生导师、招生计划动态调整机制。有的高校招生指标分配根据各学院研究生生源质量、学位标准、学位论文抽查情况、学位论文评审等质量与管理情况进行动态调整，形成以绩效为导向的招生计划分配机制，完善以科学研究为导向，以科研项目、学术贡献、师生比、就业率为杠杆的研究生招生计划分配办法，合理配置资源。

例如，东南大学优化博士研究生招生指标分配机制，围绕国家发展战略，按照"双一流"建设目标，以培养质量和绩效为导向。该校出台《东南大学博士研究生招生指标分配办法》，并于2017年开始试行。博士研究生招生指标由专项计划指标（主要用于满足国家和学校发展战略需求）、绩效奖励指标（用于奖励在研究生教育工作中成绩突出的学院或导师）、基础指标三部分构成。该校通过优化招生指标分配机制，优化学科布局，促进学科动态调整和导师队伍建设，提高博士研究生培养质量。

又如，重庆大学从2013年开始对博士研究生教育的资源配置方式进行改革，从基地、人才、效益等方面每年对各二级招生单位的博士研究生招生指标进行测算，同时有限满足高水平导师的博士研究生招生需求，优化资源配置方式，提高博士研究生招生指标效益。

再如，华东师范大学将博士研究生招生深度融合到"三位一体"的研究生培养模式中，将博士研究生招生与导师学术水平、科研经费、培养质量有机结合，招生指标向学术水平高、科研经费充足、指导学生完成高质量论文的博士研究生导师倾斜，促进了培养质量、学科发展、科学研究"三位一体"的研究生培养模式的发展。

（四）与业界合作协同招生模式

高校博士研究生教育利用协同创新平台和人文社科重点研究基地，积极探索与行业、企业和国外知名高校联合培养招收硕士生、博士研究生的新路径。例如，宁波大学不仅加大选拔优秀硕士生攻读博士研究生（硕博连读）的招收力度，还加大博士研究生招生选拔机制改革力度，采用多样化的选拔方式，在多学科交叉融合的"2011协同创新中心"等培养特区率先实行博士研究生招生"申请-审核"制改革试点。

（五）严格控制在职博士研究生的比例

高校博士研究生教育以学科需求和导师自主权为基本出发点，从严把控选拔标准与程序，以吸引更多真正有学术研究潜力和志向的学生攻读博士学位。所以，许多高校严格控制在职博士研究生的录取数量。

（六）为"专业学位"硕士研究生读博打通渠道

"专业学位"硕士研究生如何申请攻读博士学位的问题一直存在。因为存在国家相关政策的瓶颈的制约，"专业学位"硕士研究生不能直接申请攻读博士学位。中国农业大学的招生改革规定，本校在读全日制"专业学位"硕士研究生可参照"申请-考核"制进行选拔，与国家的有关规定相衔接，以硕博连读方式进入博士研究生学习。

（七）参与调研高校博士招生分析

第一，申请审核制在所调研的高校中推行，有的高校在某些专业和学科试点实施"申请-审/考核"制。第二，博士研究生招生的理念和招生措施锁定有学术志趣和科研潜力的优秀学生。第三，在招生名额方面，有的高校希望国家给予更多的招生自主权，学校制定动态的招生指标进行调整。第四，高校对导师招收博士研究生培养经费有明确规定，这对导师是不小的压力，尤其是文科导师的科研经费不足的压力更大。

二、调研数据分析

（一）访谈

在对国内 8 所高校的博士研究生导师和博士研究生的访谈中，师生集中反映的招生问题有招生的公平性、直博生培养和招生的规模和结构。具体来讲，北京大学博导 L 教授介绍了其所在学院在招生时成立招生专家委员会，不分导师、专业与方向，实行统一面试和统一招生。在面试时，老师们不讨论、不交流，独立判断、独立打分、独立投票，避免给老师造成压力，相对公平地选出好学生。清华大学人文学院 X 教授介绍了该学院如何强调学院和导师的共同责任，采取有效措施保证"申请-审/考核"制招生的公平性，此外，该学院还建立了招生导师组，把招生权下发给招生导师组，而不是导师个人。

就直博生的培养问题，导师和博士研究生发表了不同的观点。导师对于来自不同招生方式入学的生源的偏好呈多元化。对于工科或应用型学科，导师倾向于招收直博生或硕博连读生，因为这些学生能够在课题组待的时间更长，但同时也有风险，因为个别直博生的研究基础或相关的能力素养相对缺乏，读博的动机不稳定、不明确，对于是否适合从事科学研究工作，导师和学生均不能立刻或短时间内判断出来。在直博生培养问题上，第一，博导对直博生能力存在误解。博导认为本科直博生的素质好、基础好，不需要管理，但实际上有些本科直博生的自觉性和研究主动性差，安于现状。这与导师对其期待不一致，导致直博生在研究中遇到困难而退缩，并且缺乏导师的指导，易放任自流。第二，导师反映直博生在进入博士阶段学习前并未做好充足的准备。部分直博生在进入博士阶段学习前没有明确的目标和研究兴趣，加之目前直博生难以有转方向的机会，一旦兴趣与研究的方向不一致，他们就会感到无所适从。

参与座谈的博士研究生也认为直博是与欧美接轨的一种方式，可以大大节约教育时间。无疑本科直博的培养方式是有益的，但前提条件是：如果本科时学生就有强烈的科研欲望，并能够得到导师连续的指导，就可以大大缩短科研时间。由于直博生在未来学习过程中再次选择的机会较少，虽然直博生名额多，但直研生名额少，现实中更多出现的是有能力的学生为了增加选择机会而优先选择直研的招考方式，在未来可能选择硕转博或硕博连读。反而一些申请直博的学生，其目标不明确，投身学术研究热情不高，学习动机不清晰。博士研究生培养时间长、压力大，那些学习目标不明确的学生可能感觉更加难熬，因此对于他们来说，选择本科直博方式并不是一个好的选择。

师生建议，对于经过一段时间学习发现自己不适合在某个领域做研究的各类博士研究生来说，学校应建立"退出机制"，确保他们有更多选择。同时，导师希望当学生进入退出机制时，能够自动获得相应的博士指标数的补偿。参与座谈的高校均建议制定直博生的合理和科学的退出机制，以及与之相关的配套政策，因为这样做既可以吸引有学术兴趣的学生早点进入博士学术训练，也可以为转变研究兴趣或再次确定学习目标的学生提供一个机会，将真正具有学术研究兴趣和强烈探索精神的学生带入学术研究的殿堂。

关于直博生的待遇，北京大学研究生院 G 院长提出，直博生从入学就按照博士研究生对待，工资和住宿都是博士研究生的标准，但是如果直博生转硕，那么以前享受的博士研究生待遇，对硕博连读或者普博生就显得不公平，因此合理地制定直博生待遇需要更多的政策支持。但也有博导认为，提高博士研究生的待遇能够使其安心做科研，解除其后顾之忧。尽管直博生本身存在各种问题，但是直博生属于优秀生源，应给予其博士研究生待遇，加大学术训练和增加导师的指导有助于对其进行更好的培养。

关于招生的规模和结构，也存在不同的声音。北京大学法学院 G 教授认为应压缩博士招生规模，原因在于培养博士研究生是为了科研和教学，而不是其他非学术目的。如果以服务教学科研为主，就不需要大量博士研究生。就培养结构来讲，要建立一个动态的机制来调配内部结构。美国的 75 所大学承担了 3/4 的博士研究生培养工作，所以大学的分工不同，一流大学和重点大学要承担更多的研究生培养工作。北京大学工学院 Z 教授提出，工学院招收博士研究生的名额少，而就业市场急需这类人才。同时，Z 教授建议国家财政向基础学科和前沿学科倾斜，其他学科的招生可以放开，如果行业兴起需要此类学科的高层次人才，就可以采用市场化模式。南京大学文学院导师 A 提出博士研究生应进行分类招生：对文科，要压缩招生的规模，培养精品；对国家和社会急需的人才，要扩大招生规模。同样，东南大学自动化学院 L 教授建议，减少工科博士研究生的招生数量，增加专业学位工程博士研究生的招生人数，为企业培养急需的工程人才。此外，博士研究生招生的规模因不同的学科而有所差异：基础学科的博导认为招生规模不能盲目扩大；科研项目多的博导则希望扩大博士研究生招生规模；理工科的博导希望多招学生，以缓解科研压力。

（二）问卷数据分析

1. 入学方式

在对博士研究生的入学方式进行的调查问卷中，通过普通招考方式入学的博士研究生最多，其比例为 44.6%；其次是硕博连读，其比例为 26.8%；本科直博的比例为 16.5%，"申请-审/考核"制的比例最小，为 12.2%。

再对博导认为优秀博士研究生的选拔方式进行统计，结果见表 4-17。博导认为最有利于选拔优秀博士研究生候选人的方式是本科直博，其比例为 41.7%。

表4-17　博导认为优秀博士研究生的选拔方式

招考方式	"申请-审/考核"制	本科直博	硕博连读	普通招考	合计
频次	263	328	110	86	787
百分比/%	33.4	41.7	14.0	10.9	100

对比博士研究生和博导的统计数据可以发现，博导希望招收的博士研究生的方式与实际博士招生方式恰好相反，所以急需改革目前的博士研究生招生方式。根据不同的学科和专业的特点实施不同的招生方式，改变以往普通招考博

士研究生的方式。

从不同学科视角看，各专业入学形式比例最大的分别是理科普通招考和硕博连读，分别为31.7%和31.0%；工科硕博连读和普通招考的比例分别为37.9%和35.1%；人文普通招考的比例为47.8%；社科普通招考的比例为59.2%；医科普通招考的比例为65.4%；农科普通招考的比例为60.0%。由此可见，医科普通招考的比例在各学科中最大。

从不同类型高校视角看，非"985工程"建设高校以普通招考为主，"985工程"建设高校的各种入学方式的比例较均衡。"985工程"建设高校的普通招考和硕博连读招生方式的比例分别为31.6%和31.2%；非"985工程"建设高校的普通招考和硕博连读招生方式的比例分别为56.4%和24.0%。"985工程"建设高校本科直博的招生方式的比例远远大于非"985工程"建设高校，分别为22.4%和9.9%。

不同学科博导对优秀博士研究生选拔方式因学科不同而有差异。通过对博导认为最有利于所在学科优秀博士研究生选拔方式的调查问卷进行统计后发现：各专业入学形式比例较大的分别是，50.5%的人文博导和37.2%的社科博导认为，"申请-审/考核"制是优秀博士研究生选拔方式；45.3%的理科博导、49.7%的工科博导、57.1%的农科博导和52.3%的医科博导认为，硕博连读是优秀博士研究生选拔方式（表4-18）。

表4-18 博导认为最有利于所在学科优秀博士研究生选拔方式　　　　单位：%

学科类型	"申请-审/考核"制	硕博连读	本科直博	普通招考
人文	50.5	11.8	5.4	32.3
社科	37.2	36.5	10.3	16.0
理科	23.4	45.3	25.8	5.5
工科	30.6	49.7	16.2	3.5
农科	28.6	57.1	0	14.3
医科	29.1	52.3	7.0	11.6
平均合计	40.1	40.1	10.0	9.8

2. 博士研究生入学前能力考查

对博士研究生认为学校在招生选拔阶段对博士研究生能力品质的重视度、博导看重的选拔博士研究生能力、博士研究生认为学校在招生选拔阶段对博士研究生能力品质的重视度（分学科）的问卷调查进行统计和排序后的结果如表4-19—表4-21所示。

表 4-19　博士研究生认为学校在招生选拔阶段对博士研究生
能力品质的重视度排序　　　　　　　单位：%

比较项	第1位	第2位	第3位	第4位	第5位	第6位	第7位	第8位	第9位
外语和基础能力	24.4	16.8	13.0	8.9	10.8	9.7	10.3	10.6	34.3
专业知识和理论	39.2	29.8	11.0	7.3	5.2	7.5	10.4	33.1	32.8
科学研究经验	13.0	25.1	20.5	11.0	8.7	9.3	25.0	19.3	11.0
博士阶段研究规划	2.7	6.3	14.7	16.7	10.7	20.1	15.2	11.7	6.1
沟通能力	0.6	3.0	9.2	13.3	16.6	14.2	10.4	6.5	1.7
坚持科学研究的意志力	3.7	8.4	15.9	25.8	15.2	16.4	13.1	9.1	4.0
自控能力	0.6	1.8	2.3	4.2	9.2	8.4	4.3	2.7	0.9
对学术研究爱好兴趣	15.1	8.8	13.3	12.4	21.3	13.7	10.8	6.7	8.3
其他	0.6	0	0.1	0.4	2.2	0.6	0.4	0.2	0.6

表 4-20　博导看重的选拔博士研究生能力排序　　　　单位：%

比较项	第1位	第2位	第3位	第4位	第5位	第6位	第7位	第8位	第9位
外语和基础能力	14.4	10.4	17.5	11.2	13.8	17.9	16.0	10.6	16.4
专业知识和理论	28.5	25.7	13.7	17.8	7.9	13.7	12.6	25.1	22.8
科学研究经验	8.6	14.7	10.2	14.9	10.4	11.6	16.4	10.6	9.7
博士阶段研究规划	2.9	2.1	7.0	9.8	14.5	8.8	7.3	8.0	1.3
沟通能力	2.3	4.0	12.7	16.7	19.2	11.4	12.6	5.7	1.1
坚持科学研究的意志力	9.8	25.7	15.9	15.2	12.7	15.5	13.2	19.6	14.6
自控能力	2.0	4.9	7.6	5.8	9.6	9.6	7.9	6.7	0.7
对学术研究爱好兴趣	31.1	12.5	15.6	8.7	10.3	11.0	13.6	12.7	31.6
其他	0.3	0	0	0	1.6	0.6	0.4	1.0	1.8

表 4-21　博士研究生认为学校在招生选拔阶段对博士研究生
能力品质的重视度排序（分学科）　　　单位：%

比较项	学科	第1位	第2位	第3位	第4位	第5位	第6位	第7位	第8位	第9位
外语和基础能力	社科	22.9	6.9	7.1	8.1	12.2	0.9	2.9	4.0	2.2
	理科	19.1	9.5	9.4	7.4	9.7	2.4	3.9	5.2	8.6
	工科	28.5	9.5	9.4	9.5	12.2	1.3	1.5	2.1	3.0
	农科	50.0	10.5	7.9	7.9	2.6	0	0	0	0
	医科	48.5	10.9	9.4	6.0	6.4	1.1	0.6	1.3	3.8
	人文	28.6	8.6	7.3	6.9	7.6	0.6	2.0	2.7	3.1
专业知识和理论	社科	34.9	20.9	6.9	3.9	4.5	1.0	1.5	4.5	9.7
	理科	21.0	21.0	9.4	6.3	5.3	1.3	4.5	8.7	11.3
	工科	25.9	30.1	10.3	8.3	5.0	1.3	1.3	4.0	5.2

续表

比较项	学科	第1位	第2位	第3位	第4位	第5位	第6位	第7位	第8位	第9位
专业知识和理论	农科	26.3	47.4	10.5	0	5.3	0	0	0	0
	医科	14.1	41.2	11.1	6.8	5.8	0.8	0.8	4.1	3.2
	人文	34.9	24.5	4.9	5.3	5.9	0.2	1.4	3.1	7.3
科学研究经验	社科	10.1	16.6	15.4	7.2	9.3	2.8	3.4	4.0	1.8
	理科	8.4	12.8	14.9	6.8	8.4	1.6	5.8	8.1	6.3
	工科	9.9	16.8	22.4	8.1	7.5	1.0	3.1	3.7	1.9
	农科	2.6	21.1	42.1	2.6	10.5	0	0	0	0
	医科	7.9	14.1	32.3	10.3	9.2	0.9	3.4	1.7	0.8
	人文	9.8	18.2	20.6	6.9	9.0	0.8	1.8	3.9	1.2
博士阶段研究规划	社科	6.5	15.7	15.3	17.6	8.4	2.9	4.0	0.7	0.1
	理科	3.1	4.8	7.3	10.7	11.8	4.4	2.1	1.9	1.1
	工科	4.4	7.6	11.8	14.8	10.7	1.7	1.7	0.9	0.9
	农科	10.5	2.6	10.5	26.3	5.3	0	0	0	0
	医科	4.9	7.9	12.2	23.3	11.3	1.7	2.1	0.4	0.4
	人文	5.1	11.0	15.7	17.8	11.4	1.8	2.7	1.4	0
沟通能力	社科	1.4	7.4	9.2	10.0	14.3	0.9	0.8	0.5	0
	理科	1.0	3.6	5.2	9.0	14.7	4.4	2.4	0.8	0.3
	工科	1.6	4.6	7.9	12.4	16.3	2.3	1.3	0.4	0.1
	农科	2.6	2.6	10.5	15.8	13.2	0	0	0	0
	医科	0.8	3.6	8.5	15.2	19.9	1.5	0.2	0.2	0
	人文	1.6	7.3	14.3	13.3	13.5	1.0	0.4	0	0
坚持科学研究的意志力	社科	1.8	7.6	11.6	12.8	14.9	4.8	2.8	0.5	0.4
	理科	4.7	4.7	8.4	11.0	12.6	4.4	5.5	4.7	1.5
	工科	4.2	9.3	11.7	14.5	13.8	2.8	2.1	1.3	0.7
	农科	2.6	10.5	15.8	18.4	18.4	0	0	0	0
	医科	3.6	5.8	8.5	15.4	17.3	1.9	0.9	0.4	0.4
	人文	2.2	8.0	10.8	14.1	14.9	4.1	2.9	0	0.4
自控能力	社科	0.9	2.7	4.7	10.4	9.2	0	0.3	0.4	0.3
	理科	0.3	1.5	2.1	3.6	4.8	1.6	0.6	0.2	0.1
	工科	1.0	2.0	3.6	6.2	9.2	0.9	0.5	0.4	0.1
	农科	0	5.3	0	5.3	5.3	0	0	0	0
	医科	0.4	0.9	1.3	3.9	8.3	0	0.2	0.2	0
	人文	0.4	3.7	3.7	9.4	9.8	0	0.2	0.2	0.2
对学术研究爱好兴趣	社科	3.3	4.1	11.5	11.3	21.9	2.1	1.4	2.7	3.0
	理科	7.3	6.9	8.1	10.7	16.6	2.7	6.3	2.6	6.0
	工科	9.8	6.3	9.1	12.3	22.0	1.5	1.9	0.9	2.4
	农科	5.3	0	2.6	21.1	34.2	0	0	0	0
	医科	9.2	5.1	6.0	8.6	17.5	0.6	0.6	0.6	1.5
	人文	3.7	4.9	8.8	12.4	21.2	1.4	1.2	1.4	1.2

续表

比较项	学科	第1位	第2位	第3位	第4位	第5位	第6位	第7位	第8位	第9位
其他	社科	0.3	0.1	0.3	1.0	2.4	0.3	0	0	0.3
	理科	0.2	0.2	0.6	0	2.4	0	0	0	0
	工科	0.6	0.1	0.1	0.3	1.5	0	0	0	0
	农科	0	0	0	2.6	5.3	0	0	0	0
	医科	0.8	0.6	0.8	0.4	2.8	0	0	0	0
	人文	0.2	0.4	0.4	0.4	2.2	0	0	0	0

目前的招生制度较多地关注学生的学术背景、知识积累，但对学生的科研兴趣、学术热情、持续的学习动机考察得不够。而学生的学术志趣不强烈、本身的动力不足，这对整个研究生培养过程不稳定性和非学术职业就业选择影响较大。在调研中发现，导师将"对学术研究爱好兴趣""专业知识和理论""外语和基础能力"排在前三位，其比例分别为31.1%、28.5%和14.4%，之后的排序是"坚持科学研究的意志力""科学研究经验""博士阶段研究规划""沟通能力""自控能力"。与博导不同的是，有39.2%的博士研究生将"专业知识和理论"排在第一位，"外语和基础能力"排在第二位（24.4%），"对学术研究爱好兴趣"排在第三位（选择第一位的仅有15.1%，选择第一位、第二位及第三位的累计比例为37.2%），"科学研究经验"紧随其后，排在第四位，排在最后三位的则分别是"坚持科学研究的意志力""博士阶段研究规划""自控能力"。

在招生阶段对于博士能力品质关注排序博导和博士研究生有不同的关注点。博导更希望招收有学术志趣的学生从事科学研究，但其比例也仅为31.1%（选择第一位、第二位及第三位的累计比例为59.1%）。换言之，有40.9%的博导在考查候选学生时并没有首先关注学生的学术志趣，在优质生源获取第一关就失去了优先选才的机会。博士研究生的学术志趣在招生选拔中不容易被测量，高校和博导如何通过招生选拔和设计招生方案，招收到有学术志趣的学生是一个亟待解决的问题。

从不同学科看，所有学科把外语和基础能力、专业知识和理论、科学研究经验排在前三位。医科、农科、工科把外语和基础能力排在第一位的较多，人文、社科、理科把专业知识和理论排在第一位的较多。具体来讲，人文、社科、理科博士研究生把专业知识和理论、外语和基础能力、科学研究经验排在前三位。医科、农科、工科博士研究生把外语和基础能力、专业知识和理论、科学研究经验排在前三位。

通过对博士研究生认为学校在招生选拔阶段对能力品质的重视被选拔排序

（表4-22）发现，从不同类型高校看，非"985工程"建设高校博士研究生把外语放首位的人数的比例大于"985工程"建设高校，非"985工程"建设高校博士研究生把外语和基础能力、专业知识和理论、科学研究经验排在前三位；"985工程"建设高校博士研究生把专业知识和理论、外语和基础能力、科学研究经验排在前三位。"985工程"建设高校博士研究生和非"985工程"建设高校的博士研究生都看重专业知识和理论、外语和基础能力、科学研究经验，而对学术研究爱好兴趣和坚持科学研究的意志力品质往往不够重视。

表4-22　博士研究生认为学校在招生选拔阶段对能力品质的
重视被选拔排序　　　　　　　　单位：%

比较项	高校类型	第1位	第2位	第3位	第4位	第5位	第6位	第7位	第8位	第9位
外语和基础能力	非"985工程"建设	31.5	9.1	8.4	6.6	9.3	1.4	2.1	4.2	4.0
	"985工程"建设	24.9	8.6	8.7	9.7	11.8	1.1	2.2	1.7	3.3
专业知识和理论	非"985工程"建设	25.2	28.8	8.1	5.6	4.7	1.1	2.6	5.1	7.8
	"985工程"建设	29.3	25.5	9.4	6.9	5.6	1.0	0.8	4.3	6.6
科学研究经验	非"985工程"建设	8.6	15.6	22.2	7.4	9.3	1.1	3.9	4.1	2.4
	"985工程"建设	10.3	16.4	19.0	8.1	7.7	1.2	2.9	4.1	2.1
博士阶段研究规划	非"985工程"建设	5.3	9.7	13.2	17.8	9.8	3.9	3.3	1.0	0.4
	"985工程"建设	4.6	9.9	12.0	15.0	11.0	0.8	1.7	1.0	0.7
沟通能力	非"985工程"建设	1.1	4.8	8.6	11.9	15.9	1.8	1.1	0.4	0
	"985工程"建设	1.6	6.0	8.7	11.6	15.3	2.1	1.1	0.4	0.2
坚持科学研究的意志力	非"985工程"建设	3.0	6.9	9.8	14.8	14.7	4.6	2.9	0.5	0.4
	"985工程"建设	3.7	8.4	11.8	12.4	14.3	2.4	2.6	2.1	0.9
自控能力	非"985工程"建设	0.5	1.9	3.1	7.0	9.0	0.3	0.6	0.4	0.2
	"985工程"建设	1.0	2.5	3.7	7.1	8.0	0.8	0.6	0.5	0.1
对学术研究爱好兴趣	非"985工程"建设	5.6	4.2	7.4	9.9	22.3	1.8	1.3	2.1	3.4
	"985工程"建设	8.3	6.8	11.0	13.1	18.9	1.6	3.0	1.1	2.1
其他	非"985工程"建设	0.4	0.2	0.5	0.4	2.3	0.1	0	0	0.3
	"985工程"建设	0.5	0.1	0.2	0.6	2.0	0	0	0	0

博导看重的博士研究生能力品质排序（表4-23）结果显示，不同学科导师选拔博士研究生时，对学生能力重要程度的排序为：农科和医科博导把外语和基础能力放首位的比例较大，农科和人文博导把专业知识和理论放首位的比例较大，医科、工科、社科博导把对学术研究爱好兴趣放首位的比例较大。

表4-23 博导看重的博士研究生能力品质排序 单位：%

比较项	学科	第1位	第2位	第3位	第4位	第5位	第6位	第7位	第8位	第9位
外语和基础能力	人文	8.8	3.9	8.8	8.8	9.8	12.7	15.7	6.9	4.9
	社科	10.4	5.5	9.2	12.3	12.3	1.8	8.0	2.5	8.6
	理科	4.5	6.8	6.1	3.8	9.1	6.1	5.3	3.0	8.3
	工科	7.3	5.3	11.3	14.3	15.6	1.7	5.6	5.3	5.6
	农科	28.6	28.6	14.3	14.3	0	0	0	0	0
	医科	20.7	13.8	13.8	13.8	10.3	2.3	2.3	3.4	3.4
专业知识和理论	人文	16.7	12.7	3.9	2.9	2.9	2.0	10.8	16.7	25.5
	社科	12.9	19.0	10.4	8.0	5.5	4.9	1.8	14.7	10.4
	理科	10.6	7.6	4.5	5.3	6.8	5.3	7.6	12.1	19.7
	工科	12.3	16.6	8.6	11.6	9.3	10.0	4.3	8.0	8.3
	农科	28.6	14.3	14.3	14.3	0	0	0	0	0
	医科	13.8	20.7	9.2	11.5	8.0	2.3	6.9	3.4	5.7
科学研究经验	人文	3.9	5.9	9.8	3.9	3.9	9.8	4.9	14.7	2.9
	社科	4.3	9.2	17.2	5.5	11.0	1.2	3.7	8.6	6.1
	理科	1.5	3.8	4.5	9.1	6.1	9.1	8.3	6.8	5.3
	工科	6.6	5.6	6.6	7.3	11.0	4.7	3.3	2.0	3.0
	农科	28.6	0	14.3	0	14.3	0	0	0	0
	医科	10.3	10.3	18.4	12.6	11.5	3.4	0	4.6	1.1
博士阶段研究规划	人文	0	11.8	6.9	8.8	17.6	11.8	2.0	5.9	5.9
	社科	1.2	5.5	5.5	4.9	17.2	2.5	5.5	0.6	0
	理科	0	3.0	0	4.5	9.1	3.0	4.5	0	3.0
	工科	1.3	3.7	4.7	3.3	11.6	2.0	0.7	0	0
	农科	0	14.3	0	14.3	0	0	0	0	0
	医科	0	2.3	6.9	11.5	11.5	1.1	3.4	0	0
沟通能力	人文	0	0	5.9	3.9	20.6	4.9	3.9	2.0	2.0
	社科	0	0.6	4.9	8.0	8.0	1.8	5.5	0	1.8
	理科	0.8	2.3	5.3	3.8	20.5	10.6	6.1	3.0	0
	工科	1.3	7.3	9.6	8.6	19.3	6.3	6.3	1.7	1.0
	农科	0	14.3	14.3	14.3	14.3	0	0	0	0
	医科	0	1.1	12.6	9.2	18.4	5.7	0	2.3	0
坚持科学研究的意志力	人文	0	5.9	8.8	11.8	14.7	5.9	8.8	8.8	4.9
	社科	7.4	12.9	4.9	12.9	9.8	10.4	8.6	5.5	1.2
	理科	9.8	8.3	8.3	4.5	11.4	0	8.3	18.2	8.3
	工科	11.0	12.6	10.6	8.6	9.0	5.3	4.7	13.6	4.0

续表

比较项	学科	第1位	第2位	第3位	第4位	第5位	第6位	第7位	第8位	第9位
坚持科学研究的意志力	农科	14.3	14.3	0	28.6	28.6	0	0	0	0
	医科	8.0	21.8	5.7	12.6	17.2	3.4	2.3	1.1	4.6
自控能力	人文	0	5.9	2.9	6.9	4.9	2.9	1.0	1.0	0
	社科	0.6	2.5	4.3	6.1	9.2	1.8	1.2	1.2	0.6
	理科	0.8	2.3	3.8	6.1	6.1	3.0	2.3	7.6	1.5
	工科	0	6.0	6.0	6.3	9.0	2.0	5.0	0.7	1.3
	农科	0	0	14.3	0	28.6	0	0	0	0
	医科	1.1	2.3	5.7	4.6	12.6	0	3.4	1.1	0
对学术研究兴趣爱好	人文	8.8	6.9	8.8	11.8	14.7	4.9	8.8	2.9	15.7
	社科	22.1	7.4	7.4	5.5	10.4	3.7	4.3	6.1	12.3
	理科	8.3	7.6	8.3	5.3	4.5	6.1	13.6	7.6	17.4
	工科	22.3	8.6	8.6	7.0	9.0	1.0	4.3	4.7	14.0
	农科	0	14.3	28.6	14.3	14.3	0	0	0	0
	医科	23.0	6.9	8.0	5.7	8.0	2.3	2.3	4.6	8.0
其他	人文	1.0	2.0	0	1.0	2.9	0	0	0	0
	社科	0	0	0	0.6	1.8	0	0	0	0
	理科	3.8	0	1.5	0	0.8	0	0	0	0.8
	工科	0.3	0.3	0	0.3	1.3	0	0	0	0
	农科	0	0	0	0	0	0	0	0	0
	医科	1.1	2.3	0	0	0	0	0	0	0

三、结论和改革建议

　　高校博士研究生教育应在从博士研究生培养的入口，改革招生选拔机制，推行"申请-审/考核"制，开放招生计划，激发高校的自主办学活力。在博士研究生选拔方面，不能简单地按考分录取，而要侧重评价学术志趣和创新潜力。要继续推行"申请-审/考核"制的招生方式，把好入口环节，以招收到真正有学术志趣的学生。长学制和贯通制培养模式可以有更多的时间和机会选拔出真正具有研究基础、研究能力、创新精神和创新能力的优秀人才。

　　建议开放博士研究生的招生指标，依据国家发展重大需求适度增加或调整招生规模，如设立"工业强国 2025 战略"专项增加工程博士的招生规模；在国家基本招生计划体制下，根据高校的培养能力和重要学科的科研经费，适度允许高校自主扩大部分招生规模（类似于"计划内、计划外"双轨制）；设置新的专业学位博士项目，逐步适度扩大专业博士规模。给予院系、学科、导师更大的自主权，动态调整招生计划，这将有力地扩大高校和导师的选择权。

第四节　实施淘汰与分流制度和弹性学制

淘汰与分流作为博士研究生教育的质量保证体系的一部分，逐渐成为各个培养单位的关注的热点。作为改革研究生培养机制的组成部分，2013 年 3 月 29 日发布的《教育部 国家发展改革委 财政部关于深化研究生教育改革的意见》指出，"加大考核与淘汰力度。加强培养过程管理和学业考核，实行严格的中期考核和论文审核制度，畅通分流渠道，加大淘汰力度"。2014 年 3 月 16 日印发的《教育部关于全面提高高等教育质量的若干意见》指出，要"完善在课程教学、中期考核、开题报告、预答辩、学位评定等各环节的研究生分流、淘汰制度"。因此，完善博士研究生培养的淘汰与分流机制是博士研究生教育培养模式改革的重要组成部分。

在博士研究生教育中，分流与淘汰的含义有相同之处和不同之处。相同之处是，二者都以所规定的标准为参照，对在学研究生的知识和能力等方面的发展水平进行审核和甄别，主要目的是确保所培养的研究生达到一定水平，以保障研究生的培养质量。不同之处是，分流机制主要体现在将未达到相应要求的研究生分配到其他类型或层次的培养轨道，而淘汰机制强调的是中止或终止不符合相应规格的研究生的培养进程。

一、各高校博士研究生培养淘汰与分流制度和环节分析

淘汰与分流是博士研究生培养过程中的必然环节，也是学校办学自主权的一部分。具体而言，博士研究生被自然淘汰是因为在规定的修学年限没有达到毕业要求、家庭原因没有通过学位论文答辩等原因而退学或休学。但是，近年来，随着博士研究生的扩招人数不断增加，博士研究生的培养质量备受社会关注。如何提高博士研究生的培养质量，借鉴美国资格考试制度的经验，把分流淘汰的管理融入博士研究生培养中的过程管理，从课程学习、资格考试（综合考试）、开题、中期考核、预答辩和答辩等环节把控博士研究生的培养质量。基于此，各高校在不同的学科和专业都有试点。

（一）各高校不同的淘汰与分流制度规定

在调研的 38 所高校中，有 2/3 的学校对淘汰与分流有明确的规定和文件。各高校对博士研究生淘汰与分流的规定可以分为纪律要求和学术质量要求。其

中，纪律要求包括遵守学校纪律、道德品质和学术规范，学术质量要求体现在博士研究生招生、培养和学位授予等环节中。

（二）培养过程中的淘汰与分流

在培养环节中，淘汰与分流包括培养中间环节和出口环节。培养中间环节包括思想政治品德、课程学习、资格考试、阶段性的学业考核、博士研究生论文开题、中期考核等各阶段不能达到学校的要求而被淘汰与分流。例如，四川大学有明确的文件对淘汰与分流进行规定。《四川大学关于研究生中期考核分流的规定》指出，博士研究生指导教师、教研主任和政治辅导员联席会议，对被考核的博士研究生的思想品德、课程学习、科研能力等方面的情况进行全面考查，提出"合格"和"不合格"名单。又如，西安交通大学的《博士研究生教育报告》中指出，在博士研究生论文开题、中期考核等各阶段强化淘汰与分流制度。

根据南京大学博士研究生培养的实际状况，特提出以下指导意见。各院系博士资格考核每年只能举行一次，考核结果分为优秀、通过、暂缓通过和劝退4类，每次考核优秀率不高于15%，暂缓通过率不低于15%，劝退不设比例。二年级博士研究生（各培养单位可根据实际情况决定直博生的考核时间）方可参加博士资格考核，所有博士研究生必须参加本年级的第一次资格考核，如确有特殊原因无法参加的博士研究生作暂缓通过处理。对暂缓通过的学生应有针对性地进行学习安排，导师要与学生共同制订下一阶段研修提高计划，充分发挥导师作为博士研究生第一责任人的指导和管理作用。暂缓通过者，不能进入博士学位论文开题及撰写阶段，不予推荐参加国家公派留学项目。每一阶段通过考核的博士研究生，其待遇在原有待遇基础上根据考核结果进行相应提高；暂缓通过考核的博士研究生，在其基本学制内待遇保持不变。

中山大学全面实施博士研究生"优生优培"资助计划，对优秀学生给予较高额度的资助，实现"优秀导师-优秀学生-优良条件"相结合，"逐年考核-逐步分流"全程优质培养模式。积极探索、研究"硕博贯通式培养"，吸引有志于投身学术的优秀本科生，从硕士研究生第一年起即按博士研究生进行培养，逐年考核逐步分流，实行弹性培养。

在出口环节对学生的审核包括学位资格申请和学位论文审核。中国科学技术大学规定博士研究生在申请博士学位前，必须有参加国际学术交流的经历，其中包括参加国际学术会议、进入其他国际研究机构访学、合作研究、参加联合培养项目等。对于达到以上要求的博士研究生，可申请进行学位论文的开题和评审工作；连续两年未能通过者，学校将实行强制分流，或不再受理其博士学位申请。

（三）学术质量要求

中国科技大学每年开展学业进展考核，连续两年考核不合格的博士研究生将被强制分流。中国人民大学将综合考试作为"分水岭"，逐步建立淘汰机制，从2016年的情况来看，部分学院已经实实在在地建立了淘汰机制，如哲学院57名博士研究生参加综考，其中13名博士研究生未通过，不通过率为23%；商学院43名博士研究生参加综考，其中5名博士研究生未通过，不通过率为12%。通过综合考试切切实实让博士研究生感受到基础知识、基本理论、研究方法、经典文献学习的压力，切实提升学习动力。

东南大学建立博士研究生分流淘汰制度，于2013年公布《东南大学博士研究生申请博士学位时科研成果考核标准（修订）》，相比以前提高了对博士研究生的科研成果的要求，鼓励博士研究生发表高水平学术论文，并从2013年入学的博士研究生开始执行。对2013年以前入学的博士研究生，可以采用旧标准，也可采用新标准。2012—2017年，该校清退了一批超期限博士研究生；对于个别硕博连读生未通过中期筛选考核、不能继续完成博士培养目标的，可改作硕士学位论文，通过答辩审核，授予硕士学位；部分根据个人申请、经学院及研究生院同意，可转入相关学科；此外，还有部分博士研究生因其他原因主动放弃博士学位申请。

安徽医科大学对不适宜继续攻读博士学位的研究生终止学习，从而确保博士研究生的培养质量。学校从思想政治品德、课程学习、开题、中期考核、论文评阅及答辩、授予学位等环节，均有严格的质量保证措施和相应的淘汰机制，对在读的博士研究生进行考核，不合格者考虑终止其学业。博士研究生需要完成规定的课程学习之后，在第三学期末之前参加中期考核；重新考核或开题者，则必须在第二学年末完成。综合考核成绩需要达到75分。考核委员会对博士研究生进行开题评议，认为不能通过者，可在半年内重新开题，再次评议仍未通过者，停止攻读博士学位。根据以上考核与评议，由考核委员会写出对该生的综合评价，并提出其是否通过业务考核、能否继续攻读博士学位的意见。

因为各高校的博士研究生招生方式（包括普通招考、硕博连读、直博生和申请考核方式）不同，其博士研究生学制和培养模式也不同，所以对应的淘汰与分流制度也有所不同。制定淘汰与分流的办法是有针对性的。以上海交通大学机械与动力学院为例，硕博连读生是机械与动力工程学院博士研究生培养的一大特色，其选择导师及培养过程如下。

1）硕博连读生的第一学年：进行课程学习，不定导师，可选意向导师，不超过 2 名；由意向导师或选课指导老师协助学生选择课程；生活津贴（学院统一发放 740 元/月）；学有余力的学生，可参加意向导师助研，或申请助管助学岗位，得到一定津贴。

2）第二学年第 1 学期：加强理论知识学习，准备资格考试；当年 11 月的第 1 个周六，组织第 1 次的博士研究生资格考试；生活津贴（学院统一发放 740 元/月）；通过资格考试的学生，可将更多精力用于参加意向导师助研工作，并得到一定津贴。

3）第二学年第 2 学期：选择导师，办理转博手续，进入导师课题组；当年 3 月上旬，组织第 2 次博士研究生资格考试；3 月中下旬，通过资格考试者，与博导进行双向选择；未通过博士研究生资格考试者，与硕士生导师进行双向选择；学院停发津贴。由导师发放助研津贴，额度由导师确定。

4）第三学年及以后：硕博连读生彻底分流，通过博士研究生资格考试并确定导师者，正式取得博士研究生学籍，按照博士研究生计划培养，获得学院规定博士研究生津贴；未能通过博士研究生资格考试且未确定导师者，按照学术型硕士研究生培养，学制前后累计 3.5 年，也可选择退学。

（四）参与调研各高校淘汰与分流情况

根据分析可知：第一，博士研究生的淘汰方式，出口是学位论文，即学位论文不合格是淘汰博士研究生的主要方式。第二，部分高校也在某个专业和学科实行通过资格考试、中期考核、预答辩等方式对学生进行淘汰与分流。第三，博士研究生是否能够达到毕业发表论文的要求，例如理工科要求在 SCI/SCIE/SSCI 期刊上发表文章和文科要求在 CSSCI 期刊上发表文章，也是淘汰与分流的方式。如果博士研究生在规定的学习年限不能够达到毕业发表论文的要求，就不能进行学位论文答辩而被淘汰。第四，在规定的学制内不能完成学业而被淘汰的比例最小。

二、调研数据分析

（一）博士研究生资格考试

关于淘汰与分流制度的实施情况，在已有的文献和新闻报道中鲜有提及；与国外博士教育发达国家相比，我国的博士研究生淘汰率依然很低。根据对博士研究生进行的资格考试（或综合考试）情况的调查问卷统计结果，博士专业设置博士研究生资格考试（或综合考试）的比例为 80.4%。从不同学科看，理科、工科和医科设置资格考试（或综合考试）的比例比农科、社科、人文高，都在 85%以上，其中理科的比例最大，为86.4%；而农科、社科、人文设置资格考试（或综合考试）的比例分别为76.3%、73.5%和70.4%（表4-24）。

表4-24　博士研究生资格考试（或综合考试）情况

比较项		社科	理科	工科	农科	医科	人文
无	频次	309	84	213	9	75	145
	百分比/%	26.5	13.6	14.3	23.7	14.1	29.6
有	频次	855	535	1276	29	457	345
	百分比/%	73.5	86.4	85.7	76.3	85.9	70.4

实际上，博士研究生对资格考试和综合考试的理解有混淆，博士研究生常常把资格考试理解成综合考试。高校实施资格考试的较少。

对博导进行2012—2017年是否有博士研究生未能完成学业退出学习情况的问卷调查，统计结果如表4-25所示。2012—2017年，博士研究生未能完成学业退出学习的占博士研究生总数的10.7%，大部分学生能够最终获得博士学位。在小部分未完成学业的博士研究生中，工科博士的比例最大，为14.4%；医科博士的比例最小，为5.8%。

表4-25　2012—2017年是否有博士研究生未能完成学业退出学习情况　　单位：%

学科类型	无	有	合计
人文	90.3	9.7	100
社科	91.0	9.0	100
理科	85.8	14.2	100
工科	85.6	14.4	100
农科	85.7	14.3	100
医科	94.2	5.8	100
合计	89.3	10.7	100

在访谈中，博导对淘汰与分流制度看法也不尽一致。有导师认为有必要实行淘汰与分流制度，因为确有不少学生在培养过程中自己发现或导师认为其根本不适合读博。然而在具体实行中，一是导师多碍于情面不忍；二是导师觉得自己指导的学生少而感到不舍，怕影响科研项目执行，无学生做科研；三是分流学生没有合适的出路（比如直博生的退出问题）等诸多困难。所以，大部分类似情形最终通过延期的方式实施，或者超期退学。在对博士研究生进行的访谈中，他们认为没有实行淘汰与分流制度的原因在于招生名额少，在此前提下，导师往往不会

淘汰自己的学生。加之，导师的项目需要博士研究生的参与，也不可能真正淘汰学生。清华大学 A 教授提出，在博士研究生培养过程中，要普及"淘汰文化"，建立有效的机制（如淘汰补偿机制），博士招生可以更多地采取招直博生的方式，这样既可以培养又可以分流。复旦大学物理学院 Z 教授建议，对直博生而言，应在一年级结束通过博士资格考试以后再选导师，不是导师个人淘汰学生，而是建立导师委员会，对学生进行评估。这样不仅可以避免导师在淘汰与分流学生时产生畏难情绪，还可以给学生带来适当的压力。

（二）学制

在对博导进行的问卷调查中，博士研究生平均修读年限为 4 年的比例最大，为 44.8%，修读年限为 3 年和 5 年的比例分别为 29.0%和 21.9%（表 4-26）。由此可知，有部分学校现行的 3 年基本学制不能为博士研究生提供充足的时间和资助使其完成博士学业。另外，博士学位论文的选题如果是学科前沿和高水平课题，就需要充足的时间完成，所以，博士研究生培养的 4 年学制作为基本学制较为科学，或者根据各高校的实际情况和学科特点实行弹性学制，配套相应的奖助政策。从不同学科看，博导认为学生平均或至少需要读 4 年才能毕业的比例最大，其中人文博导的该项比例为 54.4%，社科博导的该项比例为 48.4%，工科博导的该项比例为 50.5%；农科和医科博导则表示博士生平均需要读 3 年的比例较大，分别是 57.1%和 58.8%。

表4-26　博士研究生平均修读年限　　　　　　单位：%

学科类型	3 年	4 年	5 年	6 年	7 年及以上	合计
人文	33.3	54.4	11.1	1.1	0	100
社科	31.0	48.4	15.5	4.5	0.6	100
理科	32.8	29.7	28.1	9.4	0	100
工科	15.1	50.5	31.2	2.5	0.7	100
农科	57.1	42.9	0	0	0	100
医科	58.8	31.8	7.1	2.4	0	100
合计	29.0	44.8	21.9	3.9	0.4	100

三、结论和改革建议

高校博士研究生教育应加强博士研究生培养过程规范及管理，严格资格考试和综合考试制度，真正实施分流与淘汰制度。以博士研究生资格考试或综合考试为抓手，完善博士研究生培养过程管理。博士研究生开题和综合考试同时开展，并将顺利开题作为资格考试或综合考试通过的前提之一，对未开题、开题未通过的，综合考试不予通过；对学风涣散、学术道德失范、庸学怠研、思想极端的，可实行淘汰与分流。

在博士研究生淘汰与分流制度的设计方面，应在招生进口和出口给予学校更大的自主权。学生按照博士研究生入学，在博士研究生资格考试后进行分流，部分不合适攻读博士学位的学生转为硕士生出口（包括直博生和普通博士生），或者学生按照硕士生入学，通过博士研究生资格考试转为博士研究生身份进行培养，应由学校根据学科的不同特点，自主设计相应的制度机制；推进加强各类博士研究生资格考试，建立合理分流退出机制。同时国家政策执行中实施相应的"分流退出指标补偿机制"。在现有基础上，应做好上位政策的相关配套制度建设，包括国家奖助和拨款机制。

第五节　改革博士研究生的课程设置

2013 年 3 月 29 日印发的《教育部 国家发展改革委 财政部关于深化研究生教育改革的意见》指出，要"加强课程建设。重视发挥课程教学在研究生培养中的作用。建立完善培养单位课程体系改进、优化机制，规范课程设置审查，加强教学质量评价。增强学术学位研究生课程内容前沿性，通过高质量课程学习强化研究生的科学方法训练和学术素养培养。构建符合专业学位特点的课程体系，改革教学内容和方式，加强案例教学，探索不同形式的实践教学"。

一、探索博士研究生课程体系特点

研究生课程在新时代保障学术型博士研究生培养质量、应对环境变化引发的各种挑战时具有独特价值，是促进学术型博士研究生掌握高深知识、提高学术能力、养成学术品质的重要工具。基于培养学术创新人才这一目标，学术型博士研究生课程建设应遵循卓越性、动态开放性、规范性、个性化等原则。其课程目标设置应包括对基本的学术创新素质的要求，其课程结构应体现系统性和灵活性，其课程内容应体现专深性和开放性，其课程教学方式应体现探索性和引导性。通过对文献和调研高校的课程设置的梳理，我们发现各高校博士研究生课程体系特点如下。

（一）建立本硕博贯通的课程体系

强调博士研究生对广博课程的学习。博士研究生在正式提出论文研究问题之前需要主动学习或研修大量的课程，接受较为系统的课程学习，全面了解和掌握相关学科和研究方向的理论和方法，课程设置上拓宽培养口径，按一级学科设置课程，硕士生课程、博士研究生课程贯通。例如，西安交通大学建立了本硕博贯通的9级课程体系。博士研究生可贯通选修6—8级研究生课程，推进"十三五"课程建设规划的落实、执行，深入推进研究生思想政治理论课教育教学改革。复旦大学推进一级学科课程体系、专业学位类别课程体系和特色课程建设。

（二）辅修课程的形式多样，强调博士研究生的英语应用能力

复旦大学开设"海外一流学者讲学"课程、"模拟国际会议"的暑期学校；开设国际期刊论文撰写工作坊，提高博士研究生英语应用能力，使其在参加国际学术会议时有更多收获；开设研究生"复旦大学夏季集中式授课"（Fudan Intensive Summer Teaching，FIST）课程；改革外语教学，加强研究生外语听说能力、写作能力、待人接物能力的训练，贯通硕博外语课程学习，完成多个一级学科研究生课程体系梳理工作和特色课程建设工作试点，不断推进研究生公共选修课程建设。

（三）各个学校对跨学科的博士研究生课程设置探索

博士研究生的课程设置贯彻本学科博士研究生的培养目标和学位授予标准要求，按照课程设置框架，确定课程总量、必修课、选修课、课程之间的教学衔接、课程教学与论文工作等培养环节之间的关系等。鼓励开设交叉学科、综合性（研发-试验-生产）课程，以适应研究生个性化培养要求，促进学科互补和渗透，满足交叉学科研究和人才成长的需求。例如，中国农业大学强调各学科加强跨学科课程设置，加强博士研究生多学科知识的积累。

浙江大学通过"211工程"三期建设及"985工程"三期建设创新人才培养项目，共立项建设3个批次80门核心课程。核心课程旨在加强课程教学中对研究生前沿理论、交叉学科等知识的了解与掌握，其主要针对博士研究生，要求一级学科博士点必须有2门体现前沿性、交叉性与综合性的核心课程，核心课程是每位博士研究生中期考核前的"老虎课程"。所建核心课程已覆盖该校所有国家一级重点学科，并已覆盖绝大多数博士学位授权一级学科点。推行全英文课程模块和海外教师主导英文课程建设。选取学术水平高、国际化基础较好的20个学

科为试点，共立项建设两个批次 140 门涵盖专业主干课程的全英文模块课程，其中博士研究生课程 48 门。

（四）建立课程示范机制和健全的课程体系

高校加强博士研究生优质课程建设和优秀研究生教师团队建设，搭建博士研究生优质课程共享平台，充分发挥博士研究生优质课程示范作用和优秀研究生教学团队带头作用。例如，西南政法大学健全课程体系，优化机制并开设课程评价体系和审查制度。高校设立研究生重点课程建设基金和教材建设基金，搭建课程改革平台，开设科学探究过程和科研方法类课程模块，试点开展研究型、创新型和体现学科专业特色的课程体系建设；探索在绩效分配新机制下公共课和一级学科平台课教学模式，促进研究生课程教学质量的提高。又如，中国人民大学的经典文献阅读课程构建学科专业主文献制度，建设主文献资源库，将主文献研读制度有效纳入研究生培养方案和培养过程，开设研究生"中外主文献研读"专业必修课程，创新培养教学模式，并将主文献研读列为培养必修环节之一；探索主文献研读课程教学方式，通过文献研读报告、集体研讨、研究生互评和教师点评相结合等方式，开展研究型和案例型教学，提高研究生文献应用和自主学习能力。

南京大学实施"分类型、分层次的重点导向课程"，拟按五大类、四个层次加以建设。五大类课程主要包括马克思主义思政课程、转型期基础课程、学科核心课程、方法类与实践类课程、交叉与前沿课程。四个层次课程主要指面向全校的公共课程、面向学科群的公共课程、面向院系/学科的课程、面向二级学科与专业的课程。南京大学根据不同层次的课程目标对课程加以组织，学校在政策与措施上鼓励在较大平台上开设各类重点导向课程，鼓励开设南京大学所特有的重点导向课程，特别鼓励充分发挥学科门类齐全、文理兼容的优势，面向全校研究生开设若干门研究性通识课程，提高研究生的科学素养和人文素质；同时，在研究生课程建设上树立牢固的社会主义核心价值观，积极发挥正面的导向作用和引领作用。依托南京大学人文社会科学的多学科优势，在不同层面的研究生课程中开设形式多样、内容丰富的马克思主义类课程群。所有课程体系构成博士研究生课程平台，由博士研究生进行个性化选择与组装。

哈尔滨医科大学开展博士研究生课程改革，提高博士研究生的创新能力和综合素质。该校通过多样性和全面性的课程设置，拓展不同专业研究生对综合性、交叉性以及新兴学科知识的选择范围，一些课程的边缘性、前沿性又为研究生的个性发展和思维拓展提供了较为广阔的空间。为了更好地提高研究生掌握英语及自主学习的能力，该校英语教学由各教研室、科室或课题组负责组织实施，以英语文献抄读会的形式进行。为了更好地培养学术学位博士研究生阅读文献的能力，拓宽其科研视野，提高其学术论文写作能力，该校开设了"医学专业文献导读与专业论文写作基础"课程，这门课程不仅对研究生未来的科研工作有较为长远的意义，还能使其认识到生物安全的重要性，熟悉实验室生物安全隐患和正确的防范措施，提高其科学研究的基本素养。

华东政法大学对研究生课程建设进行了顶层设计，为切实推动和加强研究生课程建设提供了有效的政策支持。学校于2015年入选教育部研究生课程建设试点工作单位，2016—2017年法学一级学科入选上海市研究生教育创新项目，为开展法学一级学科研究生课程建设创造了条件。该校对博士研究生培养方案进行了全面修订，以优化课程体系，夯实学科基本知识，体现专业特色，扩大选课自主权，丰富研究生的知识结构，发挥学科交叉培养机制作用，促进研究生综合能力的提升，开展新课程的开发与建设，进行研究生教育改革，发挥课程在研究生培养中的作用。

福州大学研究生课程教学通过立项建设一批高水平的优质研究生课程和案例库建设项目，推动研究生培养模式、课程教学理念、教学内容、教学方式方法的改革，完善课程和实践教学体系。通过立项MOOC（慕课）课程，推进部分研究生课程应用MOOC教学，探索基于"MOOC+"的混合式课程教学模式改革，切实推动国内外优质课程教学资源共享，促进培养研究生的创新思维，辐射带动提高研究生的课程水平，提高研究生教育质量。

（五）与国际大学课程接轨

高校建立本硕博贯通体系的结构、课程模块、课程分布情况、课程编码原则及编码示例、课程内容衔接示例、培养方案示例，全程跟踪课程模块的设立（基础、专业、交叉）、课程梳理、大纲衔接（学分统一、内容归并、国际可比性）、教师选聘、课程考核、课程评估的全过程反馈，进行国际对标，扫除学分互认障碍，强调基础模块的作用以及先修课要求作为模块承接的关键点，构建本硕博贯通课程培养体系。

以北京航空航天大学为例，在课程体系建设方面，充分考虑课程所涵盖领域的宽广性与纵深度，在注重综合性、系统性和学科交叉性的同时，也注重面向学术型和专业型研究生的分类培养需求，注意突出学科（领域）优势，注重课程内容的前沿性和实践性；在课程设置和内容方面，注重与世界一流大学或一流专业接轨，每年投入 265 万元资助实施精品课程计划、国际引智课程计划和实践讲堂计划，建设高质量有特色的品牌课程。截至 2016 年末，研究生精品课程累计达到 34 门，优质课程达到 40 门；国际引智课程资助达 60 门，吸引了包括来自美国、英国、法国、俄罗斯、德国、瑞典、比利时、加拿大、澳大利亚等国家的 30 多所大学参与该计划；企业实践讲堂资助达 25 门，包括中航工业北京航空材料研究院、大唐电信科技产业集团、中国航天一院、中国国土资源航空物探遥感中心、英国劳斯莱斯（Rolls-Royce）公司、国家计算机网络应急技术处理协调中心等在内的 30 多家企业参与授课。优质特色课程的引入使研究生获得不同的教学体验，触及学术前沿、实际工程案例。2015 年起，该校每年投入 30 万元设立"研究生课程卓越教学奖"，旨在通过表彰树立一批热爱教学、投入教学、教学效果好并获得广泛认可的一线教师典型，充分发挥高质量课程在研究生课程教学质量建设中的示范作用，带动研究生教学质量的整体提升。

浙江大学利用国际优质教育资源，聘请一流的海外知名教师为主导，同时确定一位课程责任教师，配备一位具有海外留学背景的青年助理教师，形成"1+1+1=1"的授课模式，按照国际一流的标准，建设跨门类、跨学科、受益面广的共享性海外教师主导的全英文课程 60 门。全英文课程建设既提高了研究生的国际学术交流能力，又满足了留学研究生教学的需要，实现了研究生国际化教育的本土化。

（六）各高校课程建设分析

通过对各高校课程设置和建设进行分析，其一，各高校突出以学科为基础，注重课程设置的综合性、系统性和学科交叉，突出学科（领域）优势，注重课程设置和内容上与世界一流大学或一流学科接轨。其二，各高校博士研究生课程注重课程前沿性和实践性特征。其三，各高校关注博士研究生本硕博课程的贯通性，即能否为博士研究生提供完整的课程体系。此外，有的高校开设的课程包括经典文献课、研究方法课和跨学科课程，各高校根据实际情况和学科差异设置不同的课程。其四，高校对课程建设投入专项经费，使得课程建设能够持续进行。

二、调研数据分析

（一）课程总体描述

博士研究生调查问卷结果显示，博士研究生对学校课程的开放性、前沿性和前瞻性认同的比例分别是 67.9%、66.0% 和 64.0%。这说明学校课程为博士研究生提供前沿研究知识的作用不是很理想，急需进行博士研究生课程改革，为学生提供更加丰富、更具前沿性的课程资源，发挥课程在博士研究生培养中的作用。

（二）分学科描述

理科博士研究生认为博士研究生课程具有开放性、前沿性、前瞻性的比例分别为 59.9%、59.6%和 64.2%。工科博士研究生认为博士研究生课程具有开放性、前沿性、前瞻性的比例分别为 63.5%、68.1%和 57.9%。农科博士研究生认为博士研究生课程具有开放性、前沿性、前瞻性的比例分别为 57.9%、60.5%和 65.2%。医科博士研究生认为博士研究生课程具有开放性、前沿性、前瞻性的比例分别为 64.7%、63.5%和 61.9%。人文博士研究生认为博士研究生课程具有开放性、前沿性、前瞻性的比例分别为 71.2%、72.5%和 72.5%。社科博士研究生认为博士研究生课程具有开放性、前沿性、前瞻性的比例分别为 74.1%、72.0%和 71.5%。

（三）不同类型高校

"985 工程"建设高校和非"985 工程"建设高校的博士研究生对课程的开放性、前沿性和前瞻性的认同度无明显差异，说明不同类型高校在课程建设方面都需要改进。

博士研究生问卷调查结果显示，课程的开放性与博士研究生的创新能力密切相关，因为开放性的课堂教学打破旧的传统教学模式，通过鼓励引导学生主动参与，倡导培养学生自主、探究、合作的学习方式，紧贴学生的学习需求，让学生学有所得，把课堂打造成学生乐学的高效课堂。教师在课堂上采用灵活的教学活动，能够更好地激发学生学习热情，提高课堂效率，使学生在开放的课堂中学习，教学不再是单纯的知识传授，而是师生创新性思维的释放。

在访谈中，博士研究生反映课程设置的科学性不足，前沿性、延展性以及体现个性化的课程缺乏，影响了学生获取足够的课程价值。博导认为课程设置中跨学科的设计理念缺乏。关于博士研究生英语课程的设置，东南大学 X 教授认为，在博士研究生教育阶段，英语不必设为必修课程，而应该为博士研究生提供"学术英语"或者"特殊用途英语"的课程，并将其作为选修课，以提高博士研究生的英语综合运用能力。

（四）博导问卷数据分析

与理科、工科、医科博导相比，人文、社科、农科博导认为高校提供课程的开放性更强，高校为博士研究生提供具有前沿性的课程更多，高校为博士研究生提供的课程前瞻性更强。

三、结论和改革建议

建议强化博士生课程前沿性和开放性，健全本硕博贯通的课程体系，提供自由、充分的选择空间。具体而言：

1）博士研究生课程要有自身的规律，给予学生选课的自由。课程要以学生的需要和兴趣为前提，因为学生的需求是多元的，其对课程需求也不同，所以要设置不同的课程。

2）改变核心课程不足和前沿课程数量不够的现状。课程设置有兴趣方向具体化、专业设置灵活化、学习方式多样化三个特征。

3）课程项目探索学科前沿。学科前沿发展具有很强的不可预知性，用传统的课程评价得到的结果只能代表过去，所以要重视课程开发，重视学科科研成果转化为课程，几个相关科研成果可以形成科研产生讲座，进而产生小型前沿课程。小型前沿课程最初总是满足少数人的兴趣，但越是人数少的课程，往往越有利于人才培养和学科创新。

4）课程内容覆盖的领域足够宽广。课程内容要有深度和体系，能够改变学生的思维方式和观察世界的角度，拓宽学生的思维和视野。参照国内、国际博士研究生联合培养制度设计，把具有迁移价值的知识、跨学科知识引入课程中。关注跨学科课程和教材的开设及编写，为跨学科博士培养模式的实施提供支持。可以利用在线课程，为学生提供开学选课的平台，如慕课的授课形式可以满足学生跨学科课程学习，扩大自己的知识面，为深入研究打下良好的基础。

第六节　培养博士研究生的科研创新能力

一、各高校博士研究生参与科研情况

博士研究生在科研中发挥着重要作用。在校研究生已经成为我国高水平学术论文的重要生力军，在我国许多研究型大学，其对学校和专利的贡献率超过50%。在2012—2014年发表的800多篇国际高水平研究生热点论文中，第一作者为我国在校研究生的有314篇；统计显示，与我国相关的国际高水平论文中，在校生参与率高达72%，贡献率更是接近34%，研究生在我国国际高水平论文的贡献率相当高。《中国学术期刊评估报告（2013—2014）》中权威期刊所刊载的 12 347 篇论文中，我国在校研究生以第一作者发表的论文有 32.31% 的贡献率。这一系列调查统计的数据表明，在校研究生已经成为我国高水平学术论文写作的重要生力军。①

从我国在校研究生参与国际高水平论文情况看，在 2011—2015 年 Web of Science 平台中的 ESI 工具识别的 11 158 篇热点论文（hot paper，指两年内发表的在很大程度上反映发表者在国际上的学术影响力与创新能力的论文）中，第一作者单位为中国机构的论文有 782 篇，我国在校研究生共参与了 563 篇，参与率为 71.99%，其中在校研究生为第一作者的有 423 篇，第一作者率为 54.10%。

（一）各高校科教结合体现在与业界合作协同发展

联合培养是深化我国高等教育体制改革、培养拔尖创新人才的重要模式，是促进教育与科研有机结合、提高自主创新能力的得力举措，是充分发挥高等学校和工程研究院所的资源优势、实现强强联合的有效机制。教育部于 2010 年 4 月启动高等学校和工程研究院所联合培养博士研究生试点工作，以促进高层次拔尖创新工程科技人才培养。校所联合培养试点工作开展以来，研究者纷纷从不同角度对我国校所联合培养这一教育实践进行了探索和研究，文献回顾表明，研究者对校所联合培养试点工作的成效、问题、合作方式等进行了探讨分析，这些研究对推进联合培养试点工作的稳步、可持续发展有着重要意义。

北京航空航天大学始终把坚持服务需求、培养国家经济建设和社会发展需要的高层次大学人才作为自己义不容辞的历史责任，这也是学校实现可持续发展的永恒动力。根据教育部有关文件精神，该校从 2010 年起开始与科研院所联合招收与培养博士研究生，2010—2017 年，校所协议项目共招收博士研究生 166 名，博士研究生毕业人数为 13 人，涉及签署战略合作框架备忘录及联合培养博士研究生协议涉及的合作科研院共 9 家，包括电信科学技术研究院、中国航天科技集团公司和科工集团公司的部分研究所、中国航天空气动力技术研究院、中国航天空气动力技术研究院、国家计算机网络与信息安全管理中心等。

根据 2011 年国务院学位委员会印发的《工程博士专业学位设置方案》，北京航空航天大学作为全国首批 25 个开展工程博士专业学位授予工作的培养单位之一，开展工程博士研究生培养试点工作。2012—2017 年，该校在先进制造、电

---

① 研究生教育质量报告编研组.中国研究生教育质量年度报告.北京：中国科学技术出版社，2016：25.

子与信息领域，共招收实质性承担国家重大科技专项的相关企业的一线科技骨干人才99名为北京航空航天大学的工程博士研究生。

北京航空航天大学以联合培养博士研究生为纽带，院（所）向学校发布其承担的国家重大专项部分子课题，为联合培养博士研究生提供优质的研究平台及丰富的科研课题资源，依托双方科研合作、科研项目，对联合培养博士研究生进行科研训练的比例达到100%。联合培养研究生实行双导师制和弹性学习年限制。合作导师从培养计划、选课、开题、研究过程到论文撰写及答辩进行全方位指导和检查。培养过程中特别注重选题的实际应用价值，注重拓宽研究思路、促进学科交叉、启迪创新思维。校所联合培养，充分利用双方优势资源，科研成果直接面向市场，应用性较强，转化速度较快；毕业生到联合培养合作院所工作，将很快成长为科研技术创新的高层次专业技术人才和企业经营管理人才。校所联合培养成为一种具有辐射和推广价值的产学研用结合的高效的研究生培养模式。该校以联合培养博士研究生为纽带，实现了高校和科研院所实质性的互惠共赢，提升了双方科研水平，加快了技术更新，并孕育了科技创新的新的增长点。

（二）加强原始创新，抢占科技创新战略制高点

基础研究是科技创新的先导。党的十九大报告中强调，要"瞄准世界科技前沿，强化基础研究，实现前瞻性基础研究、引领性原创成果重大突破"。高校作为基础研究的主力军和创新人才培养的主阵地，要在基础研究和关键核心技术突破上下功夫，力争在更多重大创新领域实现由跟跑转为并跑，甚至争取领跑；要在独创独有上下功夫，勇于对处在"无人区"的科学前沿开展探索和人才储备，掌握战略主动。高校要积极参与国家实验室建设，加强布局国家科技创新基地体系，成为国家战略科技力量；加强依托高校的重大科技基础设施建设，强化独创独有能力；在基础学科领域建设若干冲击世界一流水平、国际化的科学研究机构；参与实施国家重大科技项目；积极提出并牵头组织国际大科学计划和大科学工程；加强自主科研布局，积极开展前沿领域的原创性研究。党的二十大再次强调，要坚持面向世界科技前沿，加快实施一批具有战略性全局性前瞻性的国家重大科技项目，增强自主创新能力。加强基础研究，突出原创，鼓励自由探索。

例如，中山大学紧密依托国家重点实验室、国家工程中心、国家工程技术研究中心、国家工程实验室、教育部人文社科重点研究基地和协同创新中心等高端科研平台，加强高水平科学研究对博士研究生培养的支持作用，鼓励研究生通过参与高水平的创新性研究培养科研创新能力，实现优秀导师与优质学生的有机结合，促进拔尖创新人才的培养。

（三）推进科教融合，支撑高质量的人才培养

高校大力提升原始性创新能力，通过开展高水平的科学研究，培养集聚科技领军人才，促进世界一流大学和一流学科建设，全面提高人才培养能力。同时，科研育人是全员育人、全过程育人、全方位育人的重要组成部分，是一种高级的、更有效的育人方式。高校通过弘扬科学精神、追求卓越和创新，培养和集聚一支学风扎实，具有家国情怀和世界眼光的师资队伍。"十三五"期间，高校大力加强教育科学的基础研究，推动前沿科学、新兴技术与教育深度融合，在人类教育面临的基础性和现实性难题上取得突破，为教育创新发展提供科技支撑。"十四五"期间，高校应加强研究生培养管理，提升研究生教育质量，稳步扩大专业学位研究生规模。

例如，中国科技大学充分利用博士研究生招生弹性管理机遇，大力推进科教融合，于2014年起实施中国科学院"率先行动"计划，紧紧抓住参与博士研究生招生计划弹性管理的机遇，利用增量招生计划，促进并加强与合肥物质科学研究院、金属研究所、南京分院各所、长春应用化学研究所等在研究生教育领域的全面融合，推动中国科技大学与中国科学院相关研究所的战略合作，示范引领我国高等教育的重大改革。

二、调研数据分析

（一）博士研究生问卷数据分析

1.参与科研项目

开展科学研究（如参与导师的项目）是博士研究生培养的重要手段，博士研究生2012—2017年参与导师的科研项目的频次和比例情况见表4-27。对博士研究生进行的调研数据显示，有51.0%的博士研究生参与了导师的国家自然科学基金项目，另外，参与其他横向科研项目、省部级科研项目、国家重点基础研究发展规划（即973计划）项目的比例分别为27.0%、25.7%、19.6%。不参与导师科研项目的博士研究生比例为9.1%。

表4-27　博士研究生2012—2017年参与导师的科研项目的频次和比例情况

科研项目	频次	百分比/%
国家高技术研究发展计划项目	733	15.9
国家重点基础研究发展规划项目	903	19.6
国家自然科学基金项目	2355	51.0

续表

科研项目	频次	百分比/%
国家攀登计划项目	194	4.2
国防重大科研项目	271	5.9
国家社会科学基金项目	595	12.9
境外合作科研项目	269	5.8
省部级科研项目	1188	25.7
其他纵向科研项目	808	17.5
其他横向科研项目	1247	27.0
不参与导师科研项目	421	9.1

不同学科博士研究生 2012—2017 年参与导师科研项目的比例情况见表 4-28。从不同学科看,社科和人文博士研究生参与项目最多的是国家社会科学基金项目,其比例分别为 30.3% 和 29.8%;理科、医科、工科和农科博士研究生参与项目最多的是国家自然科学基金项目,其比例分别为 77.2%、71.6%、67.5% 和 44.7%。

表4-28 不同学科博士研究生2012—2017年参与导师科研项目的比例情况

科研项目	社科	理科	工科	农科	医科	人文
国家高技术研究发展计划项目	21.9	10.2	14.6	18.4	6.2	26.3
国家重点基础研究发展规划项目	20.6	26.0	17.9	13.2	13.2	22.9
国家自然科学基金项目	0.9	77.2	67.5	44.7	71.6	6.9
国家攀登计划项目	9.1	1.8	0	0.9	0	11.0
国防重大科研项目	7.5	2.9	6.2	5.3	1.1	9.0
国家社会科学基金项目	30.3	5.2	7.9	0	2.8	29.8
境外合作科研项目	6.8	6.9	5.5	0	5.8	5.1
省部级科研项目	24.7	19.1	26.9	42.1	37.2	27.6
其他纵向科研项目	14.2	12.0	26.2	13.2	11.1	14.7
其他横向科研项目	18.6	16.8	43.3	10.5	15.8	23.1
不参与导师科研项目	17.3	5.5	4.6	18.4	6.6	10.6

不同类型高校博士研究生五年内参与导师的科研项目的比例情况(图 4-6)显示,"985 工程"高校博士研究生参与国家自然科学基金项目的比例大于非"985 工程"高校博士研究生,这说明科研基金更多地流向研究型大学。

2. 博士研究生承担导师课题工作量情况

不同学科门类博士研究生承担导师科研项目工作量情况和不同类型高校博士研究生五年内参与导师科研项目工作量的情况如图 4-7 和图 4-8 所示。

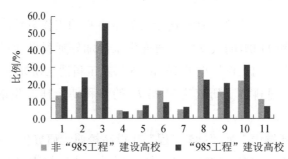

图 4-6 不同类型高校博士研究生五年内参与导师科研项目的情况

1. 国家高技术研究发展计划项目；2. 国家重点基础研究发展规划项目；3. 国家自然科学基金项目；4. 国家攀登计划项目；5. 国防重大科研项目；6. 国家社会科学基金项目；7. 境外合作科研项目；8. 省部级科研项目；9. 其他纵向科研项目；10. 其他横向科研项；11. 不参与导师科研项目

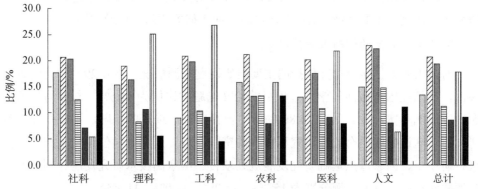

图 4-7 不同学科门类博士研究生承担导师科研项目工作量情况

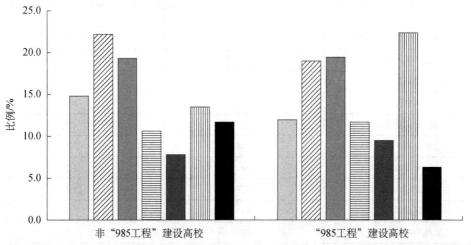

图 4-8 不同类型高校博士研究生承担导师科研项目工作量情况

从学科角度来看，人文、社科博士研究生承担的工作量普遍较少，16.4%的社科博士研究生和11.0%的人文博士研究生未参加导师科研项目，17.6%的社科博士研究生表示自己的工作量小于10%；理科及工科博士研究生承担的工作量普遍较多，25.0%的理科博士研究生和26.7%的工科博士研究生的工作量均超过50%。

在参与导师课题中，非"985工程"建设高校博士研究生在参与导师科研项目工作量不到10%、10%—20%、未参加导师科研项目的比例大于"985工程"建设高校博士研究生；在参加导师科研项目工作量21%—30%上，二者几乎持平；在其余工作量上，"985工程"建设高校博士研究生的比例大于"985工程"建设高校博士研究生。其中，承担50%以上工作量的"985工程"建设高校博士研究生的比例大于非"985工程"建设高校博士研究生近10个百分点。

3. 博士研究生的课题来源情况

对博士研究生学位论文依托的主要科研课题来源情况（表4-29）的调研数据显示，其依托国家自然科学基金项目的论文选题的比例为45.5%，与参与导师课题内容比例基本一致。另有24.8%的学生自行申报或选择的课题，不依托导师科研项目，这说明他们有选题研究和探索的空间。博士研究生学位论文来源于省部级科研项目、国家重点基础研究发展规划项目、国家高技术研究发展计划项目、其他横向科研项目的比例分别为15.7%、15.2%、12.0%、11.5%。

表4-29　博士研究生学位论文依托的主要科研课题来源情况（可多选）

科研课题	频次	百分比/%
国家高技术研究发展计划项目	552	12.0
国家重点基础研究发展规划项目	703	15.2
国家自然科学基金项目	2102	45.5
国家攀登计划项目	154	3.3
国防重大科研项目	186	4.0
国家社会科学基金项目	298	6.5
境外合作科研项目	146	3.2
省部级科研项目	727	15.7
其他纵向科研项目	432	9.4
其他横向科研项目	529	11.5
学生自行申报或选择的课题	1143	24.8

从不同学科看，理科、医科、工科和农科博士研究生学位论文依托课题最多的是国家自然科学基金项目，其比例分别为77.4%、66.5%、59.8%和52.6%；社科和人文博士研究生学位论文选题依托最多的是学生自行申报或选择的课题，其比例分别为41.8%和33.7%。这说明理科、工科、农科、医科的博士研究生更多地从参与导师的项目中选题。

不同类型高校博士研究生学位论文依托的主要科研课题（表4-30）结果显示："985工程"建设高校博士研究生和非"985工程"建设高校博士研究生的选题最多来自国家自然科学基金项目，其比例分别为50.2%和44.8%；其次是学生自行申报或选择的课题，其比例分别为22.1%和28.2%。这说明这两种类型高校博士研究生学位论文依托国家重大科研项目的比例都接近一半。同时，博士研究生自行申报或选择课题列第二位，说明高校和导师给博士研究生留下更多的独立研究和创新的空间。

表4-30　不同类型高校博士研究生学位论文依托的主要科研课题（可多选）单位：%

科研课题	非"985工程"建设高校	"985工程"建设高校
国家高技术研究发展计划项目	11.4	13.3
国家重点基础研究发展规划项目	12.4	12.4
国家自然科学基金项目	44.8	50.2
国家攀登计划项目	3.9	3.2
国防重大科研项目	3.4	5.1
国家社会科学基金项目	7.6	5.7
境外合作科研项目	2.8	3.8
省部级科研项目	20.5	12.2
其他纵向科研项目	9.2	9.6
其他横向科研项目	10.2	12.8
学生自行申报或选择的课题	28.2	22.1

（二）博导问卷数据分析

1. 参与导师课题

从博士研究生参与重大研究项目的调查数据来看，博导参加课题级别排前三位的是省部级科研项目、其他横向科研项目和国家重点基础研究发展规划项目，其比例分别为55.8%、51.6%、43.3%。从不同学科情况来看，人文博导认为

20.0%的博士研究生参与重大课题工作量的比例为10%—30%，没有参与导师科研的比例为15.8%；社科博导认为19.7%的博士研究生参与重大课题工作量的比例为31%—50%；理科博导、工科博导和医科博导分别认为36.6%、30.1%和42.9%的博士研究生参与重大课题工作量的比例为100%；医科博导则认为22.1%的博士研究生参与重大课题工作量的比例为51%—70%。从表4-31中可以看出，人文博士研究生参与重大课题工作量比例最大的是10%以下，社科博士研究生参与重大课题工作量比例最大的在31%—50%，这说明社科博士研究生比人文博士研究生更多地参与重大课题研究工作。

表4-31 博士研究生参与重大课题比例　　　　　　　单位：%

学科类型	0	<10	10—30	31—50	51—70	71—90	91—100（不含100）	100
人文	15.8	20.2	20.0	9.5	7.4	4.4	8.0	14.7
社科	7.2	10.5	17.1	19.7	15.1	8.6	5.3	16.4
理科	1.5	3.1	6.9	10.7	21.4	12.2	7.6	36.6
工科	1.0	4.5	6.3	10.1	16.8	14.0	17.1	30.1
农科	0	0	0	0	0	28.6	28.6	42.9
医科	4.7	1.2	8.1	14.0	22.1	10.5	18.6	20.9
合计	4.6	7.0	10.4	12.4	16.5	11.1	12.3	25.6

另外，参加国家重大项目的博士研究生中，参加国家自然科学基金项目的理科、工科、医科博士研究生的比例较大，在70%以上；参加国家社会科学基金项目社科和人文的博士研究生的比例较大，分别为30.3%和29.8%；境外合作科研项目中，社科和理科博士研究生的比例较大。

2.博士研究生工作量

从博导问卷来看，在博士研究生参与重大课题的比例中，博士研究生100%参与重大课题的最多，其比例为25.6%；博士研究生参与重大课题51%—70%的比例为16.5%；博士研究生参与重大课题10%—30%、31%—50%、71%—90%的比例均在10%左右。从不同学科来看，理科、工科、农科博士研究生参与重大课题的工作量整体上大于人文、社科和医科博士研究生。

3.博士研究生选题

在对博导进行的调查问卷统计结果显示，博士研究生论文选题来源于导师负责国内外科研课题重大课题的学生比例100%和51%—70%分别为18.6%和

17.6%；其他学生论文的比例均在30%左右。所以，博士研究生参与导师课题研究为其学位论文的选题和写作打下前期基础。

从不同学科（表4-32）看，人文博导表示，博士研究生毕业论文选题来自参与的重大课题不到10%的比例为32.2%；社科博导和农科博导表示，博士研究生毕业论文选题来自参与的重大课题51%—70%的比例分别为20.1%和28.6%；理科博导和工科博导表示，博士研究生毕业论文选题完全来自参与的重大课题的比例分别为26.0%和25.5%。

表4-32　博士研究生毕业论文选题来源　　　　　单位：%

学科类型	0	<10	10—30	31—50	51—70	71—90	91—100（不含100）	100
人文	16.1	16.1	29.0	14.0	8.6	7.5	3.2	5.4
社科	14.3	11.7	10.4	16.2	20.1	12.3	5.2	9.7
理科	8.0	3.9	4.7	11.0	25.2	11.1	10.1	26.0
工科	3.1	2.4	5.9	11.2	16.1	16.8	18.9	25.5
农科	0	0	0	0	28.6	14.3	42.9	14.3
医科	3.5	2.3	2.3	12.8	22.1	22.1	18.6	16.3
合计	6.6	6.2	9.0	12.6	18.3	15.5	12.9	18.7

三、结论和改革建议

扩展性学术共同体对博士研究生科研创新力有重大影响。扩展性学术共同体内涵式发展是指学生在整个培养过程中参与、接触的各类学术环境（组会、课题组、国内外学术交流等），在这个过程中自然地形成了由不同成员构成的广义学术共同体，并且对博士研究生创新能力的作用巨大。博士研究生问卷调查结果显示，学术共同体对博士科研创新力有显著影响。学术共同体的互动有多种形式，包括学术讨论会、专家学术交流会和参与科研项目。博士研究生参与科研项目是参与学术共同体的方式之一。通过参与导师的科研项目，博士研究生能够与导师和相关的专家学者进行深入交流，在交流中培养博士研究生的科研素养，加强学术训练，在尊重个性的基础上自由交流，并启发拓展性思维、扩大新知识空间。

此外，博士研究生的批判性思维对科研创新力有显著影响。博士研究生问卷调查结果显示，导师鼓励博士研究生对学术观点质疑和批判的做法，并认为其对博士研究生的创新能力产生作用较大。批判性思维是创新思维产生的前提条件，两者相互补充、关系密切。导师鼓励博士研究生对已有的学术观点质疑和批判，是为了给学生留有更多的探索空间。

本书建议：促进科教深度融合，加强高校与科研院所、业界的协同发展。强调改革学术学位研究生培养模式，推动培养单位以科教结合为突破口、研究生教育与国家重大工程（项目）紧密结合的新机制，推动高校与科研院所联合培养博士研究生。创新培养模式，如中国高校与世界一流大学开展学位联合授予和相互授予，培养具有国际竞争力的高层次学术创新人才；打破院系壁垒，积极探索学科交叉，培养拔尖创新人才。加强协同育人，加强"双一流"建设等高等教育重大项目与研究生培养的协同，将研究生的培养、科研和使用有机结合，有效提高研究生的创新能力。在全球经济一体化的趋势下，中国经济发展需要依靠有创造性的高层次人才，所以，进行博士研究生教育改革，以满足社会和经济发展的需求，提高博士研究生的教育质量，是高等教育发展和研究生教育的发展趋势。

第七节　探索博士研究生跨学科培养的路径

一、博士研究生跨学科培养路径

（一）各高校博士研究生跨学科培养情况

我国高校对跨学科博士生培养有很多尝试，包括公开的文献、各高校跨学科培养的实践和措施。各高校在跨学科教育的实践中，面向重大项目，开展交叉人才培养；成立跨学科研究院或平台，实现校企结合培养跨学科博士研究生；实施个性化跨学科人才培养计划；设立跨学科培养项目，革新导师指导方式；实施招生政策的促进策略；鼓励博士生跨学科学习的课程改革；推进学科交叉的科研组织模式与体制机制改革；专门成立跨学科或交叉学科学位评定委员会；鼓励博士生跨学科学术交流等方面进行实践探索。

1. 高校面向重大项目开展学科交叉人才培养

各高校面对国家重大项目建立科研团队，包括清华大学、中国科学技术大学、南京大学、南开大学、厦门大学、山东大学等。具体来讲，清华大学通过学科交叉培养增强博士研究生创新能力；面向国家重大战略、人类重大问题和新兴产业创新，充分发挥综合性大学多学科优势，重点推动了国家博士研究生项目、工程博士培养项目、临床医学与动力工程和工程热物理交叉学科、临床医学和力学交叉学科博士研究生培养试点工作；增强了研究生跨学科研究方法和思维方式的训练，促进了学科交叉融合。清华大学学位评定委员会工作重点转变，从审议重点学生学位转变为审议分委员会整体工作和学位授予建议、制度与规则建设、学位授权点评估、学位与研究生教育发展战略咨询以及其他涉及学位授予重大议题评议等。同时，清华大学成立交叉学科学位工作委员会，制定适应学科交叉发展的学位审核机制。

又如，中国科学技术大学探索交叉学科人才培养模式，瞄准国际学科前沿，紧密围绕国家战略需求、区域经济与社会发展需求，结合办学传统与优势特色，建立量子信息与网络安全新兴交叉学科、生物医学工程与仪器交叉学科、类脑智能交叉学科等领域的交叉学科人才培养项目。中国科学技术大学整合学校优势学科力量，汇聚优化多学科、多专业的教育资源和科研平台，加强相关领域战略科学家和高精尖人才的培养，探索形成交叉学科人才培养的新模式。

2. 高校专门成立跨学科研究院或平台，实现校企结合培养跨学科博士研究生

北京大学设立了前沿交叉学科研究院。武汉大学成立了多个跨学科人才培养试验班，还公布了《关于建立博士研究生跨学科拔尖创新人才培养试验区的若干意见》，专门为跨学科人才培养提供切实有效的指导帮助。中国科学技术大学实施基于国家科研平台的跨学科高水平博士研究生培养体系的探索与实践。上海交通大学建立校级综合跨学科平台，重点建设转化医学研究院、自然科学研究院、李政道研究所、张江科学园等校级综合跨学科平台，扎实推进高新船舶与深海开发装备和未来媒体网络协同创新中心等"2011协同创新中心"建设，对接国家重大需求，围绕高新船舶与深海开发装备、重型火箭、航空发动机、燃气轮机、核电，组建科研大团队，创新科研组织模式。

中山大学推出大科研平台、大科研团队和大科研项目培育计划，建立南海研究院，围绕海洋强国等战略需求，瞄准国际海洋科学前沿，以建设数字南海为核心目标；加强与人文社科学科的交叉，建设海洋战略与政策研究中心，打造南海智库；逐步建成世界一流的海洋研究机构，服务国家南海战略和区域经济社会发展需求。

中国农业大学博士研究生教育积极深入开展产学研合作教育研究，探索具有中国特色的农业产学研合作教育新模式，努力搭建与科研院所、企业单位深度合作的战略平台和沟通桥梁，培育跨学科、跨领域、跨系统的教学科研团队，实现强强联合、资源共享，不断深化科教结合，创新研究生培养模式，积极培养适应农业和农村经济发展需要的专门人才。

哈尔滨工业大学于2017年8月成立"哈工大顺义军民融合创新产业园",共建"哈工大顺义军民融合创新中心";建立特色、交叉学科研究平台体系,促进特色、交叉学科研究与人才培养;打造强强联合的跨学科机构及校企联合体,将优势特色学科联合起来,组成研究中心或研究院,实现优势最大化。

3. 高校实施个性化跨学科人才培养计划

西安交通大学针对跨学科培养博士研究生:第一,制订个性化的培养计划。录取时,由主导师和合作导师根据学校的基本要求、结合交叉项目的研究需要及学生的自身情况共同制订个性化培养计划,报送研究生院批准后执行。第二,研究生所修总学分不得低于普通博士研究生的基本要求。学位课须从主导师所在的一级学科的学位课中选择,选修课中至少有两门选自合作导师所在的一级学科的课程。第三,在培养过程中,须有主导师和合作导师的定期指导交流制度。第四,学生的日常管理纳入主导师所在学院。第五,纳入跨学科项目培养的研究生的中期考核,由学校统一组织实施。

浙江大学于2008年9月启动"211工程"三期研究生创新人才培养建设项目,其中交叉学科培养模式是"创新研究生培养模式"3个子项目之一,交叉学科培养模式申报了13项,经过对13个申报项目的一轮专家初评和二轮现场答辩评审,于2009年5月确定"认知科学研究生跨学科交叉培养模式"等5个交叉学科研究生培养模式进行立项建设。浙江大学实施了学科交叉研究生培养专项计划。2016年4月,浙江大学为支持医学创新中心建设,鼓励医学、工学、信息等学部导师围绕医学生命科学领域开展跨学科交叉研究,启动以"Med+X""Brain+X"交叉学科研究为试点的专项计划申报和招生工作,招收博士研究生56名。

2017年5月,浙江大学研究生院公布《浙江大学研究生院关于开展"多学科交叉人才培养卓越中心"建设试点工作的通知》,启动"多学科交叉人才培养卓越中心"建设,试点建设"医药+X""工学+X""信息+X""文科+X""农学+X""海洋领域"6个多学科交叉人才培养卓越中心,每个中心3年投入100万元建设经费,并于2017年招收多学科交叉培养博士研究生129人。浙江大学研究生院期待通过文理渗透、理工交叉、农工结合、医工融合等多形式交叉,主动聚焦国家产业和社会发展战略,充分发挥学科和导师的积极性,搭建多学科交叉人才培养平台,探索多学科交叉人才协同培养机制,以满足国家社会发展对复合型高层次创新人才的需求。

通过SciVal科研绩效评估工具分析浙江大学的跨学科研究情况,2012—

2017 年，浙江大学跨学科研究的发展趋势明显，在数量上的竞争优势显著增强，且体量较大的竞争优势数量也有所增加。浙江大学在 SciVal 的 27 个大学科的 23 个学科有竞争优势分布，且竞争优势的数量与伊利诺伊大学厄巴纳-香槟分校、康奈尔大学和加利福尼亚大学伯克利分校相当。浙江大学在工程学、计算机科学、物理、化学与材料科学，无论是在论文数量、质量还是在跨学科合作等方面，都拥有较大优势，特别是在工程学跨学科方面具有很大优势，医学、农业、生命科学等学科的跨学科研究有了很大进步。但就全校范围而言，仍需要持续地重视和推动大跨度的学科合作，特别是医学及相关领域、人文与社会科学领域跨学科研究的广度和深度。

中南大学基于学科交叉和多维度思维的人才培养模式改革，加快了传统学科专业升级改造；实施"主修+辅修"培养模式，推进理、工、文、医等学科专业交叉融合，培养复合型拔尖创新人才。2013 年，天津大学调整了博士生基本学习年限，由 3 年的基本学习年限改为 3—4 年的弹性学习年限，以保证博士生科研工作的连续性和深入性，为跨学科培养和出高水平的研究成果提供充裕时间。

4. 设立跨学科培养项目，革新导师指导方式

中国人民大学探索学科融合人才培养模式，推动了跨学院、跨学科培养。第一，进一步加强跨学科复合型拔尖创新人才培养。办好经济学与数学、哲学-政治学-经济学（PPE）实验班、高礼互联网金融实验班等跨学科双学位培养项目。第二，探索建立"项目导向跨学科研学融合"拔尖创新人才培养模式，依托重点研究基地、重点实验室及研究中心，设立"项目导向跨学科研学融合"培养项目。

华东师范大学建立以原创交叉为突破的科教融合培养体系：针对原创交叉难题，设计与完善科教融合培养体系，拓展博士研究生发展的弹性空间，实施未来科学家计划，显著提升了博士生原始创新与应用能力。第一，完善博士研究生跨学科科研创新项目。华东师范大学于 2005 年就启动了博士研究生跨学科科研创新项目。之后，华东师范大学进一步完善该项目，围绕国家需求，以重大项目、重大国际合作项目、学校及导师的各类国际和国内合作项目为依托，营造创新氛围，鼓励博士研究生跨学科、跨国界联合开展原创交叉的科研探索，打破学科间的界限，进行跨学科的交叉、渗透，培养学生在交叉领域开拓创新的意识和能力，拓宽他们的国际视野，探索跨学科人才培养新模式。后续，学校将在培养机制与管理上不断开拓、探索特色鲜明的跨学科人才培养机制，对具有原创交叉的科教融合的跨学科项目，将名额分配给跨院系或学科团队，由它们来指定相应课题，实现科教融合的培养。该项目计划每年资助 20 个左右的跨学科项目。

中国科学技术大学、中国农业大学、华东师范大学和云南大学创新研究生培养模式。博士研究生教育以培养学术型人才为主，突出创新能力的培养；设立跨学科博士生人才培养项目；组建跨学科、跨单位的导师指导组，配置一定的学术资源，鼓励博士研究生开展原创性研究工作。

哈尔滨工业大学实行"多对多"跨学科博士研究生的导师指导。学校以承担重大工程项目为牵引，凝聚航空宇航等 12 个学科的 30 余名富有工程实践经验的导师组成团队，先后获得国家自然科学基金，教育部、国防科技和科技部重点领域创新团队称号，建设了 4 个国家级和 5 个省部级重点实验室，研制发射具有国际领先水平的小卫星。以该团队为班底进行科教融合，针对领军人才培养，提出导师跨学科招生、导师团队与学生"多对多"协同指导等培养方法，导师无固定学生，学生也无固定导师，针对工程问题学科界限模糊的特点，由导师团队协同指导学生提高解决工程问题的能力。这种培养方式为学生兴趣驱动自主选题开展创新研究、自主将创新成果工程化应用以及解决工程实践中的多学科交叉问题创造了条件，同时也为工科院校的应用型研究生培养探索出新途径。

5. 高校招生政策的促进策略

高校保基础促交叉，优化学科人才培养结构。例如，北京大学学科门类齐全，在人文、社科、理科、工科、医科等方面具有雄厚的多学科基础，为发展交叉学科、培养交叉学科人才奠定了坚实的基础。同时，为了促进交叉学科的人才培养，北京大学在机制体制方面进行了一系列探索和实践。2005 年，北京大学成立了前沿交叉学科研究院，研究院下设 10 个跨学科研究中心，组织跨学科的学术交流，开展跨学科的科学研究，培养交叉学科的优秀人才。在招生政策上，为保证交叉学科研究生的规模，北京大学对交叉学科实行招生计划单列，一般采用免试推荐与"申请-审/考核"制相结合的方式，并以免试推荐为主。免试推荐招生则与全国大学生夏令营相结合，通过灵活的方式选拔合适的生源。计划用于重点支持理论与系统生物学、生物医学工程、纳米科学与技术、分子医学、计算科学、中国传统文化研究、儒家思想与儒家经典、数据科学、区域与国别研究、成像组学、临床医学+X 等交叉学科、跨学科招生培养研究生。

6. 高校实施鼓励博士生跨学科学习的课程改革

清华大学、浙江大学、北京航空航天大学、北京理工大学、华东政法大学、同济大学、四川大学、天津大学、华南理工大学和哈尔滨工业大学均通过课程教学培养跨学科知识，促进学科交叉，提升学术创新意识和能力。选修课重点深化和拓展研究生的知识结构，发挥学科交叉培养机制作用，促进综合能力的提升。同时，这些高校允许博士研究生在完成培养方案的基础上进行跨学科专业培养层次选课或旁听，引导其参加跨学科的学术讲座，形成有利于多学科交叉融合的良好学术氛围。在博士研究生课程体系中，增加选修课学分和跨学科课程比重，促进学科交叉，加强基础性、前沿性和个性化培养；以创新能力培养为核心，开展学科核心课程建设，从教学内容、教学方法、教材和教学团队4个方面提升课程教学质量，推进教师将学术研究成果向课程教学转化，发挥课程教学在博士研究生培养中的基础性作用。

中国海洋大学实施拔尖人才培养模式创新计划，建设崇本书院，引进国际海洋领域核心课程，建立多学科交叉的基础课程体系和海上实验实践课程体系，实施涉海拔尖创新人才培养计划；完善主辅修专业相配合的课程体系，设立跨学科课程模块，形成多样化的复合型创新人才培养模式。

7. 高校推进学科交叉的科研组织模式与体制机制改革

中国海洋大学持续深入推动与海洋国家实验室的耦合互动发展，打造高校-国家实验室联合体发展模式，培养跨学科博士研究生；通过海洋高端人才双聘、重大科研平台共建共享、联合承担科研项目、联合培育高层次海洋拔尖创新人才等主要途径，推动科教融合、协同创新，实现学校和国家实验室耦合互动发展，为高等教育改革创新和现代大学制度建设探求新路。重庆大学打破院系设置与学科划分的局限，组建前沿交叉学科研究院，积极实施"跨学科合作支持计划"；以学科群平台及前沿交叉学科研究院各研究中心为载体，汇聚一批跨学科团队，补齐学科发展短板，促进学科可持续发展。

8. 高校专门成立跨学科或交叉学科学位评定委员会

一些高校在学位授予环节大力创新，消除长期以来形成的学术分委员会人为分割学科设置的弊端。清华大学设立了交叉学科学位工作委员会，制定适应学科交叉发展的学位审核机制体制。复旦大学专门成立跨学科学位评定委员会，并通过了《复旦大学跨学科学位评定委员会工作试行办法》。2012年，华东师范大学研究生院专门设立新兴跨学科博士研究生科研创新项目基金，作为"985工程"创新人才培养的一个重要抓手。

9. 高校鼓励博士生跨学科学术交流

跨学科交流是激发博士生学术创造力的重要途径，博士生应努力提升在交叉学科领域开展科研工作的能力。以清华大学和天津大学为例，清华大学于

2002 年创办了博士生论坛，论坛由学生自己组织，师生共同参与。截至 2016 年底，博士生论坛持续举办了 500 余期，开展了 1.8 万多场学术报告，超过 5 万人次参与，100 余位院士受邀参加。2017 年，以清华大学成立 3 个跨学科交叉科研机构为契机，围绕"智能无人系统""智能网联汽车与交通""柔性电子技术" 3 个学科交叉领域举办了博士生论坛，各院系师生广泛参与，有效促进了跨学科的学术交流。2009 年起，天津大学举办"天津大学博士生学术论坛"，以学分形式覆盖所有在校博士生，每年举办约 10 场。论坛模拟国际会议形式，紧贴学科前沿，开展跨学科、跨院校交流，促进学科领域的交叉融合，为博士生培养提供一个展示自我、共同学习、交流提高的学术平台。

中南大学搭建多学科交叉的学术交流平台。通过多元化投入方式，建立健全研究生学术交流机制，建设好"学科学术论坛""名师讲坛""暑期学校"，搭建多层次、多学科学术交流平台，创新学术研讨方式。

（二）国内跨学科机构

目前，国内以跨学科为依托的组织机构众多，主要分为两类：依托已有传统学院开展跨学科项目研究、成立独立跨学科机构开展专门的跨学科研究。后者载体以创新交叉平台和科学研究院两种模式为主。表 4-33 为部分高校设置的独立跨学科研究机构。

表 4-33　部分高校设置的独立跨学科研究机构

学校	跨学科组织机构
清华大学	高等研究院、交叉信息研究院、苏世民书院、医学院（生物工程医学系、公共健康中心）
北京大学	元培学院、燕京学堂、先进技术研究院、前沿交叉学科研究院、中国社会科学调查中心、分子医学研究所、科维理天文与天体物理研究所、核科学与技术研究院、北京国际数学研究中心、海洋研究院、现代农学院、人文社会科学研究院
中国人民大学	数据工程与知识工程教育部重点实验室、中国经济改革与发展研究院、创业学院、公共治理研究院、重阳金融研究院
北京航空航天大学	国际交叉科学研究院、医工交叉创新研究院
北京理工大学	前沿交叉科学研究院、智能机器人与系统高精尖创新中心、理学与材料学
中国农业大学	科学技术发展研究院（新农村发展研究院）、北京食品营养与人类健康高精尖创新中心
武汉大学	多学科交叉研究院
华中科技大学	工程科学学院、非传统安全研究中心、区域高等教育发展研究中心、创新发展研究中心、农村健康服务研究中心、国家治理研究院
重庆大学	重庆自主品牌汽车协同创新中心、前沿交叉学科研究院

续表

学校	跨学科组织机构
东南大学	学习科学研究中心、空间科学与技术研究院（AMS研究中心）、汽车工程研究院、生命科学研究院、城市工程科学技术研究院、东南大学——南京通信技术研究院、智能运输系统（ITS）研究中心
南京大学	江苏省纳米技术重点实验室
上海交通大学	Med-X研究院、Bio-X中心、中国城市治理研究院、中国艺苑发展研究院
复旦大学	复旦发展研究院、社会科学高等研究院、数理研究科技创新平台、脑科学研究院、先进材料实验室、生物医学研究院、微纳电子科技创新平台
同济大学	可持续发展与新型城镇化智库、高等研究院

《国家中长期科学和技术发展规划纲要（2006—2020年）》《教育部、财政部关于加快推进世界一流大学和高水平大学建设的意见》等文件出台后，以"985工程"一期、二期、三期工程建设，以及"科技创新平台""哲学社会科学创新基地"为依托的研究型大学跨学科学术组织相继建立。此外，学者董向宇通过对研究型大学院系形态与间接研究发现，调整院系设置方式、整合院系，以扩大院系学科含量，如建立"书院"等综合学院形式，也是适切的跨学科组织。高校跨学科建设是硬条件和软条件的双重构建，需要兼顾学科建设与打破学科界限，从而实现跨学科协同。①当然，大学还将这种跨学科探索列为协同创新专项，按照研究参与群体分为四个层次：第一，校内合作；第二，点对点合作，具有相同或相近属性单位组织间合作；第三，点对链的合作，高校同科研院所、行业企业建立产学研战略联盟；第四，链对链合作，如学科链与产业链的合作，突破传统的线性和链式模式，形成网络协同创新模式。

目前，国内以跨学科为依托的组织机构众多，这些跨学科机构实施跨学科培养更为集中。同时，有的高校在招收时设置专门的跨学科培养项目，有的高校设置交叉学科学位评定委员会，但在实际操作中有难度，加之在全国论文抽检或盲审中交叉学科或跨学科学位论文质量难以认定，学生在撰写学位论文时一般仍选择依托所谓的主要学科，并加以调整，以满足主要学科论文的学位论文和话语体系。我国高校整体上尚未形成有组织、成体系的跨学科培养促进机制。在教师的评价和跨学科雇佣教师制度上，可采用"集群式"聘用制度，打消教师在评价、升职和聘用时的顾虑，使其有更多精力、动力投入跨学科研究和教学工作中。

---

① 董向宇.学科交融背景下我国研究型大学院系形态与结构的检视.教育科学，2014（3）：71-77.

二、调研数据分析

对跨学科的理解有很多种方式，其中包括博士研究生本身具有跨学科的背景、博士所学专业的跨学科经历。本书调查研究发现，超过60%的博士研究生本硕博阶段并非就读于同一所学校，这说明博士研究生的学缘结构具有开放性。51.1%的博士研究生无跨学科的背景，分别有22.7%和17.5%的博士研究生有跨二级学科和跨一级学科的背景，有跨门类背景的比例为8.7%。这不仅说明有跨学科背景的博士研究生有自然的环境参与跨学科学习，而且说明学生进行跨学科培养和跨学科研究已具有很好的个体条件。

1. 博士期间跨学科培养路径

首先，多数博士研究生没有跨学科培养的经历。没有参与跨学科培养路径的博士研究生比例为70.1%，有少部分学生参与了跨学科学位项目（25.7%）和跨学科学位论文（14.7%）的培养路径。

不同学科跨学科培养路径（图4-9）显示，在参与跨学科培养的博士研究生中，社科和人文博士研究生在跨学科学位论文、跨学科学位项目上的比例比理科、工科、农科、医科博士研究生大。在参与跨学科学位项目的博士研究生中，人文博士研究生的比例最大，其次为社科博士研究生，工科和医科博士研究生的比例较小。参与跨学科学位论文的博士研究生中，人文博士研究生的比例最大，其次为社科博士研究生，理科和医科博士研究生的比例较小。由此可见，参与跨学科培养方式因博士研究生的学科类型差异而不同，人文、社科博士研究生的跨学科经历较多，他们面对的社会事实、社会现象的复杂化、综合性决定了从单学科角度研究往往是不全面、有缺陷的。面对的问题复杂、多样，需要多学科、跨学科研究才能得到正确结论。

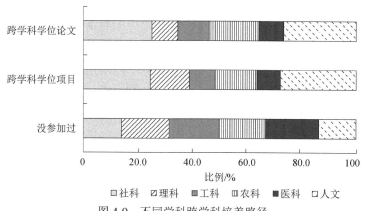

图4-9 不同学科跨学科培养路径

"985 工程"建设高校和非"985 工程"建设高校在博士研究生跨学科培养上比例相差不大，没有体现出"985 工程"建设高校的明显优势。"985 工程"建设高校和非"985 工程"建设高校没有参与跨学科培养路径的博士研究生的比例分别为 72.6%和 68.9%。

参与跨学科培养路径的博士研究生中，跨学科学位项目的比例稍大，27.8%的非"985 工程"建设高校博士研究生和 23.8%的"985 工程"建设高校博士研究生参加过跨学科学位项目。此外，14.5%的非"985 工程"建设高校博士研究生和 14.4%的博士研究生参加过跨学科学位论文。这表明跨学科的培养模式还没有在博士研究生培养中被广泛运用，跨学科培养是博士研究生培养的有待探索和值得关注的领域，其改进空间也大。

2. 读博期间接受跨学科培养方式

不同类型高校博士研究生跨学科培养方式调查结果（表 4-34）显示，在调查样本中，无跨学科培养经历的博士研究生的比例相对较大，非"985 工程"建设高校和"985 工程"建设高校的比例分别为 47.0%、44.7%；在有跨学科培养经历博士研究生中，导师具有跨学科背景和选学跨学科知识经历的，非"985 工程"建设高校和"985 工程"建设高校的比例均在 30.0%左右；两类高校在跨学科平台培养博士研究生上的比例均最小。

表4-34　跨学科培养方式　　　　　　　　　　　　单位：%

比较项	非"985 工程"建设高校	"985 工程"建设高校
无	47.0	44.7
导师具有跨学科背景	30.1	28.4
选学跨学科知识	29.5	33.1
跨学科项目	19.4	21.3
跨学科平台	15.7	15.5

非"985 工程"建设高校无跨学科培养经历的博士研究生的比例大于"985 工程"建设高校博士研究生，卡方检验存在显著差异（$p=0.011$）。"985 工程"建设高校在选学跨学科知识上明显优于非"985 工程"建设高校，"985 工程"建设高校为学生提供的跨学科路径更多和环境更优越。

3. 接受跨学科培养程度

总体来看，博士研究生无跨学科培养经历的比例为 41.2%。在相同一级学科，跨不同二级学科；在相同学科门类，跨不同一级学科；跨学科门类的比例分别为31.1%、12.4%、15.2%。

博士研究生跨学科培养程度（图4-10）显示，从不同学科看，医科无跨学科培养经历的博士研究生比例最大。在相同一级学科，跨不同二级学科中，人文、社科和理科博士研究生的比例排在前三位。在相同学科门类，跨不同一级学科中，参与跨学科培养比例排在前三位的是社科、人文、工科。理科、医科和农科跨学科培养的比例小于人文、社科和工科，说明前三个学科跨学科的发展空间更大。

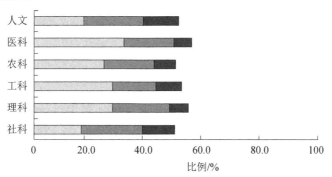

图4-10　博士研究生跨学科培养程度

博士研究生接受跨学科培养程度（表4-35）显示，从不同类型高校看，"985工程"建设高校博士研究生无跨学科培养经历的比例小于非"985工程"建设高校。在相同学科门类，跨不同一级学科以及跨学科门类上，"985工程"建设高校比例大于非"985工程"建设高校。综合来看，"985工程"建设高校跨学科培养程度高于非"985工程"建设高校。

表4-35　博士研究生接受跨学培养程度　　　　　　单位：%

博士研究生接受跨学培养程度	非"985工程"建设高校	"985工程"建设高校
无	41.4	40.0
在相同一级学科，跨不同二级学科	32.2	30.1
在相同学科门类，跨不同一级学科	14.7	16.8
跨学科门类	11.8	13.1

三、结论和改革建议

本书建议：全过程渗透跨学科培养，探索实施多元、深度学科交叉培养，迎接未来学科发展新趋势。首先，从学校管理层面制定加强博士课程设置的原则性指导意见，引导更多学科加强跨学科课程设置，加强博士研究生多学科知识的积累；其次，开展博士研究生创新型项目，支持鼓励不同学科教师和学生打破学科壁垒，进行交叉学科或超学科研究；最后，形成面向学术前沿和交叉学科的培养方式，提升创新能力鼓励学科交叉，以"研究生交叉研究创新基金"为牵引，面向交叉学科立项，激发研究生的创新灵感，支持研究生跨院系、跨学科领域开展研究工作。

第八节　推进博士研究生国际合作交流

一、各高校国际合作交流情况概述

（一）深入践行国际化办学理念，实施国际学术交流多个项目

高校通过与世界一流大学、研究机构合作，搭建了面向世界的培养平台，逐步形成了国际合作人才培养体系和一系列有影响力的特色项目，有效地拓展了博士研究生的国际视野，提升了学校的创新人才培养能力。主要的合作培养模式有资助博士研究生参加国际会议、实施优秀研究生短期访学国际访学计划，为学校和国家培养与储备国际化优秀学术人才。

北京航空航天大学强化国际交流，以拓宽博士研究生的国际视野。学校通过国际引智课程、国际实践讲堂、中外融合全英文课程等方式为博士研究生提供优质课程资源；通过国家公派研究生项目、博士研究生短期访学、博士研究生出席国际学术会议、国际暑期学校等项目的建设，为学校博士研究生提供开阔学术视野、接触学科前沿、开展深度合作、提升学术研究质量的渠道。2016年，北京航空航天大学研究生因公出国出境人数达到1218人，其中博士研究生因公出国出境570人次，占全日制非定向博士研究生年入学人数的75.6%。2016年，北京航空航天大学有11位博士研究生导师获得留学基金委"博士研究生导师短期出国交流项目"资助；国家公派研究生项目共入选131人，其中联合培养84人、攻读博士学位40人。2016年，学校"博士研究生短期出国访学项目"共资助84人到世界一流大学进行短期合作研究。

（二）广泛开展联合培养，推进与境内外单位的合作交流

近年来，各高校深入拓展研究生联合培养项目，大力推进与境内外相关科研机构和高校的合作交流。联合培养工作内容包括国家留学基金委联合培养项目

（国家建设高水平大学公派研究生项目）、联合培养双学位项目等。

以北京大学为例，北京大学打通国内国际培养渠道，加快推进研究生培养的国际化进程。主要采取的策略有：一是主动出击，加强与世界一流大学合作交流；二是挖掘潜力，鼓励学生申请国家公派出国留学。北京大学的出国项目有如国家公派出国项目、研究生学术交流基金（国际学术会议，暑期学校），博士研究生短期出国项目（3 个月的短期访学），国家建设高水平项目（6～24 个月的联合培养），博士研究生国际专题学术研讨项目（以博士研究生为主要组织者和参与者的国际研讨会）等。据北京大学的统计数据，2007—2015 年博士研究生出境交流的博士研究生人数由 595 人增加到 1608 人。访谈中，关于如何推进国际化方面，北京大学 Z 教授建议在国际交流时的学分互认制度，可以由学分互认到学历互认，这是国际化办学的改革趋势。此外，南京大学 W 教授提议，在全国博士研究生论坛的基础上，建立国际博士研究生论坛，促进国际交流，使博士研究生掌握跨文化领导力。

高校加强海外人才基地建设。良好的学术环境、科学的课程设置、具有国际视野和高学术水准的导师队伍、博士研究生教育的国际化等都是影响博士研究生创新能力培养的因素。特别是开放式的培养方式，有助于活跃博士研究生的学术思想，开阔其视野，锻炼和提高其交流能力和科研素质。北京师范大学地理学博士研究生科研创新能力培养的开放式与国际化体现在与美国威斯康星大学麦迪逊分校地理系共建海外人才培养基地。自 2012 年，北京师范大学地理学与遥感科学学院（简称"地理学院"）与威斯康星大学麦迪逊分校地理系合作开展博士研究生科学研究方法的训练。2012—2015 年，地理学院四度派出共计 41 名博士研究生赴威斯康星大学麦迪逊分校进行专题交流学习，使学生有机会使用世界名校的课程资源和身处海外名师课堂，能够针对境内学习环节的不足之处进行补充，也能让学生参与跨文化交流活动等。

通过国外人才培养基地的建设，部分优秀博士研究生享受到国际化教育，在科研思路、写作方法、文献阅读和论证等方面都有诸多体会；在 SCI 论文写作上收获颇丰，提高很大。为进一步做好后期成果的巩固和提升、促进学科交流和带动研究生培养、扩大受益面，地理学院本着"学生有产出，学术有辐射，学校有收获"的原则，面向全院及全校相关学科研究生，举办"地理学与遥感科学学院博士研究生赴美学术培训汇报会"。此外，地理学院计划在每年年底，组织受学院资助出国参加国际学术会议的研究生进行汇报交流。

研究生培养的国际化是拓宽博士研究生科研学术视野、激发其科研创新思维、提升其科研综合素质的重要方面。地理学院将继续加强境外人才培养基地的建设，同时完善学院内部软硬件的建设，为研究生的培养提供更加有利的环境。

（三）大力推进博士研究生教育国际化进程

在经济全球化的背景下，充分利用国际优质教育资源，培养具有国际视野和国际竞争力的创新型人才是必然趋势和必然选择。四川大学实施"博士研究生国际学术交流基金"项目，支持优秀博士研究生参加高水平国际学术会议，同时扩大资助范围，如对导师与境外高水平大学联合培养博士研究生，以及博士研究生参与国际大科学计划和大科学工程等给予适当资助。四川大学为提高博士研究生外语应用能力和跨文化交流能力，增强国际学术影响力，开展了"全英文课程建设计划""全英文专业建设计划"。"全英文课程建设计划"主要针对一级学科平台课程、专业主干课程进行全英文课程建设；"全英文专业建设计划"主要针对学科水平较高且国际交流与合作基础较好的一级或二级学科，按学科建设一批全英文博士研究生课程模块。

浙江大学从 2007 年开始进行长期（90 天以上）派出，主要依托国家建设高水平大学公派研究生项目；短期派出以少量国际会议和短期学术交流为主。到 2016 年，学校形成了国家、学校、院系和导师、社会力量四管齐下的资助和派出体系，建设了一系列品牌项目。学校持续规划扩大研究生国际交流与合作项目的受益面，继续提升具有国际学术交流经历的研究生比例；实施"学术新星计划"，选拔优秀博士研究生，给予其特殊培养和优先出国资助，以培养有国际影响力的青年学者；加速构建以院系为主体的、形式多样的学位联合授予模式，纵深推进研究生国际化课程建设，实现人才培养和师资队伍国际化建设双丰收。

二、调研数据分析

（一）博士研究生问卷数据分析

1. 出境交流次数（交流的广度和深度）

对博士研究生进行的在读期间累计出境交流次数的问卷调查数据（表4-36）和博士研究生出境交流次数显示，博士在读期间无出境交流经历的比例为54.3%，有 1 次和 2 次出境交流经历的比例分别为22.0%和14.2%，有 3 次及以上出境交流经历的比例小于10%。

表 4-36　博士研究生在读期间累计出境交流次数

出境交流次数		频率	百分比/%	有效百分比/%	累计百分比/%
有效	无	2348	54.3	54.3	54.3
	1 次	953	22.0	22.0	76.3
	2 次	613	14.2	14.2	90.5
	3 次	282	6.5	6.5	97.0
	4 次	89	2.0	2.0	99.0
	4 次以上	42	1.0	1.0	100
	总计	4327	99.9	100	
缺失	系统	5	0.1		
总计		4332	100		

博士研究生在读期间累计出境交流次数（表 4-37）数据显示，分学科描述，无出境交流经历的博士研究生中，医科和农科博士研究生分别占本学科博士研究生总数的 78.8% 和 76.3%，其比例居前两位。在有出境交流经历的博士研究生中，人文、社科博士研究生有 1 次和 2 次出境交流经历的比例较大，在 20% 左右；工科、理科、医科、农科博士研究生有 1 次出境交流经历的占本学科博士研究生总数的比例分别为 26.7%、20.2%、12.8% 和 10.5%。

表 4-37　博士研究生在读期间累计出境交流次数（分学科）　　　　单位：%

出境交流次数	社科	理科	工科	农科	医科	人文
无	41.8	63.3	54.9	76.3	78.8	42.1
1 次	22.5	20.2	26.7	10.5	12.8	19.8
2 次	21.1	9.6	11.1	13.2	4.5	23.1
3 次	10.1	5.5	4.3	0	2.4	11.0
4 次	3.0	0.8	2.1	0	0.9	2.5
4 次以上	1.5	0.7	0.7	0	0.6	1.4

不同类型高校博士研究生在读期间累计出境学术交流次数（图 4-11）数据显示，"985 工程"建设高校博士研究生无出境交流的比例为 47.3%，低于非"985 工程"建设高校（60.8%）。"985 工程"建设高校的博士研究生出境 1 次经历的人数的比例远大于非"985 工程"建设高校，分别为 27.5% 和 16.9%，说明"985 工程"建设高校的博士研究生比非"985 工程"建设高校的博士研究生有更多的出境学术交流机会。

2. 出境方式

不同类型高校博士研究生在读期间出境交流的方式（图 4-12）数据显示，在"985 工程"建设高校博士研究生中，在读期间出境学术交流的主要方式为国际会议；在非"985工程"建设高校博士研究生中，在读期间出境学术交流的主要方式为国际会议、交换生或短期访学。"985工程"建设高校博士研究生参与国际会议的比例明显大于非"985工程"建设高校博士研究生。而在联合培养、交换生或短期访学上的比例，两类院校的博士研究生的比例相差不大。总体来看，"985工程"建设高校博士研究生有更多出境交流的机会。

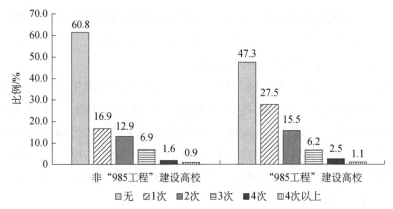

图 4-11　不同类型高校博士研究生在读期间累计出境交流次数

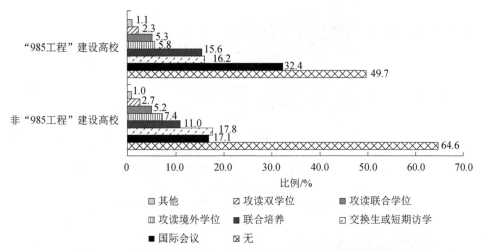

图 4-12　不同类型高校博士研究生在读期间出境学术交流的方式

　　从不同学科看，作为交换生工科博士研究生的比例为 46.6%，社科博士研究生的比例为 22.9%，理科博士研究生的比例为 14.1%，人文博士研究生的比例为 10.3%，医科博士研究生的比例为 5.7%，而农科博士研究生的比例仅为 0.4%。参与短期访学、联合培养、攻读境外学位及双学位等的博士研究生中，社科博士研究生的比例近 50%，其后依次是工科、理科、医科、人文和农科。

3. 出境交流的资助方式

在出境交流期间，博士研究生出境交流的主要资助方式是学校资助、导师研究经费资助，其比例分别为24.0%和23.8%，国家公派和学生自费的方式的比例分别为14.5%和9.6%。

从不同学科看，55.5%的博士研究生表示出境交流期间没有任何资助，其中工科博士研究生的比例为34.6%，社科博士研究生的比例为21.5%，医科博士研究生的比例为17.6%，理科博士研究生的比例为16.2%，人文博士研究生的比例为8.9%，农科博士研究生的比例为1.2%。

从不同类型高校看，非"985工程"建设高校博士研究生在出境交流期间没有获得资助的比例大于"985工程"建设高校博士研究生，分别为62.9%和48.1%。"985工程"建设高校导师研究经费资助博士研究生出境交流的比例大于非"985工程"建设高校，分别为28.7%和18.7%。"985工程"建设高校学校资助博士研究生出境交流的比例也大于非"985工程"建设高校学校，分别为27.6%和21.3%（图4-13）。

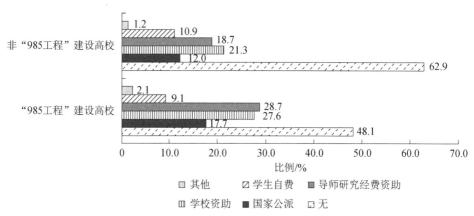

图4-13　不同类型高校博士研究生在读期间出境交流的资助方式

（二）博导问卷数据分析

1. 出境交流的次数

博导问卷（图4-14）调查结果显示，近两年指导的博士研究生累积出境交流的次数中，出境交流1次和2次的比例较大，分别为22.0%和17.3%；出境交流3—5次的比例都在10%以下；无出境交流经历的学生比例最大，为35.8%。

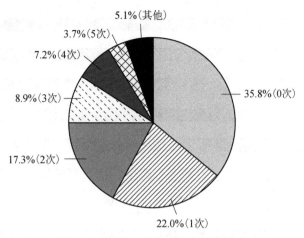

图 4-14　博士研究生出境交流的次数

从不同学科看，博导问卷调查结果显示，人文、理科、工科、农科、医科、社科博导表示，其学生无出境交流经历的比例分别为 43.2%、4.6%、25.3%、57.1%、58.1%、42.4%，其学生累计出境交流 1 次的比例分别为 21.1%、23.7%、18.5%、21.0%、28.6%、23.3%。可见，博士研究生出境交流的机会相对较少，有些高校只有优秀博士研究生才有出境交流的机会。在对国内 8 校访谈中，博士研究生也强烈表达希望通过各种渠道进行出境交流和培养。

2. 出境交流的资助方式

博士研究生在读期间出境交流的资助方式中，导师研究经费资助和学校资助的比例分别为 41.8% 和 35.0%。其中，学校资助出境交流的比例相对较大的是人文、理科和工科博士研究生；导师研究经费资助比例最大的是工科博士研究生；学生自费出境交流的比例最大的是人文博士研究生（图 4-15）。

3. 出境交流的方式

出境交流方式的调查结果显示，博士研究生出境交流的主要方式中，整体来讲，参与国际会议的博士研究生比例最大，为 35.0%；其次是交换生或短期访学，为 27.5%。从不同学科来看，博士研究生在读期间出境交流的比例较大的方式是国际会议、交换生或短期访学。医科博士研究生无出境交流经历的比例最大，农科、工科和理科博士研究生参加国际会议的比例较大；社科、人文博士研究生出境交流方式中，交换生或短期访学的比例最大（图 4-16）。

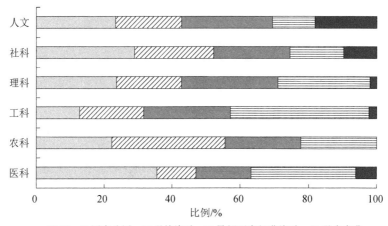

图 4-15　博士研究生在读期间出境交流的资助方式

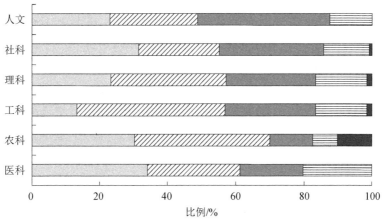

图 4-16　不同学科博士研究生出境交流的主要方式

三、结论和改革建议

一些高校建立了国际合作交流新机制（联合培养、校际合作、国际学分互认）；进一步理顺了国内、国际博士研究生联合培养制度设计，给予高校、科研院所等培养单位更大的自主权，充分发挥其所长，提高博士研究生的培养质量；增强博士研究生全球胜任力；多年持续实施博士研究生出席国际会议基金、博士研究生短期出境访学基金、国家公派联合培养项目，并且积极开展与世界名校双授/联授学位项目、开展全英文博士研究生项目等国际化项目，为博士研究生创造不同形式的国际学术交流机会，拓宽博士研究生国际学术视野，力争实现每位有需求的在读博士研究生均有海外培养的经历。在今后加大投入范围内，应持续引进国际人才；探索建立"制度"性的国际合作机制，因为国际合作可以与导师的培养相结合；国际合作要与博士研究生的培养相结合，建立国内外学生之间交流的机制。

第九节　严格管理学术评价

一、各高校博士研究生毕业要求概述

（一）各高校对申请博士学位发表学术论文的要求

国外博士研究生毕业时，通常不要求博士研究生发表论文，相比而言，国内大多数高校以往要求博士研究生申请博士学位前发表论文。2018年11月，教育部办公厅印发《关于开展清理"唯论文、唯帽子、唯职称、唯学历、唯奖项"专项行动的通知》，各高校积极在博士生培养过程中纠正"五唯"倾向，努力探索对不同年级博士生学术水平的科学评价方式。但不可否认，论文发表依然是同行认可的一个主要标志，本书保留了"破五唯"文件出台前针对论文发表要求基本情况做的系列分析研究，以帮助大家理解部分培养单位在论文发表方面要求的一些过渡性做法，加深对以往教育过程的理解。

具体而言，不同对高校申请博士学位发表学术论文的要求存在学科差异。理科、工科、医科和农科需要在 SCI/EI/IM 期刊上发表 1—2 篇论文；人文和社科博士研究生（哲学、经济学、法学、教育学、文学、历史学、管理学等学科的博士研究生）则需要在中文社会科学引文索引（CSSCI）或核心期刊收录的学术期刊发表 1—3 篇论文。

清华大学申请博士学位的学生需要发表论文的规定如下。

1）物理学（高能物理方向除外）、化学、生物学、材料科学与工程（材料加工工程方向除外）学科的博士研究生须至少在 SCI 期刊上发表 2 篇学术论文；数学、高能物理方向可减半。

2）工学其他学科、医学学科的博士研究生，根据学科特点，需满足以下要求之一：至少在 SCI 期刊上发表 2 篇论文；至少在 SCI 期刊上发表 1 篇论文，并在 EI（或中文核心期刊）期刊上发表 1 篇论文；至少在 EI 期刊上发表 2 篇论文。各学位评定分委员会根据学科特点，选择适用以上要求之一。

3）建筑学学科的博士研究生，应以第一作者身份至少发表4篇与学位论文研究内容相关的学术论文，其中至少有2篇发表在重要期刊上（具体名单见相关学位评定分委员会制订并报学校备案的"重要学术刊物名录"）。

4）哲学、经济学、法学、教育学、文学（艺术学除外）、历史学、管理学等学科门类的博士研究生，应以第一作者身份至少发表2篇与学位论文研究内容相关的学术论文，其中至少有1篇正式刊出在重要期刊上，另一篇发表在CSSCI学术期刊、集刊上。

四川大学规定文科博士申请人应满足下列条件之一。

1）申请人在学位申请时，应由本人为第一作者、由四川大学为第一署名单位的至少1篇专业学术论文在《四川大学哲学社会科学期刊分级方案》A级期刊中发表；或发表专业学术论文被国际SSCI期刊收录至少1篇。

2）申请人在学位申请时，应由本人为第一作者、由四川大学为第一署名单位的至少3篇专业学术论文在CSSCI期刊上发表。

四川大学理科博士学位申请人应满足下列条件之一：申请人在学位申请时，应由本人为第一作者、由四川大学为第一署名单位，公开在SCI期刊上发表至少1篇论文；硕博连读或者提前攻博者，在学位申请时，应公开在SCI期刊上发表至少2篇本人为第一作者、四川大学为第一署名单位的论文。

华东政法大学博士研究生在学位论文答辩前，应在国内核心刊物上至少发表2篇学术论文，在省部级以上刊物上发表5篇以上具有学术价值的论文。未达到上述要求的，一般不批准学位论文答辩。学校鼓励博士研究生在国外刊物上发表论文。

（二）对学位论文的评审要求

1. 论文内部质量监管

各高校对学位论文的要求明确规定，采用学位论文内部质量监管和外部质量检测相结合的学位质量保证监督体系。有些高校还采用学位论文的内部质量监管论文评阅和预答辩制度。例如，德国的学位论文，在学生答辩前被放在图书馆，允许老师和学生提意见，用自律保证学位论文的质量。又如北京大学的化学学科，化学学科博士研究生在通过预答辩后方可进入博士学位论文答辩程序。学位论文预答辩要求第9学期12月底前完成。博士学位论文须在第10学期3月底前提交。学位论文由院研究生教务办公室聘请专家进行匿名评审，导师可建议回避名单。学位论文评审通过后，博士研究生可申请答辩。

高校制定严格的学术道德标准，严惩学术不端行为。对在已发表的学术成果和已经通过答辩的学位论文中，发现有抄袭、剽窃等不端学术行为的，取消该研究生学位申请资格或撤销其学位。例如，中国人民大学建立了学术不端行为检测制度，西南政法大学制定了《西南政法大学研究生学位论文学术不端行为认定与处理暂行办法》。

2. 外部质量保证体系

外部质量保证体系包括盲审制度、国外评审制度和国家论文抽检制度。隐名评审有单向隐名（隐去评审专家名）和双向隐名（也称双盲审制度，隐去论文作者名、导师名和评审专家名）两种方式。例如，清华大学采用单向隐名方式，由研究生院遴选同行专家，直接送审。博士学位论文抽查分为"重点检查"和"一般检查"两种。东南大学建立博士学位论文全盲审制度，由校学位办外送3份"双盲"学位论文，采取一票否决制，即只有3个评阅结果均通过方可办理答辩。此外，华东师范大学、上海师范大学、宁波大学、广东工业大学都实行双盲审制度。浙江工业大学实施博士研究生学位论文"八项制度"，试点学位论文海外评审与国际答辩。中国人民大学强化博士学位论文事后抽检制度和导师约谈制度，从博士研究生和导师两个方面确保学位论文的质量。

二、调研数据分析

（一）访谈资料

访谈中，博士研究生和博导都认为现有的博士研究生评价体系较为单一。博士论文答辩的基础是要有创造性贡献，应重视和聚焦在学位论文的质量上，而不能以发表论文的数量和发表期刊的档次作为评判标准。访谈中博士研究生反映，有的专业容易发表文章，有的研究则不适合发表文章；需要多元化的考核方法，不能单纯以发表的文章来评价博士研究生的科研能力，例如论著的核心作者、工程项目的重要骨干等方式也应成为毕业要求。现有的博士研究生评价体系基本上是以论文为导向的单一制度，且发表期刊论文的压力大，尤其文科发表文章的版面费学生承担不起，师生均反映压力很大。对于有应用学科背景的博士研究生，在培养过程中如果与现实脱节，就会面对较大的就业压力，因此就业应与实践结合，但现实中却往往难以实现。在对博士研究生进行评价时，如果一味地强调发表文章，并且不能为其提供适当的实践培养，就会导致其就业压力增大。

一些高校对学位论文不够重视，影响了博士研究生对学术的理解和对知识的深化，从而影响其创新动力和探索。为了提高博士学位论文的质量，清华大学 T

教授提出，可以借鉴法国巴黎高科博士学位论文主审制度，除了导师外还有一个主审，主审人的名字包括答辩委员会的名字都应印在论文封面，永久公开，以保证博士学位论文的质量。

（二）问卷数据分析

1. 博士研究生问卷

（1）发表论文要求

调研中发现，《关于开展清理"唯论文、唯帽子、唯职称、唯学历、唯奖项"专项行动的通知》出台前，博士研究生申请学位答辩的论文发表都是以发表文章作为考核的必要标准之一。博士研究生问卷数据表明，所有学科专业对博士研究生的申请学位答辩的论文发表等级基本要求是，要发表在 SCI/SCIE/SSCI、CSSCI、国内核心、EI 期刊上的比例分别为 66.8%、24.8%、23.4%、16.8%，要求发表在 SCI/SCIE/SSCI 上的比例最大。

从不同学科看，理科、工科、农科、医科博士研究生申请学位答辩需要发表在 SCI/SCIE/SSCI 期刊的比例最大，分别为 93.4%、95.7%、84.2%和 82.9%；社科和人文博士研究生申请学位答辩需要发表在 CSSCI 期刊的比例较大，分别为 60.4%、61.6%。

"985 工程"建设高校要求博士研究生论文发表在 SCI/SSCI/SCIE 期刊的比例大于非"985 工程"建设高校，分别为 74.5%和 58.7%；"985 工程"建设高校要求博士研究生论文发表在 EI 期刊的比例显著大于非"985 工程"建设高校，分别为 18.5%和 14.4%；"985 工程"建设高校要求博士研究生论文发表在 CSSCI 和核心期刊的比例小于非"985 工程"建设高校。这既说明博士研究生申请学位答辩的论文发表在 SCI/SCIE/SSCI 和 CSSCI 期刊是各高校博士毕业生答辩的主要标准，又反映出"985 工程"建设高校博士研究生论文等级要求比非"985 工程"建设高校相对高些。

博士研究生问卷调查结果表明，博士研究生认为所在专业对其学术成果要求是适宜的比例为 72.4%，认为毕业要求过高和过低的比例分别为 23.8%和 3.8%。2018 年执行破"五唯"文件精神以来，各高校对学生学术成果要求实行了多元评价，发表论文已作为学术成果选项之一。如果仅就发表论文的质量要求来看，以上调研结果仍具有参考意义，旨在鼓励高质量的学术成果产出。

（2）盲审制度

博士研究生问卷调查结果表明，博士研究生所在专业对博士论文评审采取的方式是：全部盲审的比例最大，为55.6%，其他按比例盲审、有条件免盲审、无盲审的比例分别为21.7%、20.4%、2.3%。博士研究生所在专业博士学位论文评审的无国际同行参与的比例为51.7%，有国际同行参与2人和1人的比例分别为21.5%、15.5%。

博士学位论文评审采取方式中，只有2.3%的博士研究生表示无盲审，其中社科的比例最大，为38%；工科的比例为25%，人文的比例为20%，理科、医科的比例均为8%，农科的比例为1%。有条件免盲审的专业的比例为20.4%，包括比例最大的工科（46.9%），其次是社科（26.4%），人文学科的比例为15.3%，理科的比例为9.2%，医科的比例为2%，农科的比例为0.2%。采取按比例盲审的专业的比例为21.7%，其中，社科的比例最大，为32.6%；其次是理科，为20.2%；工科为16.6%，医科为15.7%，人文为14.3%，农科为0.6%。全部盲审的专业的比例为55.6%，其中工科的比例最大（48.4%），其次是社科（28.8%），理科和医科的比例均为15.0%，人文的比例为7.8%。

对不同类型高校博士研究生进行的博士学位论文评审方式的调查问卷统计结果（表4-38）显示：无论是"985工程"建设高校还是非"985工程"建设高校，无盲审制度的比例都在2%左右。非"985工程"建设高校全部盲审的比例大于"985工程"建设高校，分别是60.2%和50.6%；排在第二位的是按比例盲审，为26.3%。"985工程"高校排在第二位的是有条件免盲审，为30.7%。这说明高校过度依赖于外部力量监控博士研究生学位论文质量，往往通过强制达到对制度和质量的认同，高校学术共同体的自律和自信不足，所以，多元化的学位论文评审方式共存较好。

表4-38　不同类型高校博士学位论文评审方式　　　　　单位：%

比较项	无盲审	有条件免盲审	按比例盲审	全部盲审	其他
非"985工程"建设高校	2.1	10.7	26.3	60.2	0.6
"985工程"建设高校	2.2	30.7	15.6	50.6	0.8
平均百分比	2.2	20.5	21.1	55.5	0.7

（3）国际同行评审

整体来看，博士学位论文评审无国际同行参与的比例为51.7%；在有国际同行参与中，2人、1人和其他的比例分别为21.5%、15.5%和11.4%。"985工程"建设高校和非"985工程"建设高校国际同行参与评审有2人的比例最大，分别为19.5%和23.6%。

从不同学科看，博士研究生所在专业博士论文评审中，无国际同行参与比例最大的为农科（63.2%）；国际同行参与评审为 1 人，比例较大的是社科和人文，均为 25% 左右；国际同行参与评审为 2 人，比例均为 20% 左右；国际同行参与评审为 3 人或以上的，比例较大的学科为理科、工科和医科，分别为 17.4%、15.2% 和 14.1%。

2. 博导问卷数据分析

（1）毕业要求

对博导进行的问卷调查统计结果显示，有 79.1% 的博导认为对博士研究生的学术成果要求适宜。所在专业对博士研究生的申请学位答辩的论文发表等级基本要求与博士研究生问卷的数据排序基本一致，要求发表在 SCI/SCIE/SSCI、CSSCI、国内核心、EI 期刊的比例分别为 71.6%、22.0%、21.0%、10.8%。在毕业要求上，89.5% 的医科博导、85.3% 的农科博导、92.8% 的工科博导、98.5% 的理科博导表示，SCI/SCIE/SSCI 期刊为申请博士学位发表要求；61.0% 的社科博导和 61.5% 的人文博导则表示，CSSCI 期刊为申请博士学位要求。

（2）国际同行评审

对博导进行的问卷调查结果（表 4-39）显示，博士学位论文评审中，有 76.7% 学科没有国际同行参与博士论文评审，其中，医科的比例最大，为 84.9%；有 1 个国际同行参与评审比例最大的是农科，为 28.6%，有 2 个国际同行参与评审比例最大的是理科，为 17.8%，人文和社科稍逊，均为 10.9%，由其他国际同行评审比例最大的是社科，为 11.5%。

表 4-39　博士学位论文评审的国际同行参与人数　　　　　单位：%

学科类型	无	1 人	2 人	其他
人文	77.2	9.8	10.9	2.1
社科	69.2	8.3	10.9	11.5
理科	71.3	9.3	17.8	1.6
工科	80.6	8.5	6.7	4.2
农科	71.4	28.6	0	0
医科	84.9	5.8	9.3	0
合计	76.7	8.6	10.2	4.5

（3）盲审条件

对博导进行的问卷调查结果（表 4-40）显示，对博士学位论文评审方式是全部盲审、按比例盲审、有条件免盲审的比例分别为61.6%、27.2%和8.9%。这说明多数高校的学位论文采取全部盲审，以保证博士学位论文的质量。就博士学位论文盲审条件而言，几乎所有学科都要求盲审，无盲审要求比例最大的是医科，为4.7%。有条件免盲审比例最大的是工科，为14.0%；按比例盲审比例最大的是理科，为49.2%，其次是医科，为40.7%。盲审制度并没有在所有学科实施，实现全部盲审的学科是农科。

表 4-40 博士学位论文评审方式（博导调查问卷） 单位：%

学科	无盲审	有条件免盲审	按比例盲审	全部盲审	其他
人文	0	2.1	28.7	69.1	0
社科	0.6	9.6	7.7	80.8	1.3
理科	2.3	6.1	49.2	42.4	0
工科	0.3	14.0	23.8	59.4	2.4
农科	0	0	0	100	0
医科	4.7	3.5	40.7	51.2	0
合计	1.1	8.9	27.2	61.6	1.2

三、结论和改革建议

博士研究生学业评价存在过度依赖盲审的倾向。过度依赖外部评审（如有的高校博士论文全部外审），缺乏学术自信和学者信任的基础，不利于学术共同体的发展。博士研究生问卷调查结果表明，博士研究生所在专业对博士论文评审采取的方式中，全部盲审比例最大，为55.6%；按比例盲审、有条件免盲审的比例分别为21.7%、20.4%；无盲审的比例为2.3%。这表明高校对博士研究生培养成果（博士学位论文）过于依赖外部强制性质量评价。由于盲审，常常学生只能收到返回的纸面意见，难以与评阅者进行进一步沟通（与投评审有相似点又有不相似点，因为作者可以反馈给编辑辩驳的意见），很难达到真正改进和提高。如果采用全部盲审的方式，就失去了学术辩论的价值，应注意这种倾向。如何实施这种审查制度，还需要高校和学科自身科学地考量。政府推行抽查论文，是外部监管和质量保障的一种路径，但它不应该成为学术判断的唯一路径，否则，长此以往，会深刻影响学术自信和学术共同体的弱化和空化。

本书建议试点引入博士学位论文国际评审制度，以国际学术标准严格要求博士研究生，提高其学位论文水平和国际竞争力。

第十节 加强博士研究生导师队伍的建设

为贯彻全国高校思想政治工作会议精神，努力造就一支有理想信念、道德情操、扎实学识、仁爱之心的研究生导师队伍，2018 年 2 月印发的《教育部关于全面落实研究生导师立德树人职责的意见》指出，要落实导师是研究生培养第一责任人的要求，坚持社会主义办学方向，坚持教书和育人相统一，坚持言传和身教相统一，坚持潜心问道和关注社会相统一，坚持学术自由和学术规范相统一，以德立身、以德立学、以德施教。遵循研究生教育规律，创新研究生指导方式，潜心研究生培养，全过程育人、全方位育人，做研究生成长成才的指导者和引路人。该意见强化了研究生导师基本素质要求，政治素质过硬、师德师风高尚、业务素质精湛是研究生导师必须满足的三大基本素质要求。

从该意见中可以看出，研究生导师在研究生培养中负有极其重要的责任。研究生导师是研究生培养的第一责任人。导师对研究生进行培养，要肩负起从品德的培养到学术训练和学术规范的培养，以及对社会责任、心理状况和人文关怀等责任，体现"全方位育人"的职责和要求。所以，要提高导师的育人素质和能力，使其不断地学习和领悟研究生培养和管理的特点和难点。导师要努力提高自己立德树人的本领，做研究生成长成才的指导者和引路人。导师的作用不仅仅是提供学术指导，更要帮助、指导学生如何在科学研究中面对困难和挑战，调整其心理状态。以下分析各高校是如何建立导师培养制度、提高博士研究生导师的素质和指导能力的。

一、各高校博士研究生导师培养概述

（一）严格遴选博士研究生导师

对不同学位专业博导的遴选应有不同的标准，遴选的条件对申请者的职称、年龄、必须主持国家级纵向科研项目和到账经费数、发表论著、国外留学或研修经历、教学和科研经验等方面都有明确规定。例如，北京大学在 2004 年校内的博导遴选包括三种方式：一是传统惯例式，就是只有教授或相当职称的专家学者才具备申报博导的基本条件；二是将博导基本条件扩大到副教授；三是像历史系、教育学院、中国经济研究中心等院系实行的教师申报、院系相关学术机构认定、师生双向选择的方式。不同院系、不同学科会根据自身发展实际选择相应的博导遴选制度。又如，天津大学改革导师评定制度，实现"导师资格"向"导师岗位"的彻底转变。学校层面不再进行导师遴选，每年可以上岗招生的导师名单由学院层面确定。导师评定制度实现"三个脱钩"：一是学院招生指标与导师规模脱钩；二是导师上岗资格与职称脱钩；三是导师岗位与现行的"博导65岁退休"的政策脱钩，并实行"新人新政策，老人老办法"原则。

（二）对导师进行专业化培训

各高校采取不同的方式对博导进行专业化培训和指导，如定期举办"博士研究生指导教师研修班"。例如，清华大学为确保博士研究生培养质量，研究生院于2016年启动博士研究生指导教师研修班，以大会学习、小班培训、在线自测、分组交流等多种形式，由学校、院系和资深教师一起帮助新导师理解职责、熟知规则、分享经验、促进发展，迅速提升其指导能力。又如，武汉大学高度重视导师队伍建设，推行复合导师制，开办"导师学校"、跨学科导师沙龙，以提升导师指导水平，不断完善导师管理机制。再如，江南大学每年举办"导师学校"，对新导师及在职导师进行培训，强化导师在研究生思想政治教育中的地位和责任，以充分发挥导师"第一责任人"的作用。

（三）推进导师岗位责任制，导师审核制度

一些高校打破博士研究生导师终身制，对博士研究生导师招生资格采取年度审核制，博士研究生导师至少有国家级科研项目和高级别成果，才能获得招收博士研究生的资格，以确保博士研究生导师拥有旺盛的科研创新能力和足够的博士研究生培养经费；推进导师岗位责任制；完善导师管理培训体系，使导师承担起对博士研究生培养的责任。

例如，北京航空航天大学实施博士研究生导师年审制，提高导师队伍整体素质，加大博士研究生导师年度上岗的审核力度，完善博士研究生导师岗位的审核与退出机制，进一步淡化博导身份，强化博士研究生导师的岗位意识和明确导师的责任与权力，强化学院和导师的培养过程管理与评价，暂停年审不通过的博士研究生导师招生，直至其退出博士研究生导师岗位。2016年，北京航空航天大学通过导师年审制，共有85人未能上2017年博士研究生招生目录，旨在进一步提高导师队伍的整体实力。

又如，首都师范大学于2016年研究制定《首都师范大学博士研究生指导教师招生资格审核工作实施办法（试行）》，对导师招生的基本条件、科研成果、科研项目提出了具体要求，同时对导师招生名额管理、兼职博士研究生指导教师招生

做出具体规定。该文件已经在 2017 年制定博士研究生招生专业目录工作中执行。

再如，四川大学继续深化博士研究生导师岗位化改革，加大学科的导师管理自主权，建设高水平导师队伍；建立更为严格的导师问责机制；以导师为博士研究生创新人才培养的"第一责任人"为基本要求，进一步细化并落实导师在常态性博士研究生培养工作中的相应职责，建立严格的导师问责机制。导师若履行职责不力出现问题，将严格按照相关规定进行问责。对于在国家及四川省研究生学位论文抽检中出现问题的论文，根据问题的严重程度，将给予该研究生导师停止招生直至取消导师资格的处罚，对其所在培养单位的绩效也将按学校的相关管理规定进行相应的扣减。

（四）健全导师权责机制

高校坚持导师是博士研究生培养的第一责任人，强化导师与招生、培养紧密衔接的岗位意识和责任，发挥导师对研究生思想品德、学术道德、学术规范的教育作用，以及思想引领、学业指导、心理疏导、就业指导等职责，学校搭建"我与导师面对面"平台，促进师生互动交流，营造亦师亦友的师生关系。例如，清华大学制定了《清华大学博士研究生导师学术指导职责参考指南》，明确导师是研究生学术培养的第一责任人，也是研究生思想政治教育的首要责任人，从导师的定位、专业指导职责、学术发展引领三个方面规范博士研究生指导教师的职责。又如，中山大学强化研究生导师责任，树立"导师第一责任人"的观念，在研究生培养中充分发挥导师的核心作用，同时鼓励导师组集体培养，拓展创新人才的培养空间，养成跨学科思维的自觉性，提高研究创新能力。中山大学建立涵盖导师科研任务信息、科研成果信息、培养的在校研究生人数、指导的研究生科研成果、指导的研究生获奖情况、指导的研究生学位论文抽查结果等内容的研究生培养状况跟踪体系，加强对导师指导能力及培养质量的跟踪。中山大学对优秀导师进行奖励，对所指导研究生学位论文抽查有不合格等情况的导师，通过减少招生计划人数、校长诫勉谈话等形式进行处理。

（五）鼓励导师组指导博士研究生

目前，单一的指导方式占博士研究生教育的主导地位。国际博士研究生培养的经验也表明，导师组指导学生的方式是最普遍的形式。其中，英国博士研究生培养多采用双导师制度，即每名博士研究生都配有两位导师。这两位导师可以都是本专业导师，或者一位是本专业导师，另一位是其他领域的导师，以此实现对博士研究生的跨学科培养。博士研究生本人可以根据自身情况向学院提出申请，选择导师配备。美国博士研究生培养一般实行以导师为主的委员会制度，博士研究生除获得主要导师的指导外，还会得到委员会其他教师的指导。日本对博士研究生的指导是导师负责制，但是学位论文是由研究生室集体指导的。法国博士研究生培养是由博士培养组负责（博士培养组由一位负责人和若干组员组成）。澳大利亚不少高校的博士研究生至少要有两位导师（即主要导师和协作导师），在某些特殊情况下，可能还配有校外导师。

我国在博士研究生培养方面，在实行导师负责制的基础上，积极推进指导方式的转变，重视发挥导师团队的作用，逐步形成导师团队式、合作式等多样化指导模式；在尊重学生个性发展和选择权的同时，保障导师对招生的参与权、知情权和选择权，完善师生双向互选机制；建设专兼结合的博士研究生导师队伍，加强兼职导师的聘任管理，完善校、所双导师指导制度。

（六）完善导师管理培训体系

我国博士研究生培养注重加强导师的师德师风建设，不断提高导师的业务素质：建立学校、学院、学科（学位点）三级导师管理制度；完善导师任期聘任考核制度，推进以人才培养质量为核心的导师工作业绩考核；建立优秀导师评选和奖励制度，实施导师培养培训计划，支持导师学术交流、出境访学和参与行业企业实践，加强新导师业务培训，发挥名师示范和优秀导师传帮带作用。为发挥导师对博士研究生的思想引领、学业指导、心理疏导、就业指导等职责，一些高校搭建"我与导师面对面"平台，促进师生互动交流，营造亦师亦友的师生关系。

（七）高校博士研究生导师队伍管理分析

各高校明确提出：第一，导师是博士研究生培养的主要负责人（第一责任人），对博士研究生有指导和管理的责任；第二，高校对导师的入职资格有不同的规定，综合考虑导师的科研能力、职称、学历等因素，对导师资格的遴选更加严格，并开设博导培训班，以保证对新进导师的培训；第三，对博导的管理包括博导的招生资格年度审核制度和年审制，力图建立专业化的博导队伍；第四，各高校导师关注导师的招生自主权，根据自身的科研情况提出对博士研究生名额的要求，思考如何招收到有学术志趣的学生。

二、调研数据分析

（一）访谈分析

在对博导进行的访谈中发现：第一，博导动态管理机制欠缺，例如遴选、考

核和奖惩机制，以及与学生定期交流。2015 年，全国博士研究生导师的人数是
14 844 人，如何对博导进行有效管理是一个刻不容缓的问题。第二，部分博导自
身持续提高学术水平热情不高，自身原创性不足，对学生指导懒散。第三，部分
导师没有教学经历也没有经过新进博导业务培训，对学生指导不到位。第四，一
些导师的权力过大，往往学校无监督机制，学生对导师的评价无投诉的渠道。清
华大学博导 K 教授认为，在博士培养中既要给导师自主权，又要发挥院系的调
控能力。博导能在培养博士研究生的过程中有自主权，院系领导要把好学术关，
注重近期效应和短期效应对博士研究生培养的影响。南京大学 L 教授建议，对
文科导师的工作绩效评价应以博士研究生的质量为标准，而不是以招收博士研究
生的数量为考核标准，同时把招生人数与导师的考核脱钩，以逐步提高博士研究
生的培养质量。

造成中国博士研究生创新能力差距的部分原因是导师的指导水平不高、精力
投入少和指导方式与博士研究生需求不匹配。导师或是缺乏研究指导的能力，或
是重在"用"而很少花心思在博士研究生身上，一些导师由于带的博士研究生过
多而无力指导每个学生，以致学生处于"放养"状态。与国外的通行做法比较，
我国博士研究生培养的习惯做法是"牵着做"，而很少"放手"。这种做法较少鼓
励和引导博士研究生自身的兴趣，较少鼓励学生自主选择研究领域，学生往往很
难获得自主提出新问题和解决问题的能力。

作为博士研究生"学术成长的引导者"和"科研活动的合作者"，导师对
博士研究生的学术指导也呈现关心学生学术能力发展和关心研究任务两种行为
导向。其中，关心学生学术能力发展的学术指导是指导师通过较高的价值理念
和精神鼓舞，激发和鼓舞学生的学习和科研动机，营造相互尊重、接纳、友
善、支持成长与创新的环境，最大限度地挖掘学生的潜力，实现学生学术创新
能力的充分发展。关心研究任务的学术指导是指导师以达成科研目标为目的，
通过明确工作角色和工作要求建立目标与方向，提供资源支持，引导和激励博
士研究生努力投入工作，以取得科研成果。如果以纵轴和横轴分别表示导师对
学生发展和对科研任务的关心程度，则可以将导师的学术指导大致分为高能力
高任务（AT）、高能力低任务（At）、低能力高任务（aT）和低能力低任务
（at）四种类型（图 4-17）。①

① 王悦，马永红. 导师学术指导风格与博士研究生创新行为的关系研究——基于北京地区四所高校工科博
士研究生的实证分析//中国高等教育学会. 加快"双一流"建设实现内涵式发展——"2018 高等教育国际论坛年
会"论文集，2018：411.

图 4-17 导师学术指导风格的四方格模型

高能力高任务型学术指导风格（AT）是指导师在学术指导的过程中与博士研究生以共同的科研工作为基础，秉承探求真理、奉献自身的使命，带着学术的良知与责任，相互激励，教学相长，营造一种充实而自由的学习、研讨和发现的学术氛围，形成共同分享、共同创造、共同发展的理想关系。

高能力低任务型学术指导风格（At）是导师在学术指导过程中注重从精神层面上进行引导和激励，通过设置愿景强调科研的意义，给予博士研究生关怀，使其感受到来自导师和自身的感召。在科研过程中下放科研工作的职权，鼓励学生自主决策、自主行为、自我发展。

低能力高任务型的学术指导风格（aT）是指导师高度关心科研任务的完成情况，为保证科研进度和目标的完成，导师会为博士研究生规定有关的工作内容，设定工作环境、制定工作思路，并希望博士研究生按照他们的期望去工作。这种指导行为会在一定程度上束缚博士研究生的创造力，但从另一方面来讲，这些博导极负责任，可以降低科研失败的风险。

低能力低任务型（at）学术指导风格的本质是一种非指导行为，导师对学生的引导和支持偏低，甚至放任不管。这是一种消极默许的指导行为，相对其他学术指导风格来说，它是最消极和低效率的。

（二）博士研究生问卷数据分析

1.导师总体情况

有关导师学术头衔描述，博士研究生问卷调查结果显示：博导无学术头衔的比例最大，为39.6%；其次是导师有其他头衔的，比例为20.2%。博导中，国家级人才（不含院士）的比例为49.6%，有院士头衔的比例最小，为9.7%。

从不同类型高校看，非"985工程"建设高校导师具有学术头衔的比例略大于"985工程"建设高校。"985工程"建设高校的院士和国家级人才（不含院士）的比例大于非"985 工程"建设高校（表 4-41），说明"985 工程"建设高校有相对较好的博导资源。

表 4-41　不同类型高校博士研究生导师学术头衔　　　　单位：%

学术头衔	非"985 工程"建设高校	"985 工程"建设高校
院士	9.2	10.4
国家级人才（不含院士）	48.0	52.1
其他	23.8	16.7
无	38.4	42.3

2. 指导方式

对博士研究生问卷调查数据表明，博导拥有多名教学、科研人员组成的指导团队的比例为 75.1%。博士研究生接受的主要指导方式中，接受导师单独指导和导师团队的共同指导的博士研究生超过一半，分别是 50.2% 和 51.5%；联合培养导师组指导（国内）和联合培养导师组指导（国外）的比例分别为 15.5% 和 13.2%，接受多学科导师指导的博士研究生数量较少。由此可见，跨学科导师指导的方式在博士培养中应用较少。

从不同学科看，医科博士研究生由多名教学、科研人员组成的指导团队的比例最大，为 87.2%；其次是工科博士研究生，比例为 77.9%。

从不同类型高校看，非"985 工程"建设高校的博导拥有多名教学、科研人员组成的指导团队的比例稍大于"985 工程"建设高校，分别为 78.2% 和 72.6%（表 4-42），这说明博导指导团队在博士研究生培养中是主要形式。

表 4-42　不同类型高校博导指导团队情况

比较项		非"985 工程"建设高校	"985 工程"建设高校	合计
是	频次	1747	1523	3270
	百分比/%	78.2	72.6	75.5
否	频次	486	574	1060
	百分比/%	21.8	27.4	24.5
合计	频次	2233	2097	4330
	百分比/%	100	100	100

此外，对博士研究生的问卷调查结果显示，"985 工程"建设高校导师单独指导的比例大于非"985 工程"建设高校。

3. 与导师交流次数

关于博士研究生每学期与导师当面交流次数，每月与导师交流 1 次的比例最大（27.7%），其次是每月交流 3 次（26.8%），每月交流 2 次的有 23.0%，每月交流 4 次及以上的比例为 21.4%，1.1% 的博士研究生每学期与导师无当面交流。

从不同学科看，博士研究生与导师交流的次数因学科不同而有所差异。理科博士研究生与导师交流的次数比例较大的是每月见面 4 次以上（32.6%）和 4 次（28.2%）；工科博士研究生与导师交流的次数比例较大的是每月交流 1 次（29.4%）和 4 次（27.1%）；社科博士研究生和导师交流次数比例最大的是每学期与导师仅交流 1 次（36.2%），每月交流 1—2 次的比例为 29.5%；人文博士研究生和导师交流次数比例最大的每学期与导师仅交流 1 次（36.4%），每月交流 1—2 次的比例为 33.5%。理科、工科博士研究生与导师交流的次数多于人文、社科博士研究生。在访谈中，人文、社科博士研究生普遍反映与导师的交流少，导师对学生的指导不到位，师生之间缺乏有效沟通，开组会的次数少，处于放养状态的居多。人文、社科博士研究生导师与学生交流严重不足，应引起重视。

从不同类型高校看，"985 工程"建设高校博士研究生和非"985 工程"建设高校博士研究生与导师交流频繁程度差异不明显。非"985 工程"建设高校博士研究生与导师无见面交流的比例较"985 工程"建设高校大，分别为 22.4% 和 20.5%。"985 工程"建设高校博士研究生和非"985 工程"建设高校博士研究生与导师见面交流次数中，每月与导师交流 1 次的比例最大，交流 2 次、3 次、4 次及以上的差异不大，均为 20% 以上。"985 工程"建设高校博士研究生与导师每月见面 4 次的比例略大于非"985 工程"建设高校。

4. 导师鼓励博士研究生对已有学术观点进行质疑和批判情况

对博士研究生进行关于导师是否经常鼓励您对已有学术观点（包括导师本人的）进行质疑和批判的问卷调查结果（表 4-43）显示，总体来看导师鼓励博士研究生对已有学术观点进行质疑和批判的博士研究生的比例为 83.9%。其中，非"985 工程"建设高校的导师鼓励博士研究生对已有学术观点进行质疑和批判比例大于"985 工程"建设高校，分别为 86.4% 和 81.5%。

表 4-43　导师是否经常鼓励您对已有学术观点（包括导师本人的）进行质疑和批判

比较项		非"985 工程"建设高校	"985 工程"建设高校	合计
是	频次	1929	1711	3640
	百分比/%	86.4	81.5	83.9

续表

比较项		非"985 工程"建设高校	"985 工程"建设高校	合计
否	频次	304	388	692
	百分比/%	13.6	18.5	16.0
合计	频次	2233	2099	4332
	百分比/%	100	100	100

对博士研究生进行调查的问卷数据（表 4-44）显示，78.2%的博士研究生与学校导师关系密切；博士研究生花很多时间和学校导师讨论的比例为67.2%，说明导师通过讨论的方式指导博士研究生的比例还有待进一步提高。博士研究生和学校导师私下关系很好的比例为 69.8%，学校导师关心博士研究生的心理状态，会帮助疏解其压力的比例为 71.8%，说明导师对博士研究生心理压力的重视程度还有待提高。

表4-44 博士研究生导师与博士研究生关系　　　　　单位：%

问卷题目	百分比/%
我和学校导师关系密切	78.2
我花很多时间和学校导师讨论	67.2
我和学校导师私下关系很好	69.8
我在生活上遇到困难时，学校导师愿意帮助我	77.9
学校导师关心我的心理状态，会帮助疏解我的压力	71.8
只要我需要，我相信学校导师会帮助我	80.5

（三）博士研究生导师问卷数据分析

1. 导师总体情况

对博导的年龄进行统计，结果表明博导年龄为 46—55 岁的比例最大（45.6%）；其次为 36—45 岁，为 30.9%；年龄为 56—60 岁、61 岁及以上、35 岁及以下的比例依次为 12.3%、8.1%和 3.1%。博导具有博士研究生学位的比例为94.0%，博导本硕博不就读于同一所学校的比例为 69.0%。只有 18.1%的博士研究生导师取得国外学位，其中有 16.7%的博导具有国外大学的博士学位。具有正高职称的博士研究生导师的比例为 6.9%。关于导师学术头衔，不论哪个学科门类，无学术头衔的博士研究生导师都占一半或一半以上。农科博士研究生导师无学术头衔的比例最大（85.7%），其次是社科类博士研究生导师（75.6%）、人文博士研究生导师（72.2%）。

博导之前工作所在单位是国内高校的比例为 80.8%，就职于国外高校的比例为 15.3%，就职于国内科研机构和国外科研机构的比例分别为 9.7% 和 7.1%。不同学科的博导之前工作所在单位也不同：就职于国外高校和国外科研机构的理科博导的比例较大，分别为 29.6% 和 12.1%；就职于国内科研机构中的人文和理科博导的比例较大，分别为 14.7% 和 14.4%。

从不同学科看，社科、人文、工科和农科博导有国内高校工作经历的比例都在 85.0% 以上；有国外高校工作经历的博导中，理科博导的比例最大，为 29.6%；有国内科研机构院所工作经历的博导中，比例较大的是人文和理科博导，分别为 14.7% 和 14.4%；有国外科研机构工作经历的博导中，理科博导的比例最大，为 12.1%。这说明博导的工作经历以国内外高校和国内科研机构居多。就职于国外高校和国外科研机构的人文、社科导师较少，这在一定程度上影响了人文、社科博士研究生和导师国际交流的深度和广度。

博导在国外研究单次最长时间上，16.3% 的博导没有出境做研究的经历。单次最长时间为 0—6 个月、7 个月至 1 年、1 年和 2 年的比例均为 20% 左右。其中单次最长时间为 0—6 个月的博导的比例最大，为 23.1%；其次是单次最长时间为 2 年以上的博导，比例为 22.1%。

对博导进行关于跨学科的学习或研究经历的问卷调查结果（表 4-45）显示，当涉及跨学科学习或研究经历时，跨一级学科的博导的比例最大，为 39.2%。41.1% 的人文博导和 37.1% 的理科博导表示从未涉及跨学科；41.9% 的社科博导、50.0% 的工科博导、57.1% 的农科博导和 36.0% 的医科博导表示有跨一级学科的经历。跨学科门类经历的博导的比例仅为 14.1%。有跨二级学科经历的博导中，农科和医科博导的比例较大；有跨一级学科经历的博导中，农科和工科博导的比例较大。有跨学科门类经历的博导中，比例最大的是社科博导。

表4-45　博导跨学科的学习或研究经历　　　　　单位：%

学科类型	无	有，跨二级学科	有，跨一级学科	有，跨学科门类
人文	41.1	20.0	25.3	13.7
社科	18.1	18.7	41.9	21.3
理科	37.1	28.8	23.5	10.6
工科	22.0	15.7	50.0	12.2
农科	0	42.9	57.1	0
医科	17.4	32.6	36.0	14.0
合计	25.5	21.3	39.2	14.1

此外，理科博导获得国外博士学位的比例最大，为35.8%；其次是工科博导，为14.6%；社科和医科博导的比例分别为11.9%和12.8%。

2. 导师指导

对博导进行关于是否有由多名教学、科研人员组成的导师团队的问卷调查（表4-46）数据显示，70.6%博导有由多名教学、科研人员组成的导师团队。从不同学科看，85.7%的农科博导、81.0%的医科博导、78.5%的工科博导、72.3%的社科博导、57.9%的人文博导、52.0%的理科博导表示，自己的导师队伍包括多名教学、科研人员。采用导师单独指导的方式排在前两位的是理科博导、人文博导，分别为48.0%、42.1%。

表4-46　博导是否有由多名教学、科研人员组成的导师团队　　　单位：%

比较项	有	没有
人文	57.9	42.1
社科	72.3	27.7
理科	52.0	48.0
工科	78.5	21.5
农科	85.7	14.3
医科	81.0	19.0
合计	70.6	29.4

博导每学期与每位博士研究生当面交流的平均每月交流3次的比例为39.9%，每月交流2次和4次以上的比例分别为21.8%和28.8%；与导师每月交流1次的比例为9.5%。从不同学科看，农科、理科、工科师生之间的交流多于人文、社科的博士研究生。

大部分博导鼓励博士研究生对已有的学术观点进行质疑。所有人文博导和农科博导都认为应该鼓励这种行为。

三、结论和改革建议

师生的密切关系能够促进博士研究生创新力产生。博士研究生问卷调查结果表明，博士研究生与导师的关系密切程度直接影响着博士研究生的创新能力。博士研究生导师的角色和职责可以概括为博士研究生"学术成长的引导者"和"科研活动的支持者"两个方面。"学术成长的引导者"是导师的第一角色，也是其最为重要的角色。导师首先是"师"，但又不同于一般意义的教师，因为其更重要的作用在于对博士研究生科学精神的培养和学术道德的熏陶，即引导学生的学术成长。同时，学术成长又必须以学术探究为载体，因此导师与研究生又是探究过程中的合作者，共同具有学术研究者的身份。在共同探索知识和真理，共同发现、创造知识和真理过程中，导师与学生容易形成一种相互珍惜、相互尊重、平等磋商的人际关系，从而成为真正意义上的合作者。

导师关心学术能力发展与关心科研任务都会对博士研究生的创新行为产生正向影响作用，这是两者的互补，而不是对立的行为导向。在博士研究生的培养中，导师需要正确处理育人与科研的基本关系，引导博士研究生在科学研究中学习、发展、成长，重视和强化科研的育人功能。尤其对理科、工科博导而言，他们往往承担着繁重的科研任务，并且面临着各种有关项目经费、发表论文和成果奖项的考核。这些任务和压力在一定程度上容易转嫁给博士研究生，从而造成对学生"使用多，培养少"的现象，过度强化科研任务，而淡化对学生学术能力和学术精神的培养。此外，当导师的学术指导越倾向于激发学生创新潜能和精神鼓舞、越具有个性化关怀的特征时，博士研究生的创新就越积极。因此，在博士研究生的培养过程中需要重视隐性激励，营造宽松、自由的学术氛围，在一个过度强调规范性和服从性的环境中，博士研究生往往很难有自由自主的创新性活动，也很难成长为独立的学术人才。[①]

导师与博士研究生之间频繁、重要的交往产生在导师的指导过程中，良好的指导风格是师生迅速建立良好关系的基础。这是由于导师的教学指导风格促使学生在学习过程中积极展开思维活动，牢固地掌握知识，从而在求知成才中获得积极愉快的情感体验，产生对导师的理解、尊敬和热爱；反之，则无法使学生感受到学习的乐趣，产生厌学心理，以及不满和对立情绪，妨碍师生的学术交流、思想交流。

应建立导师学校，培养具有专业管理水平的导师队伍。在博士研究生指导教师资格确认方面，不能论资排辈，要看重教师的学术活力及研究工作的前沿性。目前，博士研究生导师队伍年轻化趋势明显，在给学术研究带来生机和活力的同时，也出现了青年教师缺乏课堂教学经验等问题，因此，应加强对年轻博士研究生导师的培训工作。关于导师团队指导，在国际化导师指导趋势和跨学科指导背

① 王悦，马永红. 导师学术指导风格与博士研究生创新行为的关系研究——基于北京地区四所高校工科博士研究生的实证分析//中国高等教育学会. 加快"双一流"建设实现内涵式发展——"2018高等教育国际论坛年会"论文集，2018：411.

景下，探索与国外导师合作指导的有效形式是提高高校国际合作的重要途径。

在导师指导方面，博导对保持学生持续性的研究志趣有重要作用。第一，应通过制度建设保证德才兼备的优秀导师指导学生。第二，保证博士研究生以不同形式与导师进行学术交流和日常交流的次数与频率。第三，要建立师生的双向选择机制，创新提升师生识别与匹配的有效性方法，有效降低师生之间的选择成本。例如，牛津大学教师学习发展中心（Oxford Learning Institute，OLI）、帝国理工学院的教师教育发展中心和学习与发展中心，它们以教师教学和研究发展为中心，对教师进行持续的全生命周期的学术和职业发展培训服务。

本书建议加强导师队伍培养，促进教师教育发展中心建设，实施全生命周期的学术和职业发展培训体系。牛津大学教师学习发展中心这一校内机构结合牛津大学的五年战略发展规划，提出其所肩负的使命，即"以专业的、职业的管理，以及政策的发展来推动牛津大学在学习、教学和研究中继续做出努力并达成卓越；OLI 的目标是通过促进教师发展的政策制定、学校管理措施的改进、专业能力提升和决策的科学化程度等方面的改善，实现牛津大学整个学校追求卓越的教育教学目标，保证高校学生的教育教学与学习质量，进而提升牛津大学的教育教学、科研水平和科研实力，进一步加强并巩固牛津大学在世界高等教育领域的优先地位"[①]。

第十一节　健全博士研究生教育的支持体系

一、各高校支持政策概述

（一）实施导师招生收费制度

为提高博士研究生的生活待遇，制约博士研究生盲目招生，促使导师用心选学生、用心育学生，保证博士研究生安心学习和研究，提高博士研究生培养质量，高校纷纷提高了博士研究生待遇，以吸引优质生源，同时进一步调节博士研究生名额的需求矛盾，缓解博士研究生延期、拖沓，并对基础研究有特殊倾斜政策，要求有招收博士研究生资格的导师或导师组必须出经费资助博士研究生完成相关学业和从事科学研究工作。

---

① 邓嵘. 大学教师发展的系统规划与实践牛津大学教师发展中心的经验及其启示. 教育科学，2017（1）：37-42.

例如，上海交通大学机械学院自 2012 年进行试点学院的改革，在全院实行博士研究生注册收费制度。

1）导师每招收 1 名博士研究生，每学年需上交博士研究生培养费 5 万元。

2）学院统一管理，统一发放；未交或未交清博士研究生注册费的导师，将不接受其下一年的招生资格申请。

3）其中 3.6 万用于博士研究生助研津贴，保证博士研究生每人每月 4100 元（3000 元+1100 元）的助研津贴。

4）其余 1.4 万加上学院其他筹措资金，用于推进硕博连读，鼓励学科上水平和基础研究：硕博连读生的硕士阶段生活津贴为 740 元（500 元+240 元）；新增院士，国家奖获得者，杰青，973 计划首席，优秀博士学位论文、ESI 高被引、基金重点项目负责人，减免 1—2 名博士研究生 4 年培养费；自然基金项目负责人、973 计划子课题负责人每年减免 0.9 万元。

（二）鼓励院系导师设立助研岗位，设立博士研究生助研最低标准

高校提高博士研究生待遇，激励博士研究生勤奋学习、刻苦钻研，适当提高国家计划全日制非在职博士研究生的助研岗位津贴标准，使广大博士研究生安心从事科研工作。例如，自 2017 年 9 月，中国科技大学各院系和导师积极创造条件，为所有符合条件的博士研究生提供助研岗位，除人文学科外，设置博士研究生助研岗位的出资标准最低为每月 600 元。学校对博士研究生助研岗位仍给予定额配套资助，配套资助标准不变。

（三）建立特殊岗位：如博士研究生助理研究员制度

中国科技大学建立博士研究生助理研究员制度，提供配套资助作为推行弹性学制改革的配套措施之一，学校对优秀的、有潜力冲击百篇优秀博士的、延长学习的高年级博士研究生，除给予正常助研资助外，研究生院额外配套该生每年 3 万元的生活资助，同时学校人力资源部给予其助理研究员工作岗位待遇补助，每年约 4 万元，此外该生所受聘的相关实验室与创新平台可能还会给予其一定的配套奖励经费补助。6 年来，试点学科就有 100 多名博士研究生申请获得了助理研究员岗位。通过这项制度，中国科技大学吸引了一批潜心科研的优秀研究生继续深造，力争做出重大成果。

（四）设立各项博士研究生创新项目资助

北京航空航天大学紧紧围绕培育高水平创新人才的根本任务，以能力培养为

目标，以创新过程为主线，以成长需求为切入点，系统构建了以研究生科技创新项目资助、国际学术交流资助和科技创新成果奖励为主体的研究生科技创新激励体系，实施了"研究生创新实践基金""博士研究生卓越学术基金""博士研究生短期出国访学基金""研究生出国参加国际会议资助项目""研究生发表优秀学术论文奖""工程硕士实习实践优秀成果奖" 6 项举措，实现了过程培育与成果奖励的有机结合，形成了以多元化、全过程、全面性为显著特色的研究生科技创新激励机制。

该体系自实施以来，每年有数千人（次）获得资助和奖励，形成了良好的竞争与支持机制，研究生科研创新能力整体水平大幅提升。2016 年，获博士学位的毕业生人均发表在 SCIE 期刊上的论文为 1.81 篇，是 2009 年人均 0.52 篇的 3 倍多；2015—2016 年研究生发表在 JCR Q1 区的学术论文为 601 篇，接近 2012—2013 年发表总数的 2 倍，带动了研究生培养质量的整体提高。

数据统计显示，2016 年在校期间获得博士创新基金资助的已毕业博士研究生人均发表在 SCI 期刊上的论文为 2.93 篇，比全校平均值高 1.13 篇。获得卓越学术基金资助的已毕业博士研究生人均发表在 SCI 期刊上的论文为 5.19 篇，比全校平均值高 3.39 篇。获得学术交流项目资助的已毕业博士研究生人均发表在 SCI 期刊上的论文为 2.17 篇，比全校平均值高 0.37 篇。[①]该机制的实施激励了博士研究生取得更加突出的成果。

自 2010 年，北京航空航天大学的北京市优秀博士学位论文获得者、北京航空航天大学优秀博士学位论文获得者在校期间均获得过激励体系项目的资助和奖励。截至 2016 年，获得"博士研究生创新基金"的研究生中有 47 人成为国家科技奖励署名获奖人。2008 年"博士研究生创新基金"获得者蔡开泉于 2009 年成为国家技术发明一等奖的署名获奖人，2011 年再次获得一项国家科技进步奖二等奖，他还作为当年唯一因科技创新而获奖的博士研究生，入选教育部组织评选的"2011 全国大学生十大年度人物"；2012 年"博士研究生创新基金"获得者董琛获评"第十届全国大学生年度人物"提名奖；2015 年"博士研究生创新基金"获得者张鹏飞，于 2016 年 4 月以共同第一作者（第一学生作者）身份在国际顶级科技期刊《自然》（*Nature*）上发表学术论文。该机制的实施有效地促进了拔尖创新人才的脱颖而出。

---

① 北京航空航天大学研究生院提供。

　　天津大学在符合国家文件的基础上，统筹多方资金，将精准资助与资助育人相结合，构建奖、助、勤、贷、补五位一体的研究生资助体系。

　　上海师范大学推行研究生教育培养经费由多方筹集的投入机制。第一，实施研究生招生名额分配机制与导师指导质量挂钩的新机制，扩大导师在招生中的择优录取权限，整体提升研究生的生源质量。第二，将博士研究生弹性招生制度与博士研究生个性化培养相结合，进一步完善学校、学院与博士研究生导师自主筹集培养经费相结合的研究生教育投入机制。

（五）服务体系

　　复旦大学在全国高校中率先成立研究生服务中心，为校内外师生提供一站式服务，建立研究生服务中心、研究生导师服务中心、论文写作服务分中心和研究生职业技能教育分中心，切实提高管理服务的能力和水平。研究生服务中心实现了在校生成绩单和学籍证明申请、缴费、打印所有操作都可以在网上和自助打印终端完成，真正实现24小时全天候随时为师生服务，受到师生好评。研究生导师服务中心的成立是研究生院继研究生服务中心成立后的重要改革举措，对研究生院进一步转变机关职能、搭建服务平台、实现服务与管理并重、发挥导师在研究生教育中的作用有着重要意义。论文写作服务分中心整合校内外教学资源，通过免费开设各类课程、举办科技论文竞赛、与相关杂志合作等多种形式，引导和发挥学生自主学习的兴趣和能力，为研究生提供更多的学习资源和训练机会。研究生职业技能教育分中心通过开设"复旦大学研究生职业技能ABC培训课程"等形式，在课堂教学和科研活动之外，实施促进研究生职业能力提升的新举措。复旦大学建立起一套全新的研究生信息系统，有效地增强了研究生教育管理服务的科学性、准确性和便捷性。

　　北京大学化学与分子工程学院（简称"化学学院"）提供博士研究生未来职业生涯需要的高质量培训。研究生课程吸引了来自中国顶尖大学最有前途的学生。大多数化学学院毕业的研究生选择在中国的学术环境或工业、企业环境的研究岗位。他们中的许多人引领所在领域的研究或教育。大量学生寻求国内外博士后研究岗位，以便增加自己成为所在领域及社会服务的未来领袖的机会。近几年，化学学院每年大约有90名获得博士学位的学生毕业，有10名左右获得核化学硕士学位的学生毕业。2012—2017年，化学学院的研究生毕业后大约70%参加了工作，约30%选择在中国和国外博士后研究职位工作。

二、调研数据分析

（一）访谈资料

在访谈中，奖助和三助（助研、助教、助管）在博士培养中衔接不够是博士研究生奖助存在的主要问题。国家、学校发放的奖学金往往未能很好地与学生承担三助相结合，也未提供足够的三助岗位（尤其是文科）。原则上讲，应该是有岗位才能发放奖学金，所以博士研究生的奖助与三助岗位匹配度不高。导师在学生奖助金的发放以及三助执行上缺少发言权、调节权和控制权。从访谈中可以得知，博士研究生对国家提供的助学金的理解存在误区，因为有的博士研究生培养单位没有为博士研究生提供三助岗位，而直接给博士研究生发放津贴，导致博士研究生认为给导师做项目是额外劳动，因此参与科研的积极性不高。在美国，博士研究生要给导师做教学助教和科研助教，以获得奖学金和助学金。此外，高校对博士研究生助研岗位的职责没有明确的规定，使博士研究生认为助学金是学校发放的生活补贴。复旦大学数学学院 W 教授建议，对博士研究生的资助体系应与其工作量挂钩。尽管学校有三助岗位，但是博士研究生的资助体系与工作量挂钩二者没有真正地结合，导师在博士研究生的工作量资助上往往无实质性的发言权和自主支配权，导致不能对学生进行有效的管理。

奖助金的多少与学科有关，在工科或应用型学科，学生大多参加导师科研工作（即承担了助研任务），导师给学生发放的补助或劳务费比较充足，外加国家、学校的各类补助、奖励，学生过得相对"富裕"。就文科而言，在博导项目不多的学科，学校的助教和助研项目较少，导致文科博士研究生的生存压力较大。一些延期的文科博士研究生由于缺少学校资助，其生存压力更大。

导师的培养经费压力大（尤其文科）。有的院系要求导师必须为学生发放学业补助，导师为了上缴博士研究生培养费而不得不跑课题，博导希望学校和国家给予其更多的支持。博导问卷调查的数据表明，45.5%的导师根据学校要求预存一定额度的资助金，用于博士研究生培养，金额为每名学生 1 万—10 万，有的学科要求为每名学生预存 25 万元之多。

（二）博士研究生问卷分析

1. 学校每月固定发放奖助学金（含学费返还）

在回收的博士研究生有效问卷中，发现 76.8%的博士研究生每月会收到学校发放的奖助学金（含学费返还），有 80.2%的"985 工程"建设高校学生和 73.5%的非"985 工程"建设高校学生会收到学校发放的奖助学金。从数据上看，有

76.8%的博士研究生收到奖助学金，没有收到奖助学金的博士研究生比例为33.2%。国家向每一名博士研究生发放助学金，可能是调研的博士研究生中有定向生，或者认为学校没有给博士研究生发放奖助学金。

对"学校是否每月向博士研究生固定发放奖助学金（含学费返还）"的调查数据显示，收到奖学金的博士研究生中，社科博士研究生的比例为21.2%，理科博士研究生的比例为16.8%，工科博士研究生的比例为39.8%，医学博士研究生的比例为13.7%，人文博士研究生的比例为7.6%，农科研究生的比例为0.9%。每月发放的金额为1000元的博士研究生的比例为11.6%，1500元的比例为23%，2500元的比例为26.4%。在没有固定发放奖助学金的博士研究生中，社科博士研究生的比例为44.4%，人文博士研究生的比例为21.7%，工科博士研究生的比例为18.5%，理科博士研究生的比例为7.5%，医科博士研究生的比例为6.9%，农科博士研究生的比例为0.9%。从不同类型高校看，"985工程"建设高校博士研究生每月固定发放给博士研究生的奖助学金高于非"985工程"建设高校，两者的比例分别为80.3%和73.3%。

2. 导师提供的学业补助

在调查博士研究生"每月是否会收到导师提供的学业补助"时，数据显示43.5%的博士研究生反映，每月会按时收到学业补助。其中，工学博士研究生的比例为53.2%，其次是理科博士研究生（比例为21.2%），医科博士研究生的比例为10.3%，社科博士研究生的比例为9.9%，人文博士研究生的比例为4.3%，最后农科博士研究生的比例为1.1%。

超过半数的博士研究生会收到每月800元、1000元、2000元、3000元不等的学业补助。41.6%的博士研究生表示没有收到导师发放的学业补助，其中，社科博士研究生的比例为45.1%，人文博士研究生的比例为19.0%，理科博士研究生的比例为6.7%，工科博士研究生的比例为15.1%，医科博士研究生的比例为13.3%，农科博士研究生的比例为0.8%。在15.0%的博士研究生不定期收到的导师学业补助中，工科博士研究生的比例为35.7%，社科博士研究生的比例为23.2%，理科博士研究生的比例为16.8%，医科博士研究生的比例为14.0%，人文博士研究生的比例为9.9%，农科博士研究生的比例为0.4%。33.5%的非"985工程"建设高校博导每月定期发放学业补助，53.5%的"985工程"建设高校的博导每月定期发放学业补助。

"985工程"建设高校没收到导师发放学业补助的，按照学科分，人文博士研究生占其总数的65.0%，社科博士研究生占其总数的58.0%，医科博士研究占其总数的 31.0%，工科博士研究生占其总数的 15.7%，理科博士研究生占其总数的 14.0%。非"985 工程"建设高校没收到导师发放的学业补助的，按照学科分，社科博士研究生占其总数的 77.4%，人文博士研究生占其总数的 73.0%，医科博士研究生占其总数的 46.0%，工科博士研究生占其总数的 22.0%，理科博士研究生占其总数的 27.0%。总之，"985 工程"建设高校和非"985 工程"建设高校中，没有收到导师发放学业补助的主要是人文、社科博士研究生。非"985 工程"建设高校中，导师不定期发放学业补助的也主要是人文、社科博士研究生，且比例大于"985 工程"建设高校。

3. 国家奖学金

博士研究生问卷调查结果显示，有 72.0% 的博士研究生未获得过国家奖学金。从不同学科看，获得过国家奖学金的，社科博士研究生的比例为 32.0%，工科博士研究生的比例为 30.4%，理科博士研究生的比例为 14.7%，人文博士研究生的比例为 14.0%，医科博士研究生的比例为 8.0%，农科博士研究生的比例为 0.9%。社科和工科博士研究生获得的国家奖学金显著多于其他学科博士研究生（卡方检验差异显著，$p=0.005$）。"985 工程"建设高校中，27.5% 的博士研究生获得过国家奖学金，非"985 工程"建设高校博士研究生中，有 28.4% 获得过国家奖学金，两者差异不显著。

三、结论和改革建议

（一）针对学科特点，进行分类精准支持，提升学科系统整体活力，繁荣高校人文社会科学建设，提高人才质量

政府应进一步加大对博士研究生教育的支持力度，增加博士研究生生均培养经费，确立功能性拨款制度，以保证重点高校拥有经常性的科研经费。国家相关政府部门要改革现行科研经费管理办法，实现研究课题对博士研究生培养和资助的功能；突出重点建设，继续增加对"985 工程"建设高校和"211 工程"建设高校的经费投入，大力支持全国重点学科、国家实验室和研究基地建设，争取在较短时间内建设一大批接近或达到世界一流水平的优势学科。

完善博士研究生资助体系是提高研究生培养质量的重要保障。国家应加大对人文、社科博士研究生的资助力度，高校应增加文科生的助研和助教岗位。特别是通过了博士研究生资格考试后的博士候选人，应该被看作年轻学者，与博导之间应该是一种更为平等的合作关系。因此，在资助上，也应该让博士候选人作为

年轻学者，国家有更为适应其身份的资助力度，使其安心地进行科学研究。

（二）从博士研究生的出口为博士研究生就业提供有效支持，提高博士研究生非学术能力和就业胜任力

目前，博士研究生教育中存在的主要问题包括：博士研究生非学术能力欠缺，职业教育引导不足，博士研究生缺乏在学术领域与非学术职业转换的技能。培养环节的主要精力大都放在提高博士研究生的学术能力上，以培养满足学科内部需要的研究人员为目标。博士研究生在博士就读期间所获得的知识和能力结构并不能满足未来职业的需求，进而造成部分博士研究生从研究生到职业人角色的转变存在困难。在今后的改革中，需要联合有关就业指导部门，加强为研究生提供一系列可迁移技能训练的项目，包括求职技能训练、批判性思维训练等，帮助博士研究生在培养方案中既获得基本的研究能力，也获得如解决问题、团队协作、口头与书面沟通等可迁移能力，增强其在学术领域与非学术领域职业技能的转换。

博士研究生的结构和专业设置与社会和用人部门对博士毕业生的需求不匹配。有大量博士毕业生希望在学术机构（大学和科研院所）就业，调研数据显示：博士研究生毕业后愿意从事科学研究的占72.0%。近年博士毕业生的就业去向表明：在高校工作的比例为27.5%，在科研设计部门的比例为38.6%。在知识生产模式变革的时代，博士毕业生的就业不再是学术机构（大学和科研院所），更多的博士毕业生选择从事学术以外的职业。而实际情况是学术机构（大学和科研院所）不能接收大量的毕业生，导致博士毕业生在学术机构以外的部门就业。所以，博士研究生培养的模式要与社会需求和就业市场相匹配，高校需要对培养模式进行改革，以培养博士研究生的非学术能力。例如，美国宾夕法尼亚大学医学院为博士研究生提供宾夕法尼亚大学探路者（PENN Pathfinders）未来就业服务项目，加拿大多伦多大学为博士研究生提供未来可能从事的非学术职业的培训服务，这些做法都是值得我国高校学习和借鉴的。

第五章

中国博士研究生培养模式研究

本章以科教融合、创造力理论和研究生教育基本规律为基础，综合比较和借鉴美国、德国、英国、法国、日本等主要研究生教育强国的博士研究生教育的基本现状和先进经验，梳理各国各具特色的、相对成熟的博士研究生培养模式，发现各国（含中国）基本环节总体趋同，同时在具体细节上相互学习。为了解中国博士研究生培养的基本情况和模式，本书调研组对北京大学、清华大学、上海交通大学、复旦大学、南京大学、东南大学、中山大学和华南理工大学 8 所高校的博士研究生、导师开展深入访谈；面向全国"985 工程"建设高校和 12 个省份学位办推荐高校全面开展问卷和案例调研，在此基础上综合运用质性和量化研究方法，对我国博士研究生教育进行全面剖析。通过前文对我国博士研究生教育的调查研究和分析，本章主要对中国博士研究生培养模式和培养框架进行提炼，结论如下：①运用混合研究方法，析出了立德树人、招生选拔、分流机制和学制、课程设置、科教结合、培养新路径、学术评价、导师队伍、支持体系 9 个描述性关键维度，提炼出我国博士研究生培养模式的九维度描述框架；②梳理了我国博士研究生培养的基本过程和典型模式；③归纳了我国博士研究生培养模式的典型特征；④析出了我国博士研究生培养模式的发展演进质量观测指标。

从对中国博士研究生教育的研究和实地调研，我国的博士研究培养的现状可以从以上 9 个维度描述和反映。具体而言，立德树人教育贯穿于博士研究生培养的全过程，着力提高人才培养质量，走内涵式发展道路。博士研究生培养各个环节都需要投入和支持体系作为保证，以确保博士研究生培养的正常进行和高效运行。各高校根据实际情况采用不同的招生选拔制度，加强博士研究生课程建设，以课程设置的科学性、研究性和开放性为原则。淘汰与分流是保证博士研究生质量的重要途径，也是博士研究生结构化培养的重要特征。导师是博士研究生培养的第一责任人，不仅要在学术上对博士研究生起引领的作用，而且要关注博士生学术道德和学术规范，所以导师队伍建设也直接影响博士研究生的培养质量。科教结合是培养博士生的研究和实践能力的主要途径，跨学科培养和国际交流是博士研究生培养的新路径，在博士生培养质量提高方面有极大的探索空间。学术评价是博士研究生培养的"出口"，也是对培养质量监控的措施之一。

第一节　中国博士研究生培养的基本过程

中国博士研究生培养基本过程包括招生选拔，课程学习，学术训练，导师指导，论文发表、学位论文撰写和评价，学制，奖助制度。

一、招生选拔

我国博士研究生招生工作发展过程中共出现过六种招考方式，分别是公开招考、提前攻博、硕博连读、直接攻博、普通招考、"申请-审/考核"制。

公开招考是从 1981 年我国博士研究生招生制度初步建立时开始的，是当时唯一的博士研究生招生方式，在 2010 年更名为"普通招考"并一直沿用至今。公开招考/普通招考是指招生单位面向社会招生，自行命题并组织入学考试，从考生中择优录取的招生方式。已获硕士学位、硕士应届毕业生、拥有学士学位并与硕士毕业生具有同等学力的人员均可报考。考试一般分为初试和复试两个阶段。初试笔试科目包括外语、政治、专业基础课和专业课；复试的形式由招生单位自定，一般采用面试的形式，重点考查考生的综合素质以及是否具有博士研究生培养潜能。

1984 年，我国开始试行提前攻博的办法，在优秀硕士研究生中进行选拔，经考核通过，可提前攻读博士学位。硕士研究生本人提出申请，其指导教师推荐，经教研室提出意见，由所在系审核并经研究生院核准，可参加当年度博士研究生入学考试，或由系所单独组织考试，成绩合格者可以转为博士研究生，享受博士研究生待遇。

1998 年，招考方式又增加一种，即硕博连读，是指招生单位从新入学的硕士研究生中遴选少数优秀者，获得硕博连读资格，再从其中完成规定的课程学习并通过博士研究生资格考核的学生中选拔博士研究生的方式。拟进行硕博连读的学生被录取为硕士研究生后即可提出申请，经本专业博士研究生导师同意及招生单位核准，取得硕博连读资格后，还须完成规定的课程学习，成绩合格并通过博士研究生资格考核。

提前攻博和硕博连读的硕士研究生，在博士学位论文答辩时，若博士学位论文答辩委员会认为其论文未达到博士学位的学术水平，但已达到硕士学位的学术水平，可根据《中华人民共和国学位条例暂行实施办法》第十五条规定，做出授予其硕士学位的决议。提前攻博和硕博连读的选拔方式都是从在读优秀硕士生中择优录取攻读博士学位，唯一的显著差别就在于选拔时间，提前攻博是在已经完成硕士课程学习的优秀硕士研究生中进行选拔，而硕博连读是在新入学的优秀硕士研究生中进行选拔。这两种选拔方式在实际的实施过程中交叉运行，因此在2010年将其合并简化为一种，即硕博连读。

直接攻博是指特定学科和专业的本科毕业生直接取得博士研究生入学资格的招考方式，生源原则上为本校优秀应届本科毕业生（跨校招生须经教育部批准），招生专业一般为基础研究学科，招生人数原则上不超过本校博士研究生招生规模的10%。最早是于2000年北京大学在数学系、物理系等少数理科专业进行直博生选拔试点工作。2001年9月12日印发的《教育部关于做好2002年招收攻读博士学位研究生工作的通知》中明确了将直接攻博作为博士研究生招考方式的一种，从2002年起开始正式实施。2002—2008年，是否采用直接攻博的方式选拔博士研究生由招生单位自己决定，但是不允许招生单位采用推荐免试的方式招收博士研究生。《2009年全国招收攻读博士学位研究生工作办法》在"直接攻博方式的报考条件"中对这一规定做了新的解释："考生应是取得推荐免试资格的优秀应届本科毕业生。"《2014年招收攻读博士学位研究生工作管理办法》中再次强调直接攻博是"选拔具有学术型推免生资格的优秀应届本科毕业生"的招生方式，此规定一直沿用至今。

"申请-审/考核"制是英美等国博士研究生招生考试的主要方法，在选拔人才方面的优势在国外已经得到充分验证。博士研究生招生是其培养模式的"起点"和"入口"，我国要建设世界一流大学和一流学科，就要把好人才关。《教育部关于印发〈2010年全国招收攻读博士学位研究生工作管理办法〉的通知》中指出，博士研究生招生考试采用普通招考、硕博连读、直接攻博的方式。2013年印发的《教育部 国家发展改革委 财政部关于深化研究生教育改革的意见》中明确提出，"建立博士研究生选拔'申请-审核'机制，发挥专家组审核作用，强化对科研创新能力和专业学术潜质的考察"。《教育部办公厅关于做好2017年招收攻读博士学位研究生工作的通知》首次将"申请-考核"制列入博士研究生招生工作文件中，强调要"推进完善'申请-考核'招生选拔机制"。而早在该文件出台之前，我国已经开始"申请-审/考核"制的试点工作。2003年，北京大学率先在部分学科试点运行"申请-考核"制；2007年，复旦大学上海医学院博士研究生招生首次试行申请制；2008年，上海交通大学开始试行"入学申请制"；之后，浙江大学、厦门大学、中山大学、武汉大学等高校也在部分学科中进行了试点探索。

传统的博士研究生招生初试一般采用笔试的考核方式，着重考查考生对基础知识和专业知识的掌握能力，虽然在公平公正方面能够得到较好的保障，但往往忽略了对考生的科研潜力和综合能力的考查，出现了一些笔试成绩很好却缺乏科研能力的情况，从而遗漏了部分真正合适的人选。"申请-审/考核"制一般分为材料申请审核、初试、复试三个环节，具体的考核方式由招生单位自定，充分体现了招生自主权，同时给予导师更大的自由选择空间；突出材料申请审核和面试的重要性，减小笔试成绩的比重。与以前的普通招考博士研究生的形式（以考试成绩为主要依据）相比，"申请-审/考核"制主要考查学生的学术能力和兴趣，让招生的权力回归到学术共同体，扩大导师在招生中的主导权。

二、课程学习

从国际博士研究生教育的发展看，不同国家的博士研究生培养方案中，课程学习并不一定作为必修环节被明确列入，但实际上博士研究生在培养过程中会学习各种显性和隐性的课程。例如德国博士研究生培养强调对博士研究生的学术训练，并不设立系统的课程。但是，学生可以根据需要自由选课或根据导师的建议选课，一般这些课程不计入学分，主要是满足研究所需。美国高校的博士研究生培养则强调大量系统的课程学习，课程学习构成美国博士研究生培养"结构化"的主要特征。目前，我国博士研究生培养课程学习环节的安排差异较大。按照国家统一要求，博士研究生必修课是思想政治理论和外国语，是否学习其他课程并未做规定性要求。对于硕士生起点的博士研究生，课程设置有3种情况（计入学分）：第一种是不安排课程学习；第二种是要求博士研究生上2—3门课，如研究方法课、综合性或系列研讨课等；第三种是为博士研究生提供必修课和大量选修课程。当然，在实际学习过程中，导师会推荐博士研究生学习某些课程，是否选课取决于学生。高校采用何种课程设置经常会发生变化，取决于各高校在不同时期的博士研究生培养理念。

三、学术训练

博士阶段的学术训练被视为学术职业生涯的起步阶段和准备阶段，对博士研究生个人的学术发展乃至整个学术职业的发展和延续都至关重要。博士研究生通过独立进行科学研究、参加科研项目和发表研究论文，在研究的过程中深入了解学术规范和规则，获得研究技能。通过导师指导反馈，调动博士研究生自身能动性、营造学术氛围（讨论课和组会等），对博士研究生进行学术训练。我国高校要求博士研究生参加国内外学术会议、学术论坛等学术交流活动，并且设立博士研究生创新基金，鼓励他们参与到导师的科研项目中，积极撰写研究论文和展示研究成果。

四、导师指导

我国研究生导师聘任制是伴随着研究生教育的产生、发展而逐渐形成并不断发展完善的。回顾中国导师聘任制的历史，最早可追溯到 20 世纪初北京大学和清华大学的研究生教育。1949 年新中国成立后，党和政府十分重视研究生教育工作。1953 年，高等教育部印发《高等学校培养研究生暂行办法（草案）》，正式确立了指导教师负责制，即导师制。改革开放后，我国实行学位制度，作为学位制度的重要组成部分，博士研究生导师聘任制度经历了一个渐进的改革过程。改革开放 40 多年来，博士研究生导师审批经历了国务院批准、国务院学位委员会办公室审批、博士学位授予单位自行审定 3 个阶段。进入 21 世纪，由于我国研究生教育的跨越式发展、博士研究生培养规模的扩大以及大量海外留学生的回归，我国博士研究生导师没有博士学位的历史结束。目前，绝大多数高校把具有博士学位作为年轻学者申请博士研究生导师岗位的必备条件。

导师是博士研究生的领路人，导师指导贯穿博士研究生培养的全过程。国内高校从一开始就确定了博士研究生导师制，因此，从最初选课、确定研究方向、选题到论文撰写和答辩，无一不在导师的指导下完成。博士研究生的学术志趣需要被导师激发并保持，其学术能力需要由导师训练并提升，其学术贡献通常是在导师的指导与协作下完成的。所以，我国博士研究生导师指导的方式主要是师徒制。博导招生的名额一般为每年一名，近年来，有些高校允许副教授招收博士研究生，使得博导的数量剧增，进而使得博导平均每年招生的博士研究生人数不足一人。

五、论文发表、学位论文撰写和评价

论文发表是我国博士研究生教育的一项重要制度，几乎所有高校都要求博士研究生在申请博士学位时发表论文，而国外大多数高校并不要求博士研究生在毕业前发表论文。2007 年 9 月，国务院学位委员会委托开展高等学校和科研院所开展博士质量调查，北京大学陈洪捷教授在调查成果中指出：国内不少高校已经把在国内外或国内核心发表若干篇论文作为博士学位的必要条件。在某种程度上，论文发表已经成为衡量博士研究生学术生产力高低和质量的指标。在学术期刊上发表论文是博士研究生早期了解学术规范和较早进入学术共同体的重要渠道，但是在一些学科和高校把论文发表的功能无限放大。① 《中华人民共和国学位条例》中虽未对此做要求，但绝大多数高校将论文发表作为申请学位答辩的基本制度，而且该要求呈现日益提高的趋势，在一定程度上影响了学位论文的撰写，给博士研究生带来了较大的学业压力。

博士学位论文的撰写是博士研究生培养的关键环节和"出口"。"开题—中期检查—答辩"为基本模式，有的高校没有中期检查环节。学位论文撰写完成后，经导师同意，按照《中华人民共和国学位条例》和高校的相关规定，进入答辩流程，遵循规范的程序，进行论文评阅（导师和专家），并组织答辩委员会进行博士学位答辩。根据国务院学位委员会、教育部印发的《博士硕士学位论文抽检办法》，随着评选优秀博士生和博士学位论文抽检的实施，对学位论文评价，目前采取盲审制和有条件盲审的高校较多，也有少量高校没有采用盲审制，而采用内部审查，以保障博士研究生论文质量。理工类博士学位论文的选题大多来自导师的科研项目，文科博士学位论文中，独立选题较多。

六、学制

我国博士研究培养的基本学制是三年，硕博连读、直博生一般是五年，但是博士研究生在三年学制内准时毕业率偏低，有的高校实行弹性学制。高水平的"985 工程"建设高校、"211 工程"建设高校中，大部分高校实行或部分实行四年学制，博士研究生四年学制的第四年免交学费，奖学金和助学金由学校统筹发放四年。

七、奖助制度

我国博士研究生资助制度几乎与我国博士研究生教育同时产生。1980 年，我国建立了学位制度。学位制度创立之初，国家有关部门就出台了研究生资助政策。1981 年印发的《教育部 财政部关于改变研究生学习期间生活待遇问题的通知》是学位制度的配套政策。1992—2002 年，博士研究生资助实施"奖学金+三助金"。1992 年召开的党的十四大确定建立社会主义市场经济体制，强调市

---

① 陈洪捷，等. 博士质量：概念、评价与趋势. 北京：北京大学出版社，2010：152.

场机制要在资源配置中起基础性作用。当年，国家有关部门对研究生资助体制进行了改革，将研究生生活补助费办法改为试行研究生奖学金制度。研究生奖学金分为普通奖学金和优秀奖学金两类。2003 年前后，各高校为了使研究生能够更加安心地学习和进行科研工作、提高研究生教育质量，在《普通高等学校研究生奖学金办法》《关于提高普通高等学校研究生奖学金标准的通知》两个文件的基础上，结合自身实际情况，统筹校内各种教育资源，努力提高研究生的生活待遇，制定了具体的操作办法。

随着 1997 年大学生收费制度全面并轨，研究生教育实行成本补偿的呼声日益高涨。教育部公布的 2007 年工作要点提出，积极开展研究生培养机制改革试点工作，建立和完善以科学研究为主导的导师负责制和资助制度。

自 2014 年秋季学期起，研究生普通奖学金调整为研究生国家助学金。研究生国家助学金由中央财政和地方财政共同出资设立。中央部门所属高校研究生国家助学金所需资金，全部由中央财政承担。中央部门所属高校博士研究生资助标准为每生每年 1.2 万元，硕士研究生资助标准为每生每年 6000 元。地方所属高校研究生国家助学金所需资金，由中央财政与地方财政参照普通本专科生国家助学金资金分担办法共同承担。中央财政按照博士研究生每生每年 1 万元、硕士研究生每生每年 6000 元的标准，以及普通本专科生国家助学金分担办法，承担地方所属高校研究生国家助学金所需资金。高校按月将研究生国家助学金发放到符合条件的学生手中。

同时，中央财政还针对中央高校纳入全国研究生招生计划的全日制研究生，设立研究生学业奖学金，奖励支持表现良好的研究生更好地完成学业。按照财政部、教育部制定的《研究生学业奖学金管理暂行办法》，从 2014 年秋季学期起，中央财政对中央部门所属高校研究生学业奖学金所需资金，按照博士研究生每生每年 1 万元、硕士研究生每生每年 8000 元的标准以及在校生人数的一定比例给予支持。

第二节　中国博士研究生培养的典型模式

在博士研究生培养的基本模式的前提下，各高校和博士培养单位有较大的自主权。在博士研究生培养的各环节上，各高校存在不同的培养形式，反映了在不同学校类型、不同学科博士研究生教育上的差异，这主要基于各高校博士研究生培养的理念和特色。本节从不同的视角归纳我国博士研究生培养中较为突出的培养模式。

一、分段式培养和贯通式培养

从博士研究生培养制度视角看，可将其分为分段式培养和贯通式培养。分段式培养是指硕士研究生阶段和博士研究生阶段相对独立的博士研究生培养模式。贯通式培养是指把硕士研究生阶段和博士研究生培养阶段作为一个整体考虑，包括提前攻博、硕博连读（或硕博贯通）和本科直接攻博三种方式。我国博士研究生的培养方式由分段式逐步演变成贯通式和多元贯通式。

提前攻博：学生在入学的时候并没有确定硕博连读的身份，只是论文阶段开题完才进行博士生选拔，这种选拔也是双向选择。与硕博连读方式不同的是，提前攻博的学生需要完成硕士学位论文，并通过论文答辩，取得硕士学位，如清华大学、北京航空航天大学、北京师范大学、华南理工大学。

硕博连读（或硕博贯通）培养模式：有效引导优秀硕士生尽早进入学术环境，激发学术研究兴趣，促进博士研究生生源质量的提高。参与调研的高校包括中山大学、重庆大学、华东师范大学、云南大学等。

本科直接攻博：是指应届本科生可以取得直接攻读博士学位的资格。这种读博方式一般在理科、工科、农科、医科大学较多，如北京大学、中国人民大学、中国农业大学等。

二、自由探索型和服从国家需求型

从博士研究生培养的基本手段（科教融合）视角看，我国呈现多样化特征。第一，从科学研究对象看，有的高校偏重鼓励学生进行自由探索型研究，有的高校则更多服务于国家需求的重大科研项目，在实战中培养、训练博士研究生。第二，从科教融合的方式看，主要有高校单独培养和多元供体联合培养两种模式。多元供体以国内外科研机构、企业行业为主，同时社会力量越来越多地参与到博士研究生教育过程中，从"科教融合"向"产教研融合"发展。

自由探索型是指高校根据自身的特点和博士研究生培养理念实施的博士研究生培养模式。参与调研的高校有北京大学、清华大学、中国科学技术大学、复旦大学、南京大学等。服从国家需求型是指博士研究生培养与国家重大需求和项目相结合。参与调研的高校有浙江大学、哈尔滨工业大学、北京航空航天大学、东南大学、华南理工大学等。

高校与科研院所在不同的层次和方式上联合培养博士的模式主要有两种方式：第一种是高校与科研院所联合培养，从招生到培养方式的密切合作，校内学院与科教融合院所使用统一的学位授予标准。参与调研的高校为中国科学技术大学。第二种是高校和工程研究院所联合培养博士研究生（专项），高校的博士研究生招生计划专门用于为科研院所培养博士研究生。参与调研的高校有北京大学、清华大学、中国科技大学、北京师范大学、北京航空航天大学等。

三、单一指导与多样化团队指导

从导师指导模式看，单一指导与多样化团队指导并存，整体上看，两者各占半壁江山。但随着贯通制培养改革的推进，不同阶段的导师指导方式开始呈现出多样化特征，团队指导的优势受到越来越多的认可，跨学科导师团队指导方式也日渐增多。博士研究生问卷调查结果显示，团队指导比例大的高校有清华大学和中山大学；跨学科导师团队指导比例大的高校并不多，北京大学采用的跨学科导师团队指导方式稍多。

四、全方位国际视野、面向科学前沿的国际化培养模式

全方位国际视野、面向科学前沿的国际化培养模式是指博士研究生培养与国际学术前沿学科接轨，强调建设一流学科，由博士研究生独立选定前沿课题，国内高校与国外高水平大学通过博士研究生导师和博士研究生交流联合培养的模式。参与调研的高校有北京大学、清华大学、中国科学技术大学、北京航空航天大学等。

五、博士研究生培养过程改进型培养模式

从整个培养过程可以看到，我国博士研究生的培养模式呈现过程改进型特征。围绕培养制度、手段和导师指导所引起的重要培养模式变化，培养过程中的各个环节也不断出现新的设置和调整。例如：在贯通式培养模式中，可以通过设置资格考试环节进行有效的淘汰与分流；"产教研融合"联合培养模式中，则需要通过设置贯穿教育全过程的多方协调机制；单一指导与多样化团队指导下，特别是跨学科培养模式中，课程设置、学分认定、轮转、答辩等流程都需要进行新的设计。我国高校应在基本培养模式稳定和成熟的情况下，进一步优化博士研究生培养过程，不断提高博士研究生的质量。

第三节　中国博士研究生培养模式的典型特征

我国博士研究生培养框架涵盖立德树人、博士培养过程、各类改革试点、科教结合程度、导师队伍建设、导师责任、发表论文要求、多元盲审制度等主要维度，表现在如下几方面。

第一，各高校的立德树人教育效果比较明显。博士研究生普遍关心国家发展，认同和支持国家政策的比例为84.5%。总体上，博士研究生思政课的收获比较令人满意，近85%的学生表示在思政课上有不同程度的收获。博士研究生普遍认同学术道德和学术规范，并对其有清楚和正确的认知。

第二，博士培养过程基本成熟。博士研究生教育基本规范和制度臻于成熟，形成招生选拔，课程学习，学术训练，导师指导，发表论文、学位论文撰写和评价，学制，奖助制度基本模式，也存在分段式培养和贯通式培养，自由探索型和服从国家需求型培养（兼有一元供体/多元供体），单一指导和多样化团队指导等主要典型培养模式，全方位国际视野、面向科学前沿的国际化培养模式，以及博士培养过程改进型培养模式。

第三，各类改革试点增多。招生改革试点采取申请审核扩大了大学招生的自主权。资格考试的设置加强对博士研究生培养的过程管理，高校调研设置不同程度、不同形式的综合考试或资格考试，其比例为80.4%。理科、工科和医科设置资格考试的比例（85%以上）大于社科、人文（70%左右）。淘汰与分流制度在各高校逐步推行，淘汰与分流的形式贯穿在培养过程中，不同高校的淘汰与分流环节有所不同，包括课程、综合考试或资格考试、开题、中期考核、预答辩和答辩。其中，综合考试或资格考试、中期考核、预答辩是近年改革的主要关注和试点热点。研究生课程建设改革工作是由教育部主推的。

第四，科教结合在博士培养过程中扮演重要角色。科教结合尤以参与导师项目为培养博士研究生创新能力的主要途径，参与科研活动的学生的比例为90%左右。其中，博士研究生不依托导师课题、独立选题自行申请的占博士研究生总数的25%左右。此外，扩展性学术共同体对博士研究生的科研创新能力影响重大。

第五，导师队伍建设的受关注程度进一步提高，大部分高校开展导师培训或年审制度。导师构成显现出很好的学科背景，其学缘结构多元和跨学科经历较丰富，本硕博不就读于同一所学校的博导的比例为69.0%，有跨学科的经历的博导的比例为74.6%。有多种工作经历的教师的比例为19.2%。指导老师拥有多名教学、科研人员组成的指导团队的比例为70.6%。就学科分类而言，采用导师单独指导的方式排在前两位的是理科博导、人文博导，其比例分别为48.0%、42.1%。采用导师团队共同执导方式比例最大的是农科博导（85.7%），医科博导的比例为81.0%，工科博导的比例为78.5%，社科博导的比例为72.3%。

第六，导师的第一责任人作用凸显。学生对导师依赖程度很强：博士研究生参与导师科研项目的比例为91.9%，博士研究生学位论文选题有75.2%来自导师科研项目，73.4%的学生表示有关学术道德规范来自导师以身作则，75.9%的学生通过导师以身作则了解学术道德规范。博士研究生在遇到学习和生活中各种问题时，找导师咨询被列入选择的前三。

第七，申请学位答辩发表论文的基本要求因学科而异，作用与压力并存。理科、工科、农科、医科博士研究生申请学位答辩需要发表在 SCI/SCIE/SSCI 期刊的比例最大，一般要求 1—2 篇；社科和人文博士研究生申请学位答辩需要发表在 CSSCI 期刊的比例最大，一般要求 2—3 篇。

第八，多元盲审制度成为主流。高校普遍采用多元的博士毕业论文的盲审制度，其中，全部盲审的比例为55.5%。采用不同程度的国际合作同行评审的比例已接近50%，说明更多的国际同行参与对中国博士培养质量的评价。

第四节　中国博士研究生培养模式的发展演进质量观测指标

本节研究分析比较2007年和2017年两次全国调研的主要指标变化，呈现出鲜活的博士研究生教育样态，提炼出我国博士研究生教育发展演进过程中具有稳定性的质量观测指标，包括跨学科程度、课程开放性及前沿性、科研参与度、指导模式、导师和博士研究生的交流频度、资助水平、学位论文选题开放性及原始创新性、就业期望及结果等。

导师与博士研究生对某些培养质量指标评价的看法出入较大。

第一，学生普遍认为十年前[1]论文选题的前沿性水平高于当前[2]选题，但论文选题的开放性水平稍低于当前选题。学生认为当前论文的原始创新性水平远高

---

[1] 指2007年第一次全国调研时，本节下同。

[2] 指2017年第二次全国调研时，本节下同。

于十年前，博士学位论文对已有理论的借鉴程度稍低于十年前。

第二，跨学科培养模式的程度提高。学生认为跨学科现象普遍存在，84.3%的学生认为当前博士研究生存在跨学科现象，而十年前只有68.4%的学生认为跨学科培养存在于博士研究生培养中。目前，尚未收集到导师关于十年前学生论文选题的前沿性、开放性及原始创新性、对已有理论的借鉴程度的数据。但在论文选题的前沿性、开放性及原始创新性方面，导师与学生的看法基本一致。导师认为学生博士学位论文中对已有理论的借鉴率为61.4%，远低于学生认为的借鉴率（78.2%）。同时，在跨学科培养方面，导师的看法与学生一致，皆认为十年来，跨学科培养的博士研究生数量快速增加。

第三，博士研究生课程质量。导师及学生普遍认为，博士研究生课程的开放性及前沿性水平较十年前有巨大提升。其中，学生认为博士研究生课程的开放性和前沿性强的比例高于导师。同时，仍有10%左右的学生及导师认为，博士研究生课程的开放性与前沿性较弱。

第四，博士研究生参与课题研究情况。总体来看，目前有91.2%的学生有参与课题研究的经验，较十年前学生参与课题研究的比例（82.6%）有较大增长。不同学科的增长速度不同，其中学生参与课题研究增长速度最快的学科是人文，农科为负增长。

第五，导师月均指导频次。十年以来导师月均指导频次总体上没有显著变化。人文、社科、农科三类学科的导师月均指导频次有所增加，其中，人文与社科两类学科增加速度明显，工科、医科的导师月均指导频次出现负增长，理科导师月均指导频次没有变化。

第六，导师团队指导增多。与十年前相比，当前导师单独指导的比例下降明显（各学科约下降30%）。

第七，博士研究生资助情况。博士研究生受到的资助主要有国家、学校、导师三个来源。其中，学校发放的资助的比例最大。十年前，博士研究生享受的资助普遍低于当地最低生活保障水平。经过十年的发展，博士研究生受资助金额远高于当地最低生活保障金额。

第六章

博士研究生创新能力影响因素的实证研究

第一节 研 究 目 的

目前，我国博士研究生教育规模迅速扩大，其创新能力的培养成为政府决策部门、培养单位和高等教育学界高度关注的重要议题。我国研究生教育质量方面存在的首要问题是创新能力尤其是原创能力较差，其表现为创新意识差、参与创新研究机会少、有影响的创新成果少。本章研究主要聚焦于：①探讨博士研究生创新能力的影响因素；②根据影响因素分析博士研究生创新能力培养中存在的问题。本章研究拟通过问卷法、访谈法等方法了解博士研究生的创新能力及其相关影响因素，一方面，了解博士研究生的创新能力的现状；另一方面，探讨影响博士研究生创新能力科教结合、跨学科培养、导师指导方式、学术共同体等的相关因素。

第二节 研究对象和工具

一、研究对象

本章研究的研究对象为在读的博士研究生，本次调查发放博士研究生教育调研问卷4800份。将回收的问卷用 SPSS 23.0 软件录入后进行筛选，剔除无效问卷，剔除标准如下：①回答缺失 10%以上的数据；②回答明显不认真、不严肃者。剔除后，有效问卷4332份，问卷有效率为90.3%。个别问卷项目缺失值采用均值替换。被试主要来自北京航空航天大学、北京大学等36所高校，覆盖人文、理科、工科、农科、医科、社科等学科，被试分布情况如表6-1所示。

表6-1 被试分布情况（ *N*=4332 ）

变量	类别	人数/人	百分比/%
性别	男	2538	58.6
	女	1794	41.4
高校类型	非"985 工程"建设	2233	51.5
	"985 工程"建设	2099	48.5
学科类型	社科	1164	26.8
	理科	619	14.3
	工科	1489	34.4

续表

变量	类别	人数/人	百分比/%
学科类型	农科	38	0.9
	医科	532	12.3
	人文	490	11.3

二、研究工具

本章研究主要采用问卷调查法，采用自编的博士研究生创新能力问卷以及课程体系、科教结合、跨学科、导师指导、出境交流的相关调查问卷。

（一）探索性因素分析结果

本章研究首先用探索性因素分析的方法考察问卷的结构效度。因素分析结果见表6-2，结果显示，经正交旋转后特征值大于1的有9个因素，可解释的方差为累计方差69.199%，该问卷的Cronbach α 系数为0.950，经过探索性因素分析，该问卷KMO值为0.954，适合做因子分析。根据主成分分析及碎石图分离出9个因素，分别为学术志趣、心理因素、科教结合、学术共同体、导师指导方式、跨学科培养、投入时间、毕业意愿和创新能力。综上所述，该问卷的结构效度良好，符合测量学要求，具体因素分析结果如表6-2所示。

表6-2　因素分析结果（旋转后的成分矩阵）

比较项	1	2	3	4	5	6	7	8	9
导师头衔	0.055	0.111	−0.110	0.271	−0.192	0.132	−0.232	−0.006	0.207
博士研究生就读学校是否是"985工程"建设高校	−0.098	0.030	0.094	0.227	0.129	0.136	0.071	−0.475	−0.143
学校是否每月向您固定发放奖助学金	0.054	−0.011	−0.035	0.720	−0.034	0.054	−0.165	−0.092	0.144
导师是否每月定期给您发放学业补助	0.025	−0.013	−0.023	0.666	0.274	0.043	−0.042	−0.089	0.001
我喜欢我现在的研究方向	0.543	0.280	0.230	−0.058	−0.013	0.129	−0.098	0.087	0.201
我乐于投入到研究探索中	0.658	0.272	0.156	−0.045	0.007	0.107	−0.147	−0.071	0.206
我积极学习和吸收新的知识或课程来促进自己的研究	0.702	0.244	0.110	0.040	−0.008	0.036	−0.082	−0.107	0.159
我乐于接受并完成导师交给的任务	0.690	0.180	0.168	−0.032	0.004	0.053	−0.107	0.174	0.140

续表

比较项	1	2	3	4	5	6	7	8	9
毕业后是否愿意从事教学科研工作	0.064	0.044	−0.003	−0.188	0.127	0.171	0.113	0.105	0.458
抗压能力强弱	0.113	0.110	−0.024	0.068	0.014	0.664	−0.044	−0.036	0.007
顺利拿到博士学位的可能性	0.144	0.061	0.021	0.133	0.009	0.692	0.016	0.021	0.016
对博士研究生活满意的程度	0.073	0.095	0.190	−0.098	0.036	0.692	0.051	0.178	0.012
课程开放性	0.320	0.203	0.776	−0.027	−0.015	0.081	0.048	0.064	0.013
课程前沿性	0.300	0.215	0.832	−0.021	−0.009	0.055	0.023	0.037	0.028
课程前瞻性	0.301	0.240	0.814	−0.054	−0.013	0.056	0.013	0.021	0.022
参与导师的科研课题	0.015	0.041	−0.037	0.140	0.813	0.031	0.030	−0.012	0.024
参与国家级课题	−0.019	0.034	0.004	0.102	0.798	0.053	0.067	−0.043	0.005
承担科研工作量	0.017	−0.021	−0.003	−0.105	0.618	−0.018	0.088	0.136	0.016
每学期与导师当面交流	0.042	0.054	0.042	0.533	0.024	−0.034	0.056	0.405	−0.188
与导师关系密切程度	0.396	0.316	0.233	0.073	−0.011	0.158	0.012	0.380	−0.031
导师鼓励对学术观点质疑和批判	0.065	0.054	0.113	0.002	−0.006	0.214	0.053	0.632	0.034
指导老师是否拥有多名教学科研人员组成的团队	0.028	0.043	0.008	−0.063	0.242	0.007	0.077	0.462	0.063
我主动参与组会讨论	0.719	0.235	0.083	0.036	0.034	0.046	−0.024	0.049	0.044
我所在的研究团队成员能够相互支持与协作	0.686	0.147	0.183	0.102	0.054	0.059	0.005	0.194	−0.071
我经常与同学开展各自研究领域的交流讨论	0.611	0.290	0.140	0.067	0.032	0.086	0.095	0.143	−0.108
我经常能得到同学和朋友的支持与帮助	0.655	0.227	0.104	0.105	−0.002	0.047	0.052	0.140	−0.140
学生投入学习时间	0.125	0.042	−0.039	0.679	−0.018	−0.006	−0.129	−0.130	0.174
参与的跨学科培养	0.009	−0.011	0.019	−0.127	0.043	0.032	0.801	0.014	0.177
接受跨学科培养方式	0.018	0.000	−0.027	−0.073	0.066	0.020	0.803	0.022	0.090
在读期间经常出境学术交流	−0.098	0.092	0.068	−0.087	0.121	−0.024	0.339	0.075	−0.218
所在专业设置博士研究生资格考试情况	0.089	0.042	0.025	0.364	−0.101	0.108	0.039	0.023	0.410
所在专业对博士论文评审采取的方式	−0.047	0.039	−0.001	0.160	−0.040	−0.059	−0.029	0.025	0.555
高校类型	0.022	−0.016	0.087	0.136	0.145	−0.145	0.137	0.059	0.309
我会从不同角度看待和思考学习研究中遇到的困难	0.634	0.347	0.028	0.132	−0.082	0.061	0.052	−0.077	−0.032

续表

比较项	1	2	3	4	5	6	7	8	9
我会用批判性的视角考虑问题，发现和提出科学问题	0.564	0.437	0.049	0.042	-0.038	0.085	0.036	-0.075	-0.037
我能开辟新的领域，提出独特见解	0.343	0.608	0.110	-0.067	0.020	0.131	0.094	-0.060	-0.060
我善于向各行业、各学科相关人员学习	0.510	0.486	0.039	0.066	-0.032	0.040	0.123	-0.051	-0.056
我善于追踪国际前沿，关注和研究科技进展	0.403	0.564	0.109	0.047	0.064	0.071	0.107	-0.039	0.011
我所撰写的研究论文具有原始创新性	0.335	0.674	0.087	0.087	-0.007	0.041	-0.084	-0.002	0.051
我所撰写的研究论文具有应用价值性	0.283	0.680	0.070	-0.038	0.045	0.023	-0.046	0.042	0.043
我的论文选题具有开放性	0.290	0.691	0.133	0.023	-0.047	0.045	0.022	0.061	0.085
我当前参与的研究项目处于本领域学术前沿	0.266	0.717	0.125	-0.006	0.049	0.081	-0.034	0.116	0.017
我的论文选题具有前瞻性	0.237	0.762	0.137	0.047	0.002	0.060	-0.005	0.123	0.038

（二）各分测验之间的相关

将投入时间、毕业意愿和人口学变量作为控制因素，得到表6-3。学术志趣、心理因素，学术共同体和创新能力量表采取利克特量表五点记分法。其他题项中，单选题采取分类记分法，多选题采取累加赋值记分法。

表6-3 博士研究生创新能力以及影响因素

变量	子变量名称	说明
人口统计学特征	性别	男；女
	年龄	46岁及以上；36~45岁；26~35岁；25岁及以下
	您教育背景的跨学科情况	无；跨二级学科；跨一级学科；跨学科门类
	博士研究生入学方式	申请考核；本科直博；硕博连读；普通招考
	学校类型	非"985工程"建设高校；"985工程"建设高校
	导师职称	中级；副高级；正高级
	导师头衔	无；国家级人才（不含院士）；院士
	毕业意愿	否；是
	投入时间	2小时；4小时；6小时；其他

续表

变量	子变量名称		说明
个体因素	学术志趣	我喜欢我现在的研究方向	完全同意；同意；不确定；不同意；完全不同意
		我乐于投入到研究探索中	完全同意；同意；不确定；不同意；完全不同意
		我积极学习和吸收新的知识或课程来促进自己的研究	完全同意；同意；不确定；不同意；完全不同意
		我乐于接受并完成导师交给的任务	完全同意；同意；不确定；不同意；完全不同意
	心理因素	抗压能力强弱	非常强；比较强；一般；比较弱；非常弱
		顺利拿到博士学位的可能性	非常可能；比较可能；一般；比较难；非常难
		对博士研究生活满意的程度	非常满意；比较满意；一般；比较不满意；非常不满意
科教结合	参与导师的科研课题级别（重要性）		国家科技重大专项；国家重点研发计划；国家高技术研究发展计划项目；国家重点基础研究发展规划项目；国家自然科学基金项目；国家攀登计划项目；国防重大科研项目；国家社会科学基金项目；境外合作科研项目参与；省部级科研项目；其他纵向科研项目；其他横向科研项目；不参加导师科研项目
	项目参与的深度（工作量）		小于10%；10%—20%；21%—30%；31%—40%；41%—50%；50%以上；未参加导师科研项目
	学位论文依托的主要科研课题来源		国家科技重大专项；国家重点研发计划；国家高技术研究发展计划；国家重点基础研究发展规划项目；国家自然科学基金项目；国家攀登计划项目；国防重大科研项目；国家社会科学基金项目；境外合作科研项目参与；省部级科研项目；其他纵向科研项目；其他横向科研项目；学生自行申报或选择的课题
导师指导方式	我和学校导师关系密切		完全同意；同意；不确定；不同意；完全不同意
	我花很多时间和学校导师讨论		完全同意；同意；不确定；不同意；完全不同意
	我和导师私下关系很好		完全同意；同意；不确定；不同意；完全不同意
	每学期是否与导师当面交流		0次；1—5次；6—10次；11—15次；15次以上
	攻读博士学位期间接受的主要指导方式		导师单独指导；导师团队的共同指导；联合培养导师组指导（国内）；联合培养导师组指导（国外）；多学科导师指导；除导师之外的其他形式指导
	对已有学术观点（包括导师本人的）进行质疑和批判		完全同意；同意；不确定；不同意；完全不同意
	教学、科研人员组成的指导团队		完全同意；同意；不确定；不同意；完全不同意

续表

变量	子变量名称	说明
学术共同体	我主动参与组会讨论	完全同意；同意；不确定；不同意；完全不同意
	团队成员能够相互支持与协作	完全同意；同意；不确定；不同意；完全不同意
	开展各自研究领域的交流讨论	完全同意；同意；不确定；不同意；完全不同意
	得到同学和学友的支持与帮助	完全同意；同意；不确定；不同意；完全不同意
	学生投入学习时间	2小时以下；2—4小时；6小时及以上
跨学科培养	参与的跨学科培养路径	没参加过；跨学科学位项目；跨学科学位论文
	接受跨学科培养方式	无；导师具有跨学科背景；选学跨学科知识；跨学科项目；跨学科平台
	在读期间出境学术交流	无；国家公派；学校资助；导师研究经费资助；学生自费；其他
创新能力	我会从不同角度看待和思考学习研究中遇到的困难	完全同意；同意；不确定；不同意；完全不同意
	我会用批判性的视角考虑问题，发现和提出科学问题	完全同意；同意；不确定；不同意；完全不同意
	我能开辟新的领域，提出独特见解	完全同意；同意；不确定；不同意；完全不同意
	我善于向各行业、各学科相关人员学习	完全同意；同意；不确定；不同意；完全不同意
	我善于追踪国际前沿，关注和研究科技进展	完全同意；同意；不确定；不同意；完全不同意
	我所撰写的研究论文具有原始创新性	完全同意；同意；不确定；不同意；完全不同意
	我所撰写的研究论文具有应用价值性	完全同意；同意；不确定；不同意；完全不同意
	我的论文选题具有开放性	完全同意；同意；不确定；不同意；完全不同意
	我当前参与的研究项目处于本领域学术前沿	完全同意；同意；不确定；不同意；完全不同意
	我的论文选题具有前瞻性	完全同意；同意；不确定；不同意；完全不同意

　　检测分量表学术志趣、心理因素、科教结合、学术共同体、导师指导方式、跨学科培养和创新能力之间的相关性，结果如表6-4所示，各分量表之间呈显著相关，量表结构效度较好。

表6-4 创新能力与学术志趣和导师指导方式等因素之间的相关分析

比较项	学术志趣	心理因素	科教结合	学术共同体	导师指导方式	跨学科培养	创新能力
学术志趣							
心理因素	0.308**						
科教结合	−0.052**	0.042**					
学术共同体	0.785**	0.288**	0.048**				
导师指导方式	0.525**	0.339**	0.100**	0.565**			
跨学科培养	−0.032*	0.049**	0.226**	−0.019	0.150**		
创新能力	0.794**	0.295**	0.032*	0.790**	0.567**	0.028*	

注：**$p<0.01$，*$p<0.05$，余同。

第三节　研　究　结　果

一、人口学特征差异检验

由表6-5可以看出，不同性别的博士研究生在心理因素、科教结合、学术共同体方面存在显著差异，在创新能力上不存在显著差异。男生的心理因素和科教结合水平显著高于女生，女生的学术共同体参与度显著高于男生。

表6-5 性别差异分析

比较项	男（$N=2538$）	女（$N=1794$）	t	p
学术志趣	16.182	16.324	−1.433	0.152
心理因素	11.385	11.141	3.855	0.000
科教结合	7.299	7.124	3.551	0.000
学术共同体	18.454	18.718	−2.637	0.008
导师指导方式	20.742	20.636	0.990	0.322
跨学科培养	6.078	6.074	0.050	0.960
创新能力	39.451	39.484	−0.149	0.882

由表6-6和表6-7可以看出，不同年龄段的博士研究生在学术志趣、心理因素、科教结合、学术共同体、跨学科培养和创新能力方面存在显著差异。根据LSD事后检验，46岁及以上博士研究生的学术志趣、心理因素和学术共同体参与度显著低于其他年龄段的博士研究生。36—45岁的博士研究生科教结合程度显著低于其他年龄段的博士研究生。26—35岁的博士研究生跨学科培养显著低于其他年龄段的博士研究生。

表6-6 不同年龄段博士研究生的描述性统计

比较项		N	M	SD
学术志趣	25 岁及以下	369	15.90	3.46
	26—35 岁	3379	16.26	3.15
	36—45 岁	425	16.66	2.99
	46 岁及以上	159	15.39	4.01
	总计	4332	16.24	3.21
心理因素	25 岁及以下	369	11.11	1.98
	26—35 岁	3379	11.34	2.06
	36—45 岁	429	11.34	1.99
	46 岁及以上	159	10.30	2.29
	总计	4329	11.28	2.06
科教结合	25 岁及以下	369	7.56	1.34
	26—35 岁	3379	7.26	1.57
	36—45 岁	425	6.56	1.83
	46 岁及以上	159	7.57	1.18
	总计	4332	7.23	1.59
学术共同体	25 岁及以下	369	18.43	3.65
	26—35 岁	3379	18.66	3.17
	36—45 岁	425	18.38	3.37
	46 岁及以上	159	17.21	3.98
	总计	4332	18.56	3.28
导师指导方式	25 岁及以下	369	20.78	3.33
	26—35 岁	3379	20.67	3.51
	36—45 岁	425	20.77	3.06
	46 岁及以上	159	20.92	3.35
	总计	4332	20.70	3.45
跨学科培养	25 岁及以下	369	6.45	2.99
	26—35 岁	3379	5.89	2.64
	36—45 岁	425	6.32	2.86
	46 岁及以上	159	8.54	2.53
	总计	4332	6.08	2.74
创新能力	25 岁及以下	369	38.97	8.04
	26—35 岁	3379	39.51	6.98
	36—45 岁	425	39.95	7.05
	46 岁及以上	159	38.28	9.29
	总计	4332	39.46	7.19

表6-7　不同年龄段博士研究生的方差分析

比较项	F	p
学术志趣	7.698	0.000
心理因素	14.199	0.000
科教结合	34.070	0.000
学术共同体	10.799	0.000
导师指导方式	0.428	0.733
跨学科培养	53.486	0.000
创新能力	2.706	0.044

由表6-8和表6-9可以看出，不同入学方式的博士研究生在学术志趣、心理因素、科教结合、学术共同体、跨学科培养方面存在显著性差异。根据LSD事后检验，本科直博博士研究生的学术志趣、心理因素、创新能力显著低于其他入学方式的博士研究生，但其科教结合水平和跨学科培养程度显著高于其他入学方式的博士研究生。普通招考的博士研究生的科教结合水平和跨学科培养程度显著低于其他入学方式的博士研究生。硕博连读和普通招考的博士研究生的学术共同体参与度相对较高。

表6-8　不同入学方式博士研究生的描述统计

比较项		N	M	SD
学术志趣	申请考核	527	16.01	3.76
	本科直博	691	15.79	3.38
	硕博连读	1194	16.16	3.00
	普通招考	1920	16.52	3.08
	总计	4332	16.24	3.21
心理因素	申请考核	527	11.44	2.13
	本科直博	691	11.03	2.03
	硕博连读	1194	11.39	2.00
	普通招考	1920	11.26	2.09
	总计	4332	11.28	2.06
科教结合	申请考核	527	7.61	1.10
	本科直博	691	7.87	1.01
	硕博连读	1194	7.64	1.26
	普通招考	1920	6.64	1.83
	总计	4332	7.23	1.59

续表

比较项		N	M	SD
学术共同体	申请考核	527	18.27	3.71
	本科直博	691	18.34	3.49
	硕博连读	1194	18.68	3.05
	普通招考	1920	18.65	3.21
	总计	4332	18.56	3.28
导师指导方式	申请考核	527	20.66	3.57
	本科直博	691	20.72	3.34
	硕博连读	1194	20.68	3.42
	普通招考	1920	20.71	3.48
	总计	4332	20.70	3.45
跨学科培养	申请考核	527	7.22	2.98
	本科直博	691	7.42	2.88
	硕博连读	1194	5.96	2.65
	普通招考	1920	5.35	2.37
	总计	4332	6.08	2.74
创新能力	申请考核	527	39.23	8.73
	本科直博	691	38.98	7.96
	硕博连读	1194	39.46	6.64
	普通招考	1920	39.71	6.73
	总计	4332	39.47	7.19

表6-9　不同入学方式博士研究生的方差分析

比较项	F	p
学术志趣	10.571	0.000
心理因素	5.530	0.001
科教结合	182.382	0.000
学术共同体	3.389	0.017
导师指导方式	0.061	0.980
跨学科培养	144.439	0.000
创新能力	1.976	0.115

　　对不同学科门类博士研究生在学术志趣、心理因素、科教结合、学术共同体、导师指导方式、跨学科培养、创新能力上存在的差异进行分析统计，结果见表6-10和表6-11。不同学科门类的博士研究生在学术志趣、科教结合、学术共同

体、导师指导方式和跨学科培养上存在显著差异。社科博士研究生的学术志趣水平最高，农科博士研究生志趣最低。理科、工科、医科博士研究生科教结合水平相对较高，理科、医科、工科博士研究生的学术共同体参与度相对较高，社科、医科、人文博士研究生在导师指导方式上的得分相对较高，人文、社科博士研究生跨学科培养程度相对较高。

表6-10 不同学科门类博士研究生的描述统计

比较项		N	M	SD
学术志趣	社科	1164	16.45	16.45
	理科	619	16.25	16.25
	工科	1489	16.07	16.07
	农科	38	15.55	15.55
	医科	532	16.33	16.33
	人文	490	16.20	16.19
	总计	4332	16.24	16.24
心理因素	社科	1164	11.38	2.18
	理科	619	11.14	1.99
	工科	1489	11.24	1.99
	农科	38	10.89	2.35
	医科	532	11.30	1.96
	人文	490	11.36	2.17
	总计	4332	11.28	2.06
科教结合	社科	1164	6.52	1.816
	理科	619	7.75	1.309
	工科	1489	7.60	1.284
	农科	38	6.89	1.721
	医科	532	7.46	1.430
	人文	490	6.87	1.629
	总计	4332	7.23	1.586
学术共同体	社科	1164	18.27	3.550
	理科	619	18.90	2.944
	工科	1489	18.74	3.060
	农科	38	17.87	3.418
	医科	532	18.88	3.073
	人文	490	18.00	3.701
	总计	4332	18.56	3.278
导师指导方式	社科	1164	21.00	3.226
	理科	619	20.29	3.513

续表

比较项		N	M	SD
导师指导方式	工科	1489	20.48	3.656
	农科	38	20.53	3.335
	医科	532	20.99	3.237
	人文	490	20.86	3.397
	总计	4332	20.70	3.451
跨学科培养	社科	1164	6.84	2.976
	理科	619	5.58	2.644
	工科	1489	5.82	2.361
	农科	38	5.63	2.353
	医科	532	4.96	2.435
	人文	490	6.92	2.955
	总计	4332	6.08	2.739
创新能力	社科	1164	39.52	7.87
	理科	619	39.53	6.64
	工科	1489	39.32	6.75
	农科	38	38.45	6.30
	医科	532	39.83	6.41
	人文	490	39.36	8.24
	总计	4332	39.47	7.19

表6-11　不同学科门类博士研究生的方差分析

比较项	F	p
学术志趣	2.252	0.047
心理因素	1.672	0.138
科教结合	91.768	0.000
学术共同体	8.320	0.000
导师指导方式	5.743	0.000
跨学科培养	55.393	0.000
创新能力	0.575	0.719

由表6-12可知，"985工程"建设高校博士研究生的科教结合水平和跨学科培养程度显著高于非"985工程"建设高校博士研究生。非"985工程"建设高校在导师指导方式上的得分显著高于"985工程"建设高校。

表6-12　学校类型差异分析

比较项	非"985 工程"建设高校（N=2220）	"985 工程"建设高校（N=2093）	t	p
学术志趣	16.36	16.11	2.557	0.250
心理因素	11.29	11.28	0.155	0.859
科教结合	7.04	7.42	−7.882	0.000
学术共同体	18.56	18.57	−0.167	0.867
导师指导方式	21.05	20.32	6.998	0.000
跨学科培养	5.91	6.85	−4.160	0.000
创新能力	39.48	39.44	0.189	0.369

对不同导师职称的博士研究生在学术志趣、心理因素、科教结合、学术共同体、导师指导方式、跨学科培养和创新能力上存在的差异进行分析统计。结果见表 6-13 和表 6-14。

表6-13　不同导师职称的博士研究生描述统计

比较项		N	M	SD
学术志趣	正高级	3732	16.35	3.181
	副高级	442	15.63	3.163
	中级	158	15.41	3.726
	总计	4332	15.39	4.01
心理因素	正高级	3732	11.36	2.046
	副高级	442	10.82	2.059
	中级	158	10.91	2.237
	总计	4332	11.28	2.062
科教结合	正高级	3732	7.16	1.636
	副高级	442	7.75	0.996
	中级	158	7.15	1.480
	总计	4332	7.22	1.587
学术共同体	正高级	3732	18.68	3.239
	副高级	442	17.91	3.232
	中级	158	17.49	3.933
	总计	4332	18.56	3.281
导师指导方式	正高级	3732	20.72	3.504
	副高级	442	20.65	2.995
	中级	158	20.39	3.413
	总计	4332	20.70	3.452

续表

比较项		*N*	*M*	*SD*
跨学科培养	正高级	3732	5.85	2.633
	副高级	442	7.80	2.908
	中级	158	6.44	2.938
	总计	4332	6.08	2.738
创新能力	正高级	3732	39.67	7.075
	副高级	442	38.28	7.480
	中级	158	38.02	8.497
	总计	4332	39.46	7.192

表6-14 不同职称导师指导下的博士研究生的方差分析

项目	*F*	*p*
学术志趣	15.631	0.000
心理因素	16.371	0.000
科教结合	27.354	0.000
学术共同体	19.725	0.000
导师指导方式	0.753	0.479
跨学科培养	106.182	0.000
创新能力	10.817	0.000

不同职称导师指导下的博士研究生在学术志趣、心理因素、科教结合、学术共同体、跨学科培养、创新能力上存在显著差异。进一步分析后发现，正高级导师指导下的博士研究生在学术志趣、心理抗压能力、学术共同体参与度和创新能力上显著强于其他职称导师指导下的博士研究生。

对不同头衔导师指导下的博士研究生在学术志趣、心理因素、科教结合、学术共同体、导师指导方式、跨学科培养和创新能力上的差异进行分析统计，结果见表6-15和表6-16。

表6-15 不同头衔导师指导下的博士研究生描述统计

比较项		*N*	*M*	*SD*
学术志趣	无	1742	16.23	2.989
	国家级人才（不含院士）等	2166	16.28	3.276
	院士	424	16.05	3.690
	总计	4332	16.24	3.208
心理因素	无	1742	11.13	2.051
	国家级人才（不含院士）等	2166	11.35	2.061

续表

比较项		N	M	SD
心理因素	院士	424	11.59	2.062
	总计	4332	11.28	2.062
科教结合	无	1742	6.96	1.761
	国家级人才（不含院士）等	2166	7.32	1.485
	院士	424	7.84	.987
	总计	4332	7.23	1.586
学术共同体	无	1742	18.57	3.092
	国家级人才（不含院士）等	2166	18.63	3.286
	院士	424	18.19	3.907
	总计	4332	18.56	3.278
导师指导方式	无	1742	20.31	3.602
	国家级人才（不含院士）等	2166	20.92	3.318
	院士	424	21.18	3.319
	总计	4332	20.70	3.451
跨学科培养	无	1742	5.27	2.234
	国家级人才（不含院士）等	2166	6.32	2.827
	院士	424	8.12	2.866
	总计	4332	6.08	2.739
创新能力	无	1742	39.29	6.407
	国家级人才（不含院士）等	2166	39.59	7.404
	院士	424	39.53	8.886
	总计	4332	39.46	7.186

表6-16 不同头衔导师指导下的博士研究生方差分析

比较项	F	p
学术志趣	0.933	0.394
心理因素	11.002	0.000
科教结合	60.930	0.000
学术共同体	3.284	0.038
导师指导方式	20.015	0.000
跨学科培养	222.525	0.000
创新能力	0.902	0.406

不同头衔导师指导下的博士研究生在心理因素、科教结合、学术共同体、导师指导、跨学科培养上均存在显著差异。进一步分析后发现，院士指导下的博士研究生在心理因素、科教结合、导师指导方式、跨学科培养方面均显著强于国家级人才（不含院士）以及无头衔导师的博士研究生，但其学术共同体参与度显著低于其他头衔导师的学生。

二、研究假设和研究模型

博士研究生创新能力与学术志趣等因素之间的相关分析见表6-17，可以看出，学术志趣、心理因素、科教结合、学术共同体、导师指导方式、跨学科培养均与博士研究生的创新能力均存在显著相关关系。

表6-17 创新能力与学术志趣等因素之间的相关分析

比较项	学术志趣	心理因素	科教结合	学术共同体	导师指导方式	跨学科培养	创新能力
学术志趣							
心理因素	0.308**						
科教结合	-0.052**	0.042**					
学术共同体	0.785**	0.288**	0.048**				
导师指导方式	0.525**	0.339**	0.100**	0.565**			
跨学科培养	-0.032*	0.049**	0.226**	-0.019	0.150**		
创新能力	0.794**	0.295**	0.032*	0.790**	0.567**	0.028*	

由此提出研究假设：

1）导师指导方式、学术共同体、跨学科培养、科教结合对博士研究生创新能力有显著影响。

2）学术志趣、心理因素对博士研究生创新能力有显著影响。

3）导师指导方式、学术共同体、跨学科培养、科教结合通过学术志趣和学生心理因素对博士研究生创新能力有显著影响，学术志趣和学生心理因素在其中起中介作用。为了进一步考察这些因素对博士研究生创新能力的影响，依此构建结构方程模型，删除不显著路径后得出图6-1，模型拟合情况见表6-18和表6-19。

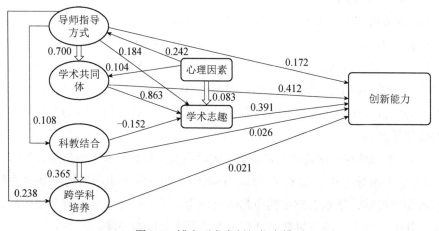

图6-1 博士研究生创新能力模型

表6-18　变量间路径系数及显著性检验

路径	标准化路径系数	t
学术志趣→创新能力	0.391	32.357***
导师指导方式→创新能力	0.172	11.546***
学术共同体→创新能力	0.412	27.094***
跨学科培养→创新能力	0.021	3.122**
科教结合→创新能力	0.026	2.269*
导师指导方式→学术志趣	0.184	9.941***
学术共同体→学术志趣	0.863	63.207***
科教结合→学术志趣	−0.152	−10.913***
心理因素→学术志趣	0.083	7.294***
导师指导方式→学术共同体	0.700	39.848***
心理因素→导师指导方式	0.242	23.652***
导师指导方式→跨学科培养	0.238	8.719***
导师指导方式→科教结合	0.108	6.630***
心理因素→学术共同体	0.104	8.295***
科教结合→跨学科培养	0.365	14.440***

注：***$p<0.001$，余同。

表6-19　模型拟合指数

比较项	p	CMIN/DF	RMSEA	AGFI	CFI
数值	0.306	1.200	0.003	0.98	0.99

由表 6-19 可看出，该结构方程模型各路径系数均显著，$p<0.05$，拟合指数中 $p=0.306>0.05$；CMIN/DF=1.200 符合 1—2 的区间；RMSEA=0.003<0.05；AGFI=0.98>0.9；CFI=0.99>0.9，表明模型拟合良好。

该模型表明：

1）导师指导方式、学术共同体、跨学科培养方式和科教结合对博士研究生创新能力有显著影响。学术共同体对创新能力的直接作用较大，导师指导方式对创新能力的直接作用次之，科教结合和跨学科培养方式对创新能力的作用相对较小但依然显著。

2）学术志趣对其创新能力有显著影响，心理因素对学术志趣存在显著影响。

3）导师指导方式、学术共同体、科教结合通过学术志趣对博士研究生创新能力有显著影响，学术志趣在其中起中介作用，学生心理因素对整个效应起调节作用。其中，学术志趣与科教结合行为不匹配现象值得关注。

三、中介效应检验

（一）研究目的

本研究的主要目的是探讨博士研究生创新能力、学术志趣和导师指导方式各因素间的作用路径，建构并验证博士研究生的"导师指导方式-学术志趣-博士研究生的创新能力"模型。

（二）检验结果

1. 学术志趣在导师指导方式和博士研究生的创新能力的中介效应

检验变量的中介效应可以通过依次检验回归系数的方法进行。步骤如下：

1）检验因变量对自变量的回归系数 c，如果显著，继续第 2 步的检验，如果不显著，则停止检验。

2）做 Baron 和 Kenny 部分中介检验，即依次检验中介变量对自变量的回归系数 a 以及因变量对中介变量 b，如果都显著，意味着 X 对 Y 的影响至少有一部分是通过了中介变量 M 实现的，继续做下面的检验。

3）做 Judd 和 Kenny 完全中介检验中的第 3 个检验，即检验系数 c'，如果不显著，说明是完全中介过程，即 X 对 Y 的影响都是通过中介变量 M 实现的；如果显著，说明只是部分中介过程，即 X 对 Y 的影响只有一部分是通过中介变量 M 实现的。

4）如果第 2 步中，至少有一个回归系数不显著，由于该检验功效较低，所以再做 Sobel 检验，如果显著，意味着 M 的中介效应显著，否则中介效应不显著。

本研究根据温忠麟等人提出的中介效应检验程序进行检验。

第 1 步：以创新能力为因变量，以导师指导方式为预测变量，进行回归分析。

第 2 步：以学术志趣为因变量，以导师指导方式为预测变量，进行回归分析。

第 3 步：以创新能力为因变量，以学术志趣、导师指导方式为预测变量，进行回归分析。检验结果如表 6-20 所示。

表6-20　学术志趣对导师指导方式与创新能力的中介检验

步骤	因变量	预测变量	R^2	调整后 R^2	F	β	t
第 1 步	创新能力	导师指导方式	0.321	0.321	2034.488***	0.567	45.105***
第 2 步	学术志趣	导师指导方式	0.275	0.275	1639.935***	0.525	40.496***
第 3 步	创新能力	学术志趣				0.685	65.657***
		导师指导方式	0.661	0.661	4191.966***	0.207	19.834***

从表6-21我们可以发现，依次进行的检验的结果 c、a、b 都是显著的，所以学术志趣的中介效应显著。把学术志趣代入回归方程，导师指导方式对于创新能力的回归系数明显的变小了，由于第3个 t 检验结果显著，即 c' 显著，因此学术志趣在导师指导方式和博士研究生创新能力之间起部分中介效应。

表6-21　3个回归方程和系数的检验

步骤	标准化回归方程	t
第1步	$Y=0.567X$	45.105***
第2步	$M=0.525X$	40.496***
第3步	$Y=0.207X+0.685M$	19.834***
		65.657***

2. 学术志趣在学术共同体和博士研究生的创新能力的中介效应

本研究根据温忠麟等提出的中介效应检验程序进行检验。

第1步：以创新能力为因变量，以学术共同体为预测变量，进行回归分析。

第2步：以学术志趣为因变量，以学术共同体为预测变量，进行回归分析。

第3步：以创新能力为因变量，以学术志趣、学术共同体为预测变量，进行回归分析。检验结果如表6-22所示。

表6-22　学术志趣对学术共同体与创新能力的中介检验

步骤	因变量	预测变量	R^2	调整 R^2	F	β	t
第1步	创新能力	学术共同体	0.623	0.623	7118.419**	0.790	84.371***
第2步	学术志趣	学术共同体	0.616	0.616	6923.447***	0.785	83.207***
第3步	创新能力	学术志趣				0.451	33.577***
		学术共同体	0.702	0.702	5053.602***	0.435	32.380***

从表6-23我们可以发现，依次进行的检验的结果 c、a、b 都是显著的，所以学术志趣的中介效应显著。把学术志趣代入回归方程，学术共同体对于创新能力的回归系数明显的变小了，由于第3个 t 检验结果显著，即 c' 显著，因此学术志趣在学术共同体和博士研究生的创新能力之间起部分中介效应。

表6-23　3个回归方程和系数的检验

步骤	标准化回归方程	t
第1步	$Y=0.790X$	84.371***
第2步	$M=0.785X$	83.207***
第3步	$Y=0.435X+0.451M$	32.380***
		33.577***

3. 学术志趣在科教结合和博士研究生的创新能力的中介效应

本研究根据温忠麟等人提出的中介效应检验程序进行检验。

第1步：以创新能力为因变量，以科教结合为预测变量，进行回归分析。

第2步：以学术志趣为因变量，以科教结合为预测变量，进行回归分析。

第3步：以创新能力为因变量，以学术志趣、科教结合为预测变量，进行回归分析。检验结果表 6-24 所示。

表6-24 学术志趣对学术共同体与创新能力的中介检验

步骤	因变量	预测变量	R^2	调整 R^2	F	β	t
第1步	创新能力	科教结合	0.001	0.001	4.571**	0.032	2.125***
第2步	学术志趣	科教结合	0.003	0.003	11.903***	−0.052	−3.450***
第3步	创新能力	学术志趣				0.797	86.462***
		科教结合	0.635	0.635	3743.892***	0.072	7.833***

从表 6-25 我们可以发现，依次进行的检验的结果 c、a、b 都是显著的，所以学术志趣的中介效应显著。由于第 3 个 t 检验结果显著，即 c' 显著，因此学术志趣在科教结合和博士研究生的创新能力之间起部分中介效应。

表6-25 3个回归方程和系数的检验

步骤	标准化回归方程	t
第1步	$Y=0.032X$	2.125***
第2步	$M=-0.052X$	−3.450***
第3步	$Y=0.072X+0.797M$	7.833***
		86.462***

4. 中介检验结论

1）学术志趣在导师指导方式和博士研究生创新能力之间起部分中介效应。

2）学术志趣在学术共同体和博士研究生的创新能力之间起部分中介效应。

3）学术志趣在科教结合和博士研究生的创新能力之间起部分中介效应。其中，学术志趣与科教结合行为不匹配现象值得关注。

四、控制变量检验

采用层级回归分析方法进行数据分析。由于导师指导方式与学术志趣相关，我们让它们同时进入回归方程，以估计其贡献，采取同样方式对学术共同体和科教结合进行处理。

（一）心理因素调节作用

Kiley 等将"阈值"概念引入博士生教育领域，认为博士生培养过程中，个体的投入水平达到阈值时，就会对研究主题和学习经验以及作为学习者的自己产生质的不同观点，产出科研成果和创新产品。Turner 认为博士生的能力会在培养过程中通过突破阈值而发生变化，以一种新的方式看待自己所从事的研究工作。阈值效应，即新的方法、技术会在集中投入一定程度之后才能稳定地输出创新结果。心理因素对导师指导方式、学术志趣与创新能力模型的调节作用检验，对学术共同体、学术志趣与创新能力模型的调节作用检验，对科教结合、学术志趣与创新能力模型的调节作用检验如表6-26—表6-30所示。

表6-26　心理因素对导师指导方式、学术志趣与创新能力模型的调节作用检验

比较项	R	R^2	调整后 R^2	R^2 变化量	F 变化量
均值=1	0.812	0.659	0.659	0.659	0.000
均值>1	0.812	0.659	0.659	0.000	0.282

结果表明心理因素对导师指导方式、学术志趣与创新能力之间的关系不存在调节作用。

表6-27　心理因素对学术共同体、学术志趣与创新能力模型的调节作用检验

比较项	R	R^2	调整后 R^2	R^2 变化量	F 变化量
均值=1	0.836	0.699	0.698	0.699	0.000
均值>1	0.836	0.700	0.699	0.001	0.000

结果表明，心理因素对学术共同体、学术志趣与创新能力之间的关系不存在调节作用。

表6-28　心理因素对科教结合、学术志趣与创新能力模型的调节作用检验

比较项	R	R^2	调整后 R^2	R^2 变化量	F 变化量
均值=1	0.796	0.633	0.633	0.633	0.000
均值>1	0.797	0.636	0.635	0.002	0.000

表6-29　心理因素对科教结合、学术志趣与创新能力模型的调节作用检验（均值=1）

比较项	SMEAN（心理）=1（选定）	R^2	调整后 R^2	R^2 变化量	F 变化量
均值=1	0.760	0.577	0.408	0.577	0.116

当学生心理因素量表得分均值为1，即对学习生活非常不满意、抗压能力弱、没有信心拿到博士学位时，科教结合、学术志趣和创新之间作用不显著。

表6-30 心理因素对科教结合、学术志趣与创新能力模型的调节作用检验（均值>1）

比较项	SMEAN（心理）=2（选定）	R^2	调整后 R^2	R^2 变化量	F 变化量
均值>1	0.792	0.627	0.618	0.627	0.000

当学生心理因素量表得分均值>1，即对学习生活较满意、抗压能力较好、有信心拿到博士学位时，科教结合、学术志趣和创新之间作用显著，学生心理素质高，受科教结合和学术志趣的影响大，创新水平高。

（二）人口学变量调节作用

对性别对导师指导方式、学术志趣与创新能力，对科教结合、学术志趣与创新能力，对学术共同体、学术志趣与创新能力及其均值等人口学变量调节作用进行检验，结果见表6-31—表6-34。

表6-31 性别对导师指导方式、学术志趣与创新能力模型的调节作用检验

性别	R	R^2	调整后 R^2	R^2 变化量	F 变化量
男	0.812	0.659	0.659	0.659	0.000
女	0.812	0.659	0.659	0.000	0.282

表6-32 性别对科教结合、学术志趣与创新能力模型的调节作用检验

性别	R	R^2	调整后 R^2	R^2 变化量	F 变化量
男	0.812	0.659	0.659	0.633	0.000
女	0.812	0.659	0.659	0.000	0.282

表6-33 性别对学术共同体、学术志趣与创新能力模型的调节作用检验

性别	R	R^2	调整后 R^2	R^2 变化量	F 变化量
男	0.836	0.699	0.699	0.699	0.000
女	0.837	0.700	0.700	0.001	0.002

表6-34 性别对学术共同体、学术志趣与创新能力模型的调节作用检验均值

性别	R	R^2	调整后 R^2	R^2 变化量	F 变化量
男	0.847	0.717	0.717	0.717	0.000
女	0.821	0.673	0.673	0.673	0.000

1. 性别

当性别为男时，学术共同体、学术志趣对创新能力之间的影响模型解释的方差，占因变量方差的71.7%。当性别为女时，学术共同体、学术志趣对创新能力之间的影响模型解释的方差，占因变量方差的67.3%。男生的创新能力受学术共同体和学术志趣的作用相对而言稍多于女生。经过独立样本 t 检验，男生的学习投入时间显著多于女生，投入时间是造成男生的创新能力受学术共同体和学术志趣的作用相对大于女生的主因。

2. 年龄

年龄对导师指导方式、学术志趣与创新能力模型的调节作用检验结果如表6-35所示，结果表明年龄对导师指导方式、学术志趣与创新能力之间的关系不存在调节作用。

表6-35　年龄对导师指导方式、学术志趣与创新能力模型的调节作用检验

年龄	R	R^2	调整后 R^2	R^2 变化量	F 变化量
≥26 岁	0.836	0.698	0.698	0.659	0.000
<26 岁	0.836	0.699	0.699	0.000	0.639

年龄对科教结合、学术志趣与创新能力模型的调节作用检验结果如表6-36所示，结果表明年龄对科教结合、学术志趣与创新能力之间的关系不存在调节作用。

表6-36　年龄对科教结合、学术志趣与创新能力模型的调节作用检验

年龄	R	R^2	调整后 R^2	R^2 变化量	F 变化量
≥26 岁	0.796	0.633	0.633	0.659	0.000
<26 岁	0.796	0.633	0.633	0.000	0.639

年龄对学术共同体、学术志趣与创新能力模型的调节作用检验，其结果如表6-37所示。

表6-37　年龄对学术共同体、学术志趣与创新能力模型的调节作用检验

年龄	R	R^2	调整后 R^2	R^2 变化量	F 变化量
≥26 岁	0.836	0.698	0.698	0.698	0.000
<26 岁	0.836	0.699	0.699	0.001	0.005

结果表明，学生年龄对学术共同体、学术志趣与创新能力之间的关系存在部分调节作用。为进一步考察其调节作用，特对学生年龄进行区分，调节作用检验结果如表6-38所示。

表6-38　年龄对学术共同体、学术志趣与创新能力模型的调节作用检验

年龄	人口统计学特征	R^2	调整后 R^2	R^2 变化量	F 变化量
25 岁及以下	0.760	0.745	0.744	0.745	0.000
26—35 岁	0.822	0.675	0.675	0.675	0.000
36—45 岁	0.844	0.712	0.711	0.712	0.000
46 岁及以上	0.950	0.903	0.902	0.712	0.000

学术共同体、学术志趣对创新能力之间的影响模型如图 6-2 所示。

当年龄为 25 岁及以下时，学术共同体、学术志趣对创新能力之间的影响模型解释的方差占因变量方差的 74.4%。当年龄为 26—35 岁时，学术共同体、学术志趣对创新能力之间的影响模型解释的方差占因变量方差的 67.5%。当年龄为 36—45 岁时，学术共同体、学术志趣对创新能力之间的影响模型解释的方差占因变量方差的 71.1%。当年龄为 46 岁及以上时，学术共同体、学术志趣对创新能力之间的影响模型解释的方差占因变量方差的 90.2%。

科研起步年龄小和起步年龄过大的博士生创新能力受学术共同体和学术志趣的作用均多，对学术共同体的需要和依赖性较大，学术志趣也是重要的选择读博和勇于乐于创新的动力；就读博士研究生年龄过大，其创新能力受学术共同体和学术志趣的作用，其他压力会很多，其对学术共同体的需要和依赖性更强，往往需要同伴尤其是年轻同门的协助，而学术志趣是让其在如此年龄还能不断学习的持续动力，其内在驱动力应该极为强大。

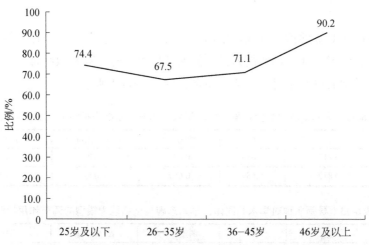

图 6-2　学术共同体、学术志趣对创新能力之间的影响模型

3. 入学方式

入学方式对学术共同体、学术志趣与创新能力模型的调节作用检验,对导师指导方式、学术志趣与创新能力模型的调节作用检验,对科教结合、学术志趣与创新能力模型的调节作用检验结果如表6-39—表6-41所示。

表6-39　入学方式对学术共同体、学术志趣与创新能力模型的调节作用检验

入学方式	R	R^2	调整后 R^2	R^2 变化量	F 变化量
直接攻博	0.836	0.698	0.698	0.698	0.000
其他方式	0.836	0.699	0.699	0.000	0.016

表6-40　入学方式对导师指导方式、学术志趣与创新能力模型的调节作用检验

入学方式	R	R^2	调整后 R^2	R^2 变化量	F 变化量
直接攻博	0.812	0.659	0.659	0.659	0.000
其他方式	0.812	0.659	0.659	0.000	0.026

表6-41　入学方式对科教结合、学术志趣与创新能力模型的调节作用检验

入学方式	R	R^2	调整后 R^2	R^2 变化量	F 变化量
直接攻博	0.796	0.633	0.633	0.633	0.000
其他方式	0.796	0.633	0.633	0.000	0.428

结果表明入学方式对学术共同体、学术志趣与创新能力模型不存在调节作用,对导师指导方式、学术志趣与创新能力模型不存在调节作用,对科教结合、学术志趣与创新能力模型不存在调节作用。

4. 导师职称

导师职称对导师指导方式、学术志趣与创新能力模型的调节作用检验,对学术共同体、学术志趣与创新能力模型的调节作用检验,对科教结合、学术志趣与创新能力模型的调节作用检验结果如表6-42—表6-44所示。

表6-42　导师职称对导师指导方式、学术志趣与创新能力模型的调节作用检验

导师职称	R	R^2	调整后 R^2	R^2 变化量	F 变化量
正高	0.812	0.659	0.659	0.659	0.000
其他	0.812	0.659	0.659	0.000	0.247

表6-43　导师职称对学术共同体、学术志趣与创新能力模型的调节作用检验

导师职称	R	R^2	调整后 R^2	R^2 变化量	F 变化量
正高	0.836	0.699	0.699	0.699	0.000
其他	0.836	0.699	0.699	0.000	0.366

表 6-44 导师职称对科教结合、学术志趣与创新能力模型的调节作用检验

导师职称	R	R^2	调整后 R^2	R^2 变化量	F 变化量
正高	0.796	0.634	0.634	0.634	0.000
其他	0.796	0.634	0.634	0.000	0.248

结果表明，导师职称对导师指导方式、学术志趣与创新能力模型不存在调节作用，对学术共同体、学术志趣与创新能力模型不存在调节作用，对科教结合、学术志趣与创新能力模型不存在调节作用。

5. 导师头衔

导师头衔对导师指导方式、学术志趣与创新能力模型的调节作用检验，对学术共同体、学术志趣与创新能力模型的调节作用检验，对科教结合、学术志趣与创新能力模型的调节作用检验如表 6-45—表 6-47 所示。

表 6-45 导师头衔对导师指导方式、学术志趣与创新能力模型的调节作用检验

导师头衔	R	R^2	调整后 R^2	R^2 变化量	F 变化量
有头衔	0.812	0.659	0.659	0.659	0.000
无头衔	0.812	0.659	0.659	0.000	0.247

表 6-46 导师头衔对学术共同体、学术志趣与创新能力模型的调节作用检验

导师头衔	R	R^2	调整后 R^2	R^2 变化量	F 变化量
有头衔	0.836	0.699	0.699	0.699	0.000
无头衔	0.836	0.699	0.699	0.000	0.366

表 6-47 导师头衔对科教结合、学术志趣与创新能力模型的调节作用检验

导师头衔	R	R^2	调整后 R^2	R^2 变化量	F 变化量
有头衔	0.796	0.634	0.634	0.634	0.000
无头衔	0.796	0.634	0.634	0.000	0.248

结果表明，导师头衔对导师指导方式、学术志趣与创新能力模型不存在调节作用，对学术共同体、学术志趣与创新能力模型不存在调节作用，对科教结合、学术志趣与创新能力模型不存在调节作用。

6. 高校类型

高校类型对导师指导方式、学术志趣与创新能力模型的调节作用检验结果如表 6-48 所示，结果表明高校类型对导师指导方式、学术志趣与创新能力模型存在调节作用。

表 6-48　不同高校对导师指导方式、学术志趣与创新能力模型的调节作用检验

高校类型	R	R^2	调整后 R^2	R^2 变化量	F 变化量
普通院校	0.812	0.659	0.659	0.659	0.000
"211 工程" + "985 工程" 建设高校	0.813	0.661	0.661	0.002	0.000

进一步区分"985 工程"建设高校和非"985 工程"建设高校，并对其进行检验如表 6-49 所示，高校类型对导师指导方式、学术志趣与创新能力模型不存在调节作用。

表 6-49　高校类型对导师指导方式、学术志趣与创新能力模型的调节作用检验

高校类型	R	R^2	调整后 R^2	R^2 变化量	F 变化量
非"985 工程"建设	0.820	0.673	0.673	0.673	0.000
"985 工程"建设	0.820	0.651	0.651	0.651	0.000

高校类型对科教结合、学术志趣与创新能力模型的调节作用检验如表 6-50 所示，结果表明高校类型对科教结合、学术志趣与创新能力模型存在调节作用。

表 6-50　高校类型对科教结合、学术志趣与创新能力模型的调节作用检验

高校类型	R	R^2	调整后 R^2	R^2 变化量	F 变化量
非"985 工程"建设	0.796	0.633	0.633	0.633	0.000
"985 工程"建设	0.796	0.634	0.634	0.000	0.035

进一步区分"985 工程"建设高校和非"985 工程"建设高校，对其进行检验（表 6-51），检验结果显示，"985 工程"建设高校独立科研能力可能更强，受导师指导方式和科教结合影响比非"985 工程"建设高校小，非"985 工程"建设高校学生对外界支持依赖更多。

表 6-51　两类高校对科教结合、导师指导方式与创新能力模型的调节作用检验

高校类型	R	R^2	调整后 R^2	R^2 变化量	F 变化量
非"985 工程"建设	0.801	0.642	0.641	0.642	0.000
"985 工程"建设	0.792	0.627	0.627	0.627	0.000

7. 投入时间

Kiley 等将"阈值"概念引入博士生教育领域，认为博士生培养过程中，个体的投入水平达到阈值时，就会对研究主题、学习经验以及作为学习者的自己产生质的不同观点，产出科研成果和创新产品。Turner认为博士生的能力会在培养过程中通过突破阈值而发生变化，以一种新的方式看待自己所从事的研究工作。阈值效应，即新的方法、技术在集中投入一定程度之后才能稳定地输出创新成果。经过截面数据门限回归确定阈值的临界点为6小时，故以6小时为分组，投入时间对导师指导方式、学术志趣与创新能力模型的调节作用检验，对科教结合、学术志趣与创新能力模型的调节作用检验，对学术共同体、学术志趣与创新能力模型的调节作用检验结果如表6-52—表6-54所示。

表6-52　投入时间对导师指导方式、学术志趣与创新能力模型的调节作用检验

投入时间	R	R^2	调整后 R^2	R^2 变化量	F 变化量
<6 小时	0.812	0.659	0.659	0.659	0.000
≥6 小时	0.812	0.659	0.659	0.000	0.050

表6-53　投入时间对科教结合、学术志趣与创新能力模型的调节作用检验

投入时间	R	R^2	调整后 R^2	R^2 变化量	F 变化量
<6 小时	0.796	0.633	0.633	0.633	0.000
≥6 小时	0.796	0.633	0.633	0.000	0.892

表6-54　投入时间对学术共同体、学术志趣与创新能力模型的调节作用检验

投入时间	R	R^2	调整后 R^2	R^2 变化量	F 变化量
<6 小时	0.836	0.699	0.699	0.699	0.000
≥6 小时	0.838	0.703	0.703	0.004	0.000

结果表明，投入时间对导师指导方式、学术志趣与创新能力模型不存在调节作用，对科教结合、学术志趣与创新能力模型不存在调节作用，但投入时间对学术共同体、学术志趣与创新能力模型存在调节作用，投入时间越多，博士研究生受学术共同体的影响越大，更容易保持学术志趣水平，提高创新能力。

8. 毕业意愿

以从事学术工作、非学术工作分组毕业意愿，对学术共同体、学术志趣与创新能力模型的调节作用检验，对导师指导方式、学术志趣与创新能力模型的调节作用检验，对科教结合、学术志趣与创新能力模型的调节作用检验，其结果如表6-55—表6-57所示。

表6-55　毕业意愿对学术共同体、学术志趣与创新能力模型的调节作用检验

毕业意愿	R	R^2	调整后 R^2	R^2 变化量	F 变化量
从事学术	0.836	0.699	0.699	0.698	0.000
从事非学术	0.838	0.703	0.703	0.004	0.202

表6-56　毕业意愿对导师指导方式、学术志趣与创新能力模型的调节作用检验

毕业意愿	R	R^2	调整后 R^2	R^2 变化量	F 变化量
从事学术	0.812	0.659	0.659	0.699	0.000
从事非学术	0.812	0.659	0.659	0.004	0.256

表6-57　毕业意愿对科教结合、学术志趣与创新能力模型的调节作用检验

毕业意愿	R	R^2	调整后 R^2	R^2 变化量	F 变化量
从事学术	0.796	0.633	0.633	0.633	0.000
从事非学术	0.796	0.633	0.633	0.000	0.098

结果表明，毕业意愿对学术共同体、学术志趣与创新能力模型不存在调节作用，对导师指导方式、学术志趣与创新能力模型不存在调节作用，对科教结合、学术志趣与创新能力模型不存在调节作用。

五、主要结论

（一）影响博士研究生创新能力因素

1）博士研究生在创新能力上，不存在性别上的显著差异；存在年龄差异，26—45岁博士研究生创新能力相对较高；存在入学方式上的显著差异，普通招考创新能力相对较强；不存在学科门类上的显著差异；不存在学校类型上的显著差异；存在导师级别上的差异，正高级导师培养出来的博士研究生创新能力相对较高；不存在导师头衔上的显著差异。

2）学术志趣在导师指导方式和博士研究生创新能力之间起部分中介效应。学术志趣在学术共同体和博士研究生的创新能力之间起部分中介效应。学术志趣在科教结合和博士研究生的创新能力之间起部分中介效应。

3）控制变量调节作用。以心理为控制变量，心理状态较好时，与学术共同体、科教结合、学术志趣共同影响创新能力。心理状态非常不好时，作用不存在。性别为控制变量，学术共同体和学术志趣对男生和其创新能力的影响更大。以入学方式、年龄、导师头衔、导师职称和毕业意愿为控制变量，模型无变化，故无影响。以学校类型为控制变量，导师指导方式和科教结合影响对非"985工程"建设高校学生和其创新能力的影响更大——"985工程"建设高校独立科学

研究能力可能更强，受导师指导方式和科教结合影响比非"985 工程"建设高校小，非"985 工程"建设高校学生对外界支持依赖更多。以投入时间为控制变量，投入时间越多，模型解释度越高，表明投入时间多的博士研究生，学术共同体和学术志趣对其创新能力的影响更大。

（二）实证研究数据分析

根据实证研究数据分析发现：

1）学术共同体和导师指导方式是博士研究生创新能力培养的重要支撑。学术共同体对各个学科门类、学校类型、不同年龄和不同性别的博士研究生的创新能力都起到了较好的促进作用。导师指导方式对创新能力有显著影响，且正高级职称的导师培养出来的博士研究生，其创新能力相对较高，当前多由正高级职称的导师担任博士研究生导师的实际情况有利于促进博士研究生创新能力的提高。

2）激发学术志趣是博士研究生创新能力培养的关键要素。学术志趣与学术共同体、科教结合、导师指导方式等要素对原始创新能力的作用之间有显著的影响关系。

3）跨学科培养和科教结合是博士研究生创新能力培养中有待改进的部分。70.6%的博士研究生无参与跨学科项目和论文的经历，44.4%的博士研究生接触不到跨学科平台项目和知识，54.7%的博士研究生没有接受过用于跨学科培养的资助，说明博士研究生跨学科培养力度不够。在科教结合上，博士研究生参与导师课题的深度不够，近 60%的博士研究生在导师课题中承担了 10%—50%的工作量，17.9%的博士研究生在导师课题中承担了超过一半的工作量。在参与导师课题中，从学科角度来看，34.5%的社科博士研究生表示自己在导师课题中承担的工作量小于 10%；而 20.1%的理科博士研究生和 52.5%的工科博士研究生表示在导师课题中承担的工作量都超过 50%；农科、医科及人文博士研究生在导师课题中承担的工作量在 10%—50%。"985 工程"建设高校在导师课题中承担 50%以上工作量的博士研究生的比例高于其他高校近 10 个百分点，两类高校博士研究生在导师课题中承担 10%—30%工作量上的比例近似。近 60%的博士研究生虽然参与导师课题，但实际投入的工作量不足，仅 17.9%的博士研究生深度参与了导师课题，还有一些博士研究生未参与导师课题。研究还发现，博士研究生出现了学术志趣与科教结合行为不匹配的现象，影响了其创新能力的提升。科教结合是博士研究生培养的基础和出发点，但实证研究发现科教结合对博士研究生创新能力的培养未能发挥所期待的作用。

第四节 分学科博士研究生创新能力实证研究

一、理科博士研究生创新能力影响因素实证研究

（一）研究对象情况

本节研究对象包括在读的理科博士研究生，将回收的问卷用 SPSS 23.0 软件录入后进行筛选，剔除无效问卷。剔除标准如下：①回答缺失 10%以上的数据；②回答明显不认真，不严肃者。经过剔除，获得有效问卷 619 份。被试分布情况见表 6-58。

表6-58 理科博士研究生样本描述统计

变量	类别	人数/人	比例/%
性别	男	341	55.1
	女	278	44.9
高校类型	非"985 工程"建设	230	37.2
	"985 工程"建设	389	62.8

（二）研究工具

本节研究主要采用问卷调查法，采用自编的博士研究生创新能力问卷以及课程体系、科教结合、跨学科培养、导师指导方式、出境交流的相关调查问卷。量表信效度分析见第五章。

（三）研究假设和研究模型

创新能力与学术志趣和导师指导方式等因素之间的相关分析结果见表 6-59。

表6-59 创新能力与学术志趣和导师指导方式等因素之间的相关分析

比较项	学术志趣	心理素质	科教结合	学术共同体	导师指导方式	跨学科培养	创新能力
学术志趣							
心理素质	0.318**						
科教结合	0.015	0.106**					
学术共同体	0.763**	0.249**	0.089*				
导师指导方式	0.507**	0.341**	0.097**	0.509**			
跨学科培养	0.055	0.173**	0.184**	0.033	0.146**		
创新能力	0.756**	0.261**	0.088*	0.711**	0.510**	0.043	

由表 6-59 可以看出，学术志趣、学术共同体、导师指导方式、心理因素均与博士研究生的创新能力存在显著相关关系，科教结合与创新能力存在显著相关关系。

由此提出研究假设：

1）导师指导方式、学术共同体、跨学科培养和科教结合对博士研究生创新能力有显著影响。

2）学术志趣和学生心理因素对其创新能力有显著影响。

3）导师指导方式、学术共同体、跨学科培养和科教结合通过学术志趣、学生心理因素对博士研究生创新能力有显著影响，学术志趣和学生心理因素在其中起中介作用。

为了进一步考察这些因素对博士研究生创新能力的影响，依此构建结构方程模型，删除不显著的路径后得到图 6-3。

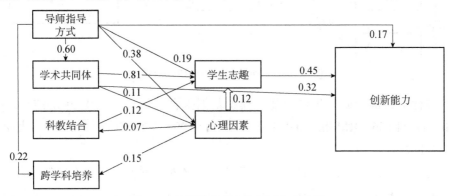

图 6-3　理科博士研究生创新能力模型

进行理科博士研究生创新能力模型数据拟合，拟合指数中 p=0.327>0.05，CMIN/*df*=1.118，RMSEA=0.014<0.05，GFI=0.986>0.9，CFI=0.999>0.9，表明模型拟合良好。

（四）研究结果

根据该模型表明：

1）导师指导方式、学术共同体对理科博士研究生创新能力有显著影响。学术共同体对创新能力的直接作用相对较大，导师指导方式对创新能力的直接作用次之，跨学科培养和科教结合对理科博士研究生创新能力影响不显著。

2）学术志趣对其创新能力有显著影响，心理因素对学术志趣有显著影响。

3）导师指导方式、学术共同体、科教结合通过学术志趣对博士研究生创新能力有显著影响，学术志趣在其中起中介作用，心理因素对整个效应起调节作用。

二、工科博士研究生创新能力影响因素实证研究

采取相同研究程序对工科博士研究生创新能力进行探析，经过剔除，有效被试为 1489 人。通过相关分析和假设验证构建模型如图 6-4 所示。

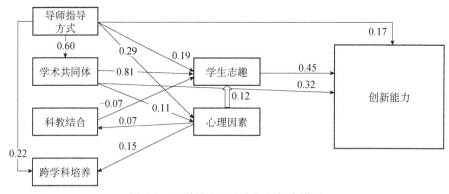

图 6-4　工科博士研究生创新能力模型

进行工科博士研究生创新能力模型数据拟合，拟合指数中 $p=0.387>0.05$，CMIN/DF=1.036，RMSEA=0.005<0.05，GFI=0.994>0.9，CFI=0.999>0.9，表明模型拟合良好。

研究结果表明：导师指导方式、学术共同体对工科博士研究生创新能力有显著影响。学术共同体对创新能力的直接作用相对较大，导师指导方式对创新能力的直接作用次之，跨学科培养和科教结合对工科博士研究生创新能力影响不显著。学术志趣对其创新能力有显著影响，心理因素对学术志趣存在显著影响。导师指导方式、学术共同体、科教结合通过学术志趣对博士研究生创新能力有显著影响，学术志趣在其中起中介作用，心理因素对整个效应起调节作用。

三、医科博士研究生创新能力影响因素实证研究

采取相同研究程序对医科博士研究生创新能力进行探析，经过剔除，有效被试 532 人。通过相关分析和假设验证构建模型图如图 6-5。

进行医科博士研究生创新能力模型数据拟合，拟合指数中 $p=0.231>0.05$，CMIN/DF=1.467，RMSEA=0.030<0.05，AGFI=0.978>0.9，CFI=0.999>0.9，表明模型拟合良好。

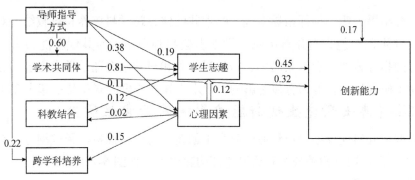

图 6-5　医科博士研究生创新能力模型

根据该模型表明：

1）导师指导方式、学术共同体、跨学科培养对医科博士研究生创新能力有显著影响。学术共同体对创新能力的直接作用较大，导师指导方式对创新能力的直接作用次之，跨学科培养对创新能力的作用较小，但依然显著。

2）学术志趣对其创新能力有显著影响，心理因素对学术志趣存在显著影响。

3）导师指导方式、学术共同体、科教结合通过学术志趣对医科博士研究生创新能力有显著影响，学术志趣在其中起中介作用，心理因素对整个效应起调节作用。心理因素对医学博士研究生的创新能力影响显著大于其他学科。

四、人文博士研究生创新能力影响因素实证研究

采取相同研究程序对人文博士研究生创新能力进行探析，经过剔除，有效被试 490 人。通过相关分析和假设验证构建模型，如图 6-6 所示。

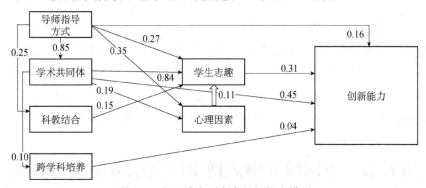

图 6-6　人文博士研究生创新能力模型

进行人文博士研究生创新能力模型数据拟合，拟合指数中 $p=0.238>0.05$，CMIN/DF=1.433，RMSEA=0.030<0.05，AGFI=0.977>0.9，CFI=0.999>0.9，表明模型拟合良好。

研究结果表明，导师指导方式、学术共同体、跨学科培养和科教结合对人文博士研究生创新能力有显著影响。学术志趣和心理因素对其创新能力有显著影响。导师指导方式、学术共同体、跨学科培养和科教结合通过学术志趣和心理因素对博士研究生创新能力有显著影响，学术志趣和心理因素在其中起中介作用。

五、社科博士研究生创新能力影响因素实证研究

采取相同研究程序对社科博士研究生创新能力进行探析，经过剔除，有效被试为1164人。通过相关分析和假设验证构建模型，如图6-7所示。

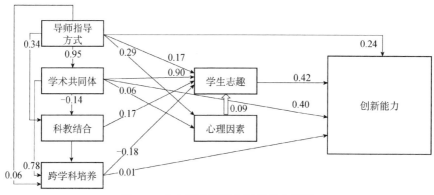

图6-7　人文博士研究生创新能力模型

进行人文博士研究生创新能力模型数据拟合，拟合指数中p=0.238>0.05，CMIN/DF=1.433，RMSEA=0.030<0.05，AGFI=0.977>0.9，CFI=0.999>0.9，表明模型拟合良好。

研究结果表明，导师指导方式、学术共同体、跨学科培养对人文博士研究生创新能力有显著影响。学术共同体对创新能力的直接作用相对较大，导师指导方式对创新能力的直接作用次之，跨学科培养对创新能力的作用相对较小但依然显著。学术志趣对其创新能力有显著影响，心理因素对学术志趣存在显著影响。导师指导方式、学术共同体、科教结合通过学术志趣对人文博士研究生创新能力有显著影响，学术志趣在其中起中介作用，心理因素对整个效应起调节作用。

第五节　不同培养模式博士研究生创新能力研究

一、分段式培养和贯通式博士研究生培养

（一）研究对象情况

本研究的研究对象包括贯通式培养和分段式培养博士研究生，经过剔除后，

有效被试 4332 人。其中，分段式培养为 1923 人，贯通式培养为 2409 人。

（二）研究工具

本节研究主要采用问卷调查法，采用了自编的博士研究生创新能力问卷以及课程体系、科教结合、跨学科培养、导师指导方式、出境交流的相关调查问卷。量表信效度分析及相关分析见第五章。由相关分析可以看出：学术志趣、学术共同体、导师指导方式、心理因素均与博士研究生的创新能力呈显著相关（$p<0.01$），跨学科培养和科教结合与创新能力呈显著相关（$p<0.05$）。

由此提出研究假设：

1）导师指导方式、学术共同体、跨学科培养和科教结合对博士研究生创新能力有显著影响。

2）学术志趣和心理因素对其创新能力有显著影响。

3）导师指导方式、学术共同体、跨学科培养和科教结合通过学术志趣和心理因素对博士研究生创新能力有显著影响，学术志趣和心理因素在其中起中介作用。

为了进一步考察这些因素对博士研究生创新能力的影响，依此构建结构方程模型，删除不显著的路径后得到贯通式培养模型（图6-8）和分段式培养模型（图6-9）。

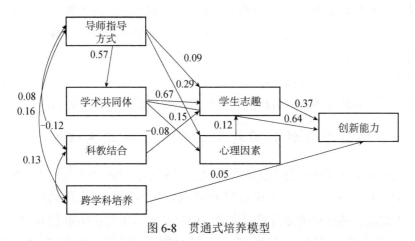

图 6-8　贯通式培养模型

进行贯通式培养模型数据拟合，拟合指数中 $p=0.223>0.05$，CMIN/DF=1.279，RMSEA=0.010<0.05，AGFI=0.993>0.9，CFI=0.999>0.9，表明模型拟合良好。

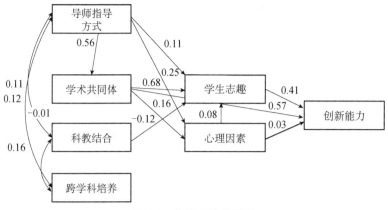

图 6-9 分段式培养模型

进行分段式培养模型数据拟合，拟合指数中 $p=0.332>0.05$，CMIN/DF=1.146，RMSEA=0.009<0.05，AGFI=0.995>0.9，CFI=0.999>0.9，表明模型拟合良好。

（三）研究结果

分段式培养与贯通式培养的共同之处：①导师指导方式、学术共同体、跨学科培养和科教结合对博士研究生创新能力有显著影响；②学术志趣对其创新能力有显著影响；③导师指导方式、学术共同体和科教结合通过学术志趣和心理因素对博士研究生创新能力有显著影响，学术志趣和心理因素在其中起中介作用。

分段式培养与贯通式培养的区别在于：分段式培养中跨学科培养对创新能力的作用不显著，贯通式培养中则显著，说明贯通式培养有利于发挥跨学科培养对创新能力的促进作用。分段式培养中心理因素对创新能力作用显著，贯通式培养中则不显著，因此需多注意分段式培养学生的心理健康和心理适应问题。

二、自由探索型与服务国家需求型博士研究生培养

采取相同研究程序对自由探索型与服务国家需求型博士研究生进行探析，经过剔除后，有效被试中，自由探索型 1093 人，服务国家需求型 323 人，其他类型未计入比较。通过相关分析和假设验证构建模型图（图6-10 和图6-11）。

进行自由探索型模型数据拟合，拟合指数中 $p=0.231>0.05$，CMIN/DF=3.543，RMSEA=0.029<0.05，AGFI=0.981>0.9，CFI=0.996>0.9，表明模型拟合良好。

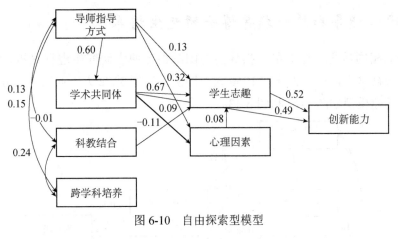

图 6-10 自由探索型模型

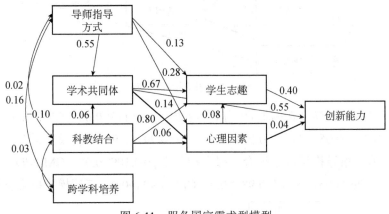

图 6-11 服务国家需求型模型

进行服务国家需求型模型数据拟合，拟合指数中 $p=0.217>0.05$，CMIN/DF=3.979，RMSEA=0.038<0.05，AGFI=0.984>0.9，CFI=0.998>0.9，表明模型拟合良好。

研究结果表明，自由探索型和服务国家需求型的共同之处在于：①导师指导方式、学术共同体和科教结合对博士研究生创新能力有显著影响；②学术志趣对创新能力有显著影响。

自由探索型和服务国家需求型的区别在于：自由探索中科教融合主要通过学术志趣对创新能力培养起显著作用。服务国家需求的培养中科教融合既通过学术志趣也通过心理因素对创新能力起作用。可见，在参与国家重大项目时，学生心理状态还是会发生一定变化的。需注重参与国家项目时学生的心理健康问题，使其保持适度的压力，促进其创新能力的培养。

三、团队指导和单一指导博士研究生培养

采取相同研究程序对单一指导型与团队指导博士研究生进行探析，经过剔除，有效被试中，单一指导型 1060 人，团队指导型 3272 人。通过相关分析和假设验证构建模型如图 6-12 和图 6-13。

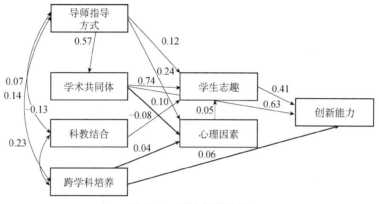

图 6-12　团队指导模型

进行团队指导模型数据拟合，拟合指数中 $p=0.112>0.05$，CMIN/DF=1.559，RMSEA=0.011<0.05，AGFI=0.994>0.9，CFI=0.999>0.9，表明模型拟合良好。

进行单一指导模型数据拟合，拟合指数中 $p=0.109>0.05$，CMIN/DF=1.678，RMSEA=0.026<0.05，AGFI=0.987>0.9，CFI=0.998>0.9，表明模型拟合良好。

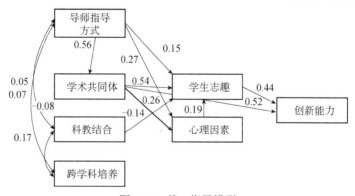

图 6-13　单一指导模型

研究结果表明，单一指导型与团队指导型存在共同之处：导师指导方式、学术共同体、科教结合对博士研究生创新能力有显著影响。学术志趣和心理因素对其创新能力有显著影响。导师指导方式、学术共同体和科教结合通过学术志趣、心理因素对博士研究生创新能力有显著影响，学术志趣和心理因素在其中起中介

作用。单一指导型与团队指导型的区别在于：单一指导型中跨学科培养对创新能力的作用不显著，团队指导型中跨学科培养对创新能力的作用显著。团队指导型有利于发挥跨学科培养对创新能力的促进作用。

四、不同层次的出境交流博士研究生培养

采取相同研究程序对不同层次出境交流博士研究生创新能力区别进行探析，经过剔除，有效被试中，无出境交流经历的博士研究生 1002 名，出境交流 1—6 个月的博士研究生 1043 名，出境交流 6 个月以上的博士研究生 2287 名。通过相关分析和假设验证构建模型（图 6-14—图 6-16）。拟合指数中 $p=0.172>0.05$，CMIN/DF=3.415，RMSEA=0.026<0.05，AGFI=0.9992>0.9，CFI=0.998>0.9，表明模型拟合良好。

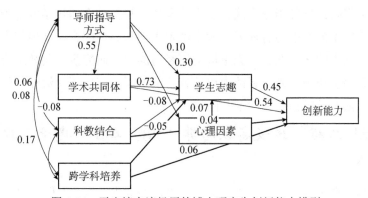

图 6-14　无出境交流经历的博士研究生创新能力模型

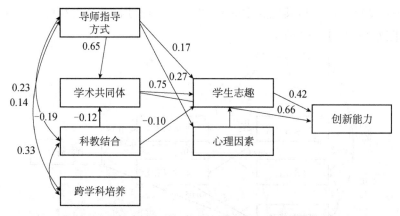

图 6-15　出境交流 1—6 个月的博士研究生创新能力模型

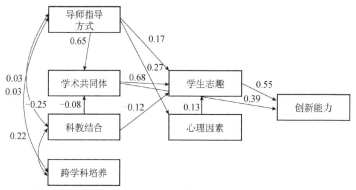

图 6-16　出境交流 6 个月以上的博士研究生创新能力模型

研究结果表明，三类博士研究生存在共同之处：导师指导方式、学术共同体、科教结合对博士研究生创新能力有显著影响。学术志趣和心理因素对其创新能力有显著影响。导师指导方式、学术共同体、科教结合通过学术志趣和心理因素对博士研究生创新能力有显著影响，学术志趣和心理因素在其中起中介作用。三类博士研究生的区别在于：无出境交流经历的博士研究生，科教结合和跨学科培养对其有显著作用，其创新能力更依赖这两方面；有出境交流经历的博士研究生，则更多依赖导师指导和学术共同体。

五、"985 工程"建设高校与非"985 工程"建设高校博士研究生培养

采取相同研究程序对"985 工程"建设高校和非"985 工程"建设高校博士研究生进行探析，经过剔除，有效被试共计 4532 人，其中来自"985 工程"建设高校的有 2299 人，来自其他大学的有 2233 人。通过相关分析和假设验证构建模型，如图 6-17 和图 6-18 所示。

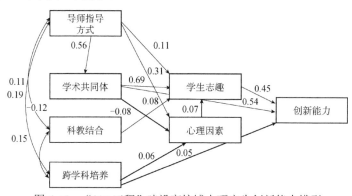

图 6-17　"985 工程"建设高校博士研究生创新能力模型

进行"985 工程"建设高校博士研究生创新能力模型数据拟合，拟合指数中 *p*=0.052>0.05，CMIN/DF=1.850，RMSEA=0.014<0.05，AGFI=0.993>0.9，CFI=0.999>0.9，表明模型拟合良好。

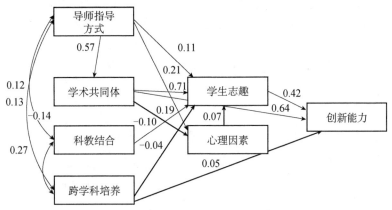

图 6-18 非"985 工程"建设高校博士研究生创新能力模型

进行非"985 工程"建设高校博士研究生创新能力模型数据拟合，拟合指数中 *p*=0.355>0.05，CMIN/DF=1.105，RMSEA=0.007<0.05，AGFI=0.996>0.9，CFI=0.999>0.9，表明模型拟合良好。

研究结果表明两类高校博士研究生存在共同之处：导师指导方式、学术共同体、跨学科培养和科教结合对博士研究生创新能力有显著影响。学术志趣和心理因素对其创新能力有显著影响。导师指导方式、学术共同体、跨学科培养和科教结合通过学术志趣、心理因素对博士研究生创新能力有显著影响，学术志趣和心理因素在其中起中介作用。

两类高校博士研究生的区别在于："985 工程"建设高校跨学科培养对学术志趣有促进作用。反之，非"985 工程"建设高校跨学科培养对学术志趣起显著负向作用，高校应在跨学科培养时多考虑学生的学术志趣。

第七章

中国博士研究生教育改革展望

中国从 1983 年开始招收第一批博士研究生，自此，我国博士研究生教育的规模不断扩大。在中国博士研究生发展的 40 年历史中，各高校根据本校实际情况形成了不同的培养模式。

因此，本章基于前文对高校博士研究生教育的总结报告和调研数据分析，构建中国博士研究生创新能力成长模型，并基于此模型的关键影响因素，找到博士研究生教育的突破口，以为我国博士研究生教育提供可借鉴的经验，同时对中国博士研究生教育的发展和改革进行展望。

第一节　中国博士研究生创新能力成长模型

第六章从整体、分学科、不同培养模式三个方面分析博士创新能力影响因素，构建博士研究生创新能力成长应然模型，并进行实然验证。从实然模型中发现导师职称、导生关系、学术志趣、学习投入时间、心理因素、研究生课程质量、导师指导方式、学术共同体、跨学科培养、科教结合、分流与淘汰过程管理、学生的学术职业追求、导师的补助等因素，对博士研究生创新能力具有显著影响

从导师职称看，在我国国情背景下，具有正高级职称的导师仍是博士研究生培养的最主要力量，其主体作用得到验证。不同职称导师（如正高级、副高级）对博士研究生的创造能力存在显著差异（$p < 0.05$），经过事后检验，职称为正高级的导师培养的博士研究生的创造能力显著高于副高级职称导师培养的博士研究生。

从导生关系看，导生关系密切、博士研究生与导师见面次数频率高、博士研究生对导师学术观点质疑和批判等因素，对博士研究生的创新能力有较大的促进作用。

从学生因素看，学术志趣仍是博士研究生创新能力的动力源泉，并且在学生培养过程与创新能力养成之间起到重要的中介作用。学术志趣与博士研究生创新能力高度相关。实证研究表明，用于学习投入时间为 2 小时的博士研究生的创新能力得分显著低于学习和研究时间为 4 小时、6 小时的博士研究生。数据分析发现，博士研究生学习投入时间对创新能力产生影响的基本阈值为平均每天 6 小时，只有达到或超过这一阈值，学习投入才能对创新能力具有显著效用。此外，毕业后愿意在高校工作的博士研究生的创造能力也显著高于选择到非高校就业的

博士研究生，这说明博士研究生对学术职业的追求与梦想有利于其迸发和持续研究热情。

博士研究生的抗压能力越强，其获得博士学位的信心越足，对博士研究生生活的满意度也越高，这三个方面都能促进博士研究生创新能力的提高。以心理因素为控制变量，心理状态较好时，心理因素与学术共同体、科教结合、学术志趣共同促进创新能力；心理状态非常不好时，对创新能力不存在积极影响。所以，博士研究生的压力排解和心理健康应得到重视，心情舒畅和良好的学习环境有利于博士研究生创新能力的提升。

从学术环境看，学生在整个培养过程中参与、接触各类学术环境（组会、课题组、国内外学术交流等），自然地形成了由不同成员构成的广义学术共同体，广义学术共同体对博士研究生创新能力作用大。此外，研究结果验证了导师指导方式、学术共同体、跨学科培养和科教结合对博士研究生创新能力具有显著影响，但现阶段跨学科培养和科教结合对创新能力的贡献量偏小。参与跨学科培养和出境交流为博士研究生创新能力培养开辟了新路径。读博期间出境交流3次以上的博士研究生的创新能力得分显著高于其他博士研究生。

在培养过程中，各高校研究生课程数量有所不同，学者一致认为课程的质量对博士教育质量至关重要。研究发现，课程的前沿性和开放性对博士创新能力有显著影响。对学生分流淘汰的过程管理（如博士生资格考试或综合考试）对博士研究生学术能力的潜力鉴别和能力提升有显著作用。导师能够每月定期发放学业补助的博士生，其创新能力显著高于没有定期发放学业补助的博士研究生。导师对博士研究生研究工作的认同有利于其工作更加投入，更有参与感和干劲。

第二节　我国博士研究生培养模式的改革突破口

通过对我国博士研究生培养模式的总结以及对影响博士研究生创新能力的因素的分析，发现目前我国博士研究生教育存在的主要问题如下。

第一，高水平大学的环境优势凸显不够。以学校类型为变量，导师指导方式和科教结合的影响对非"985工程"建设高校学生及其创新能力的影响更大，表明"985工程"建设高校的博士教育的优势没有得到充分体现。

第二，科教融合的深度不够。科教融合的深度令人担忧，因为在博士研究生参与项目过程中，有时只重任务而忽略学生的发展，有的与学术志趣出现相异和不匹配的现象，所以博士研究生培养的内涵式发展迫在眉睫。博士研究生问卷显示，近60%的博士研究生在导师课题中承担了10%—50%的工作量，17.9的博士研究生承担超过一半的工作量。

此外，在参与导师课题中，从学科角度来看，20.1%的理科博士研究生和52.5%的工科博士研究生的工作量都超过50%，大部分农科、医科及人文博士研究生承担的工作量为10%—50%，社科博士研究生参与导师工作量小于10%的比例较大（34.5%），说明博士研究生参与导师项目的工作量不大，参与的深度不够，这会直接影响科教融合对博士研究生创新能力的促进作用；部分博士研究生参与科研项目和重大项目，往往一味地为了完成项目任务，未能在科研过程中得到应有的锻炼，极大地影响了科研能力的培养和提升。从博士研究生导师来讲，其需要正确处理育人与科研的基本关系，引导博士研究生在科学研究中学习、发展、成长，重视和强化科研的育人功能。如果导师过度强化科研任务而淡化对学生学术能力和学术精神的培养，就违背了博士研究生教育的初衷。

第三，博士研究生培养的跨学科平台、路径亟待进一步拓展。跨学科博士研究生教育模式大多仍流于口号，学校能提供的平台和跨学科培养路径不够丰富，高度影响了未来的成果产出。博士研究生问卷显示，虽然学生本身就有自然的跨学科背景，但作用发挥不足，参与跨学科项目或撰写跨学科论文的较少。大多数博士研究生（70.1%）没有跨学科培养的经历。在有跨学科经历的博士研究生中，参与不同学科跨学科培养路径方面，社科和人文博士研究生在跨学科学位论文及跨学科项目上的比例比理科、工科、农科、医科博士研究生大，而本来人文、社科博士研究生本身具有跨学科背景的比例就大。这说明理科、工科、农科、医科博士研究生参与跨学科培养人数更少，这对其科研成果的创新会有一定的影响。

第四，博士研究生学业评价存在过度依赖盲审的倾向。过度依赖外部评审（如有的高校博士论文全部外审）会造成缺乏学术自信和学者信任的基础，不利于学术共同体的发展。博士研究生问卷表明，博士研究生所在专业对博士学位论文评审采取的方式中，全部盲审的比例最大（55.6%），其他按比例盲审、有条件免盲审的比例分别为21.7%、20.4%，无盲审的比例为2.3%。这表明高校对博士研究生培养成果（博士学位论文）几乎完全依赖于外部强制性的质量评价。由于盲审，学生常常只能收到返回的纸面意见，难以与评阅者进行进一步沟通（与投稿评审有相似点又有不相似点，因为作者可以反馈给编辑辩驳的意见），很难达到真正改进和提高的目的。如果全部盲审，高校和学科需要科学地考量，否则就失去了学术辩论的价值，应注意避免这种倾向。国家推行抽查论文，这是外部监管和质量保障的一个路径，但不应成为学术判断的唯一路径，否则长此以往，会深刻影响学术自信，导致学术共同体的弱化和空化。

第五，在博士研究生选拔过程中对学术志趣以及意志力的考察力度不够。对于博士研究生的招生，在博士研究生和博导对学生能力互选中，学术志趣虽居前三，但比例很小，在源头就未能很好地挖掘和发现学生的学术探索的内在动力。实际上，有强烈学术志趣的学生的比例仅为31.1%。在博导选拔和学生被选拔的过程中，导师将"对学术研究爱好兴趣""专业知识和理论""外语和基础能力"排在前三位，其比例分别为31.1%、28.5%和14.4%；39.2%的学生认为在选拔过程中，导师比较注意考查学生品质的前三位分别是"专业知识和理论""外语和基础能力""对学术研究爱好兴趣"。由此可见，导师和学生之间关于"对学术研究爱好兴趣"的重视度还存在一定的分歧，所以在招生选拔时，高校和导师要善于发现考生的学术志趣和科研潜力，以确保招收到优质生源。

导师要有意识地激发和保持博士研究生的学术兴趣，使其处在创新的环境之中。博士研究生的投入时间对其创新能力有显著影响。根据博士研究生问卷，5.8%的博士研究生每天学习2小时，17.4%的博士研究生每天学习4小时，30.7%的博士研究生每天学习6小时，其他学习时间的比例为45.9%。以实证研究每天学习6小时为基准，30.7%的博士研究生每天学习6小时以上。

第六，导师和博士研究生的交流依然不充分。博士研究生与导师交流未形成制度和惯例，极大地影响了博士研究生的研究和创新能力。博士研究生问卷结果显示，博士研究生每学期与导师当面交流的次数，每月与导师交流1次的比例最大（27.7%）；其次是每月交流3次的（26.8%）；每月交流2次的比例为23.0%；每月交流4次及以上的比例为21.4%，其余情况的比例极少。社科博士研究生和导师交流次数最多的是每月1次和2次，36.2%的博士研究生每学期与导师仅交流1次，每月交流1—2次的比例为29.5%。人文博士研究生中，有36.4%的博士研究生每学期与导师仅交流1次，每月交流1—2次的比例为33.5%。人文、社科博导对学生的指导往往不到位，师生之间缺乏有效沟通，学生基本处于放养状态，这种情况应当引起重视。

第七，博士生在未来就业和学术论文发表方面有压力，并且存在严重的焦虑，应引起足够的重视。在诸多影响因素中，居首位的是"学术论文发表"，其比例高达73.0%，这反映了博士培养的评价指标单一。要改变这种状态，就要建立多元的博士学业评价体系，引导学生回归到潜心研究的状态。

第八，博士研究生培养的国际合作交流力度和深度不够，国际合作交流状况还需进一步改善。总体上看，博士研究生有出境交流经历的比例是 45.7%，且以有 1 次和 2 次出境交流经历为主体；在出境交流方式上，以参加国际会议、交换生或短期访学为主。国家、学校、导师均需加大对其出境交流的支持力度，部分学校过多依赖国家和导师个人的资助，也有部分导师不支持学生出境交流。不同学科博士研究生培养的差异很大，人文、社科博士研究生亟待得到支持和引导，主要体现在招生方式、导师指导方式、科教融合和学术评价等方面，尤其是人文学科发展亟须政策的支持和有效引导。

第九，博导团队集体作用发挥不足。有的博导团队成员较多，但是大部分人员并不直接参与深度实际指导博士研究生。在不同学科指导方式存在差异，理科和人文导师采用单独指导方式的仍占较大比例，分别为 48.0%、42.1%。采用导师团队共同执导方式比例最大的是农科博导（85.7%），医科博导的比例为81.0%，工科博导的比例为 78.5%，社科博导的比例为 72.3%。

第三节 中国博士研究生研究教育展望

博士研究生教育是学历教育的最高层次，代表着一个国家的人才培养水平，对提高我国国际竞争力、建设创新型国家和实现人才强国的战略目标具有重要意义。从科教兴国和人才强国的战略高度出发，不断提升博士生教育的战略地位和增强全社会对博士研究生教育战略地位的认识至关重要。现代意义上的博士研究生教育确立于 19 世纪的德国大学：以洪堡为代表的教育改革家在 1810 年建立柏林大学之时确立了"教学与科研相统一"的原则，科学研究成为大学的首要任务，为世界树立了"研究型大学"的典范。自此，博士研究生教育经历了从德国的"师徒制"到美国"结构化"博士生培养机制的转变，博士研究生教育至今已有两百多年的历史。在博士研究生教育的历史长河中，与国外博士研究生教育相比较，中国博士研究生教育还不够成熟和完善，但也积累了较为丰富的教育实践经验。在尊重教育规律的前提下，依据各校的实际情况，并借鉴国外高校博士研究生教育的经验，各校形成了博士研究生教育的特色。

第一，以科教融合、创造力理论和研究生教育基本规律为基础，综合比较借鉴主要研究生教育强国博士教育的基本现状，综合运用混合研究方法，对我国博士生教育进行全景展示；提出我国博士研究生培养模式正处于过程改进型的发展阶段，形成了多元化培养模式，包括分段式/贯通式、自由探索/服务国家需求型（兼有一元供体/多元供体）、单一指导/团队指导等主要典型模式；在培养模式中，高校因校而异，发挥各自的优势，找到适合自己的博士研究生培养模式，发现博士生培养模式的特点。

第二，原始创新能力的培养受众多因素的影响。对博士研究生原始创新能力培养的主要影响因素及其作用机理进行建模分析发现，学术志趣对其原始创新能力有决定性作用。对于培养学术志趣，本书提出了广义学术共同体的概念，验证了导师指导方式、学术共同体、跨学科培养和科教结合对博士研究生教育的显著影响。在今后的博士研究生改革中，首先要招收有学术志趣的学生，在学术共同体或跨学科学术共同体中激发学生的研究兴趣。

第三，不同培养模式下的博士研究生，其创新能力的影响因素不同。分段式培养中跨学科培养对博士研究生的创新能力的作用不如贯通式培养显著。在自由探索型培养中，科教融合主要通过学术志趣对创新能力培养起显著作用。在服务国家需求型培养中，科教融合主要通过学术志趣、心理因素对创新能力起作用。在单一指导中，跨学科培养对创新能力的作用不如团队指导显著。没有出境交流经历的博士研究生，其创新能力的培养更多依赖科教结合和跨学科培养；有出境交流经历的博士研究生，其创新能力的培养则更多依赖导师指导方式和学术共同体。各高校博士研究生的创新能力不同，不同层次学校对博士研究生创新能力培养的影响也不同。"985 工程"建设高校跨学科培养对学术志趣有促进作用。反之，其他高校跨学科培养对学术志趣有显著负向作用，所以，其他高校应在跨学科培养时多考虑学生的学习兴趣。

展望未来，应当明确未来博士研究生教育发展的方向，遵循"教育、科技、人才"三位一体的指导思想，努力实现新时代研究生教育高质量发展。

第一，明确博士研究生教育改革的突破口，努力从研究生教育大国迈向研究生教育强国。从博士研究生教育大国到博士研究生教育强国的转变，还有很长的路要走。通过对我国重点高校博士生教育的调研可以看出，目前博士研究生教育存在的问题集中在：在培养过程中，博士研究生招生对学术志趣考查得不够，没有建立合理、科学的分流与淘汰机制，资格考试的作用未得到充分发挥，学制短，学业成果评价体系单一；投入机制不完善；博导动态管理机制欠缺，导师团队指导作用发挥不充分，科教结合深度不够；高校支持体系不完善等。所以，今后改革的方向应包括：通过"申请-审/考核"制招收有学术兴趣的学生；推进加强各类博士研究生中期考核或资格考试，建立合理分流退出机制；提高博士研究生的待遇，博士研究生资助体系与三助岗位及工作量挂钩；学业成果的评价方式多样化；加强导师队伍建设，促进导师团队作用发挥；完善联合培养、跨学科培养和国际合作交流等，提高博士研究生的培养质量。

第二，深化博士研究生教育综合改革，要循序渐进，不能急功近利。以我国建设"双一流"大学和一流学科为契机，提升我国高等教育综合实力和国际竞争力，提高博士研究生教育质量，培养一流人才，产出一流成果。2017年7月，教育部学位管理与研究生教育司印发《关于开展博士研究生教育综合改革试点工作的通知》，决定选取14所高校开展博士研究生教育综合改革试点工作，试点高校先行，不断探索博士研究生教育的改革突破口，制定相应的方案并逐步推广，以博士研究生的教育质量为主题，创新人才发展模式。

第三，博士研究生教育要回归人才培养的初衷，"以学生为中心"，鼓励原创，培育学生的创新思维和意识。博士研究生教育的一个显著变化就是从关注作为最终产品的学术论文到重视过程评价。过程评价关注博士研究生的成长过程，旨在加强培养质量的管理和提高培养质量。在培养过程中关注博士研究生的学习的动机，在关注学生成长的视角下激发学生的创新意识和思维，把学生的就学体验融入培养过程之中，而不仅仅是将其作为科研的劳动力。只有充分调动博士研究生的科研兴趣，才能使其在博士教育阶段的学习中获益。

第四，科教兴国，加大科教融合的深度。利用高端研究平台协同育人，不仅包括研究平台内产生研究成果，还要产教结合。高端研究平台为博士研究生培养提供了良好的环境和平台，博士研究生在平台得到科研锻炼，发展了研究志趣。协同博士研究生培养目标，是使博士研究生具有跨学科研究视角、多元化知识结构和协同合作意识，形成博士生跨学科发展路径的知识和能力储备。协同培养的优势是将不同领域的导师和博士研究生组成团队。在培养过程中，不仅考验博士研究生的专业素养，还考验其个人能力和创造力，即获取新知识和进入新领域的学习能力。

第五，博士研究生教育不能高高在上，而是要反哺基础教育。博士研究生要参与基础教育的实践，如STEM教育，以培养中小学生对科学的兴趣，同时也为国家培养未来的研究者，形成育人的良好循环。鼓励高校教师和博士研究生参与各级各类STEM教育，实现高等教育对基础教育的反向推动。政府应尽快出台相关政策，鼓励高校的科研工作者尤其是博士研究生作为未来的研究者支持、指导中小学的STEM教育；要求高校开展的科研活动接收中小学生参观学习，承担起对中小学师生进行STEM教育的义务与责任。STEM相关专业的博士研究生毕业前，应进入基础教育、高等教育和科普教育单位从事 STEM 的教学实践，以提升其 STEM 教育技能，激发其从事 STEM 教育的兴趣。

第六，在博士研究生的培养过程中，要加强国际交流，提高博士研究生的"全球胜任力"。在国际交流和培养中，我国博士研究生能够与各国学生合作和相互理解，共同攻克研究难题，形成人类共同体，以应对复杂的社会问题。应以课程中融入、国际项目和国际学术共同体等培养方式提高博士研究生的全球胜任力；以全球视野和跨文化角度去讲授，并探索当今全球议题；增强对不同文化的理解与认知；推进国际项目以及出境学习和研究，使我国博士研究生深入当地社会和文化，增强其跨文化理解力和交流沟通能力。有国际经历的导师应主动分享体验，为博士研究生建立国际学术网络。

第七，在跨学科视角下培养博士研究生已经成为世界一流大学培养博士研究生的趋势。在本书研究构建的博士研究生创新能力模型中发现，跨学科培养对创新能力作用显著，具有正向预测作用。遗憾的是，相较于博士研究生创新能力的其他众多正向影响因素，跨学科培养发挥的作用相对较弱，影响力还有待进一步增强。今后，应从组织建设入手，构建和完善制度、机制，打破传统的校—院—系纵向组织格局，建立一种学术资源共享、人员自由流动、纵横交叉的矩阵组织结构。交叉学科或跨学科专门工作委员会、学位评定委员会，应指导跨学科培养过程，认定跨学科学位论文水平及质量，提倡博士研究生进行跨学科探索。另外，从人才培养过程讲，学校管理层面应加强制定博士研究生课程设置的原则性指导意见，引导更多学科加强跨学科课程设置，加强博士研究生多学科知识的积累；开展博士研究生创新型项目和平台建设，进一步鼓励学科建设与跨学科人才培养的互动促进；鼓励、支持不同学科导师和博士研究生打破学科壁垒，可基于学科建设平台、专门项目或联合培养方式，进行交叉学科或超学科研究；形成面向学术前沿和交叉学科的培养方式，提升博士研究生创新能力，鼓励学科交叉，以"研究生交叉研究创新基金"为牵引，面向交叉学科立项，激发博士研究生的创新灵感，支持博士研究生跨院系、跨学科领域开展研究工作。